MORD IM DREILÄNDERECK

Dieses Buch enthält fiktive Geschichten. Handlungen und Personen sind frei erfunden. Ähnlichkeiten mit lebenden oder toten Personen sind nicht gewollt und rein zufällig.

PETER GERDES (HRSG.)

MORD IM DREILÄNDERECK

Kurzkrimis aus der Region Aachen

Mit Beiträgen von

Uli Aechtner, Daniel Carinsson, Peter Gerdes,
Peter Godazgar, Silvia Götschi, Carsten Sebastian Henn,
Thomas Hoeps & Jac. Toes, Gisa Klönne, Herbert Knorr,
Ralf Kramp, Tatjana Kruse, Kurt Lehmkuhl, Richard Lifka,
Mike Mateescu, Sabina Naber, Günter Neuwirth,
Jutta Profijt, Barbara Saladin, Regina Schleheck,
Ilka Stitz, Sabine Trinkaus

emons:

Cäcilienstraße 48, 50667 Köln
info@emons-verlag.de

Umschlagmotiv: mauritius images/Joern Sackermann/Alamy
Umschlaggestaltung: Nina Schäfer, nach einem Konzept
von Leonardo Magrelli und Nina Schäfer
Umsetzung: Tobias Doetsch
Gestaltung Innenteil: César Satz & Grafik GmbH, Köln
Druck und Bindung: Books on Demand GmbH, Norderstedt
Printed in Germany
Erstausgabe 2019
ISBN 978-3-7408-0537-1
Kurzkrimis aus der Region Aachen
Originalausgabe
2. Auflage

Liebe Leserinnen und Leser,

kennen Sie Aachen? Allgemeines Kopfnicken, natürlich: Karl der Große, Aachener Dom, CHIO-Reitturnier, Orden wider den tierischen Ernst und natürlich Printen, überall Printen! Aachen, die westlichste Großstadt Deutschlands. Kennt man, Haken dran.

Wirklich?

Wie einst der große Karl neben historischen Verdiensten auch viel Blut an seinen Händen hatte, so hat auch Aachen seine dunklen Seiten. Die Stadt ist ein Grenzfall, sieht sich im Dreiländereck von großen Nachbarn in die Enge getrieben, kämpft um Aufmerksamkeit und Anerkennung. Mit allen Mitteln. Zuweilen mit harten Bandagen. Da wird nicht nur mit dem Klenkes gegrüßt, da muss auch mal einer über die Klinge springen!

Genau das richtige Pflaster für das *Syndikat*. Und die CRIMINALE!

Das *Syndikat*? Das ist die Vereinigung deutschsprachiger Krimiautorinnen und -autoren aus Deutschland, Österreich und der Schweiz. Rund 750 Mitglieder sind es inzwischen, und es werden immer mehr. Sie decken ein weites Spektrum ab: vom regionalen Krimi bis zum internationalen Thriller – geschrieben von Newcomern oder »alten Hasen«. Im *Syndikat* treffen sich die Verfasser von Bestsellern, professionelle Allrounder und ambitionierte Nebenerwerbsautoren auf Augenhöhe zum Austausch, zur Inspiration und um gemeinsame Interessen zu vertreten.

Seit über 30 Jahren veranstaltet das *Syndikat* alljährlich sein eigenes Krimifestival, die CRIMINALE, in wechselnden Städten – Sie verstehen, Spuren müssen verwischt werden. Da wird einzeln und in Gruppen »criminell« gelesen, immer in besonderem Rahmen und an reizvollen Orten, es wird informiert und diskutiert, es werden Workshops und Vorträge rund um das Thema Krimi angeboten, es werden gut dotierte Preise verliehen, und es wird gefeiert. 2019 ist Aachen an der Reihe. Und einige der hinterlassenen Spuren, auf die wir stolz sind und durch die wir uns gerne auf die Schliche kommen lassen, halten Sie gerade in der Hand.

21 Kriminalgeschichten enthält dieser Band, jede einzelne eigens für diesen Anlass geschrieben, einige von Krimipreisträgern und Nominierten, andere von engagierten *Syndikat*lerinnen und *Syndikat*lern oder Autorinnen und Autoren, die einen besonderen Bezug zu Aachen haben. Sie alle stöbern das Verbrechen in all seinen Formen auf, sei es historisch oder aktuell, kulinarisch oder politisch, lokal oder grenzüberschreitend.

Literarisch, versteht sich. Wir wollen ja nicht Teil der Kriminalstatistik werden – wir setzen sie lieber in spannende Storys um.

Freundlich aufgenommen wurden wir in Aachen, mit offenen Armen empfangen – und das ist nun der Dank?

Ja, ganz genau. So bedankt sich das *Syndikat*. Kriminell eben. Und spannend.

Wir wünschen spannende und vergnügliche Lesestunden!

Herzliche Grüße

Peter Gerdes
(CRIMINALE-Beauftragter des *Syndikat* e.V.)

Liebe Krimifreundinnen und -freunde,

Marburg, Graz, Halle und nun Aachen – mit seinen Anthologien will das *Syndikat* die deutschsprachige Krimilandschaft abbilden. Dabei legen wir Wert darauf, dass jede Stadt ihre Eigenarten wiedererkennt, allerdings oftmals mit einer Leiche garniert.

Die CRIMINALE ist ein einmaliges Ereignis. 250 bis 300 Krimiautorinnen und Autoren fallen in eine Stadt ein, lesen, lehren, lernen, und vor allem bringen sie ganz viel gute Laune mit. Denn das Leben als Autor kann recht einsam sein. Wenn dann auf einmal viele Gleichgesinnte aufeinandertreffen, brodelt es in der Stadt an allen Ecken und Enden. Nach einer Woche ist es vorbei, doch mit der Anthologie setzen wir eine Duftmarke, die weit über das Ereignis hinausreicht. Lassen Sie sich entführen in die chaotische, sinnliche und immer kriminelle Welt unserer Mitglieder, der höchst Ehrenwerten Gesellschaft des *Syndikats*.

Mit criminellem Gruß

Jens J. Kramer
(Vorsitzender des *Syndikat* e.V.)

Inhalt

13
Ralf Kramp
Happy Birthday, Schäng

25
Jutta Profijt
Kalles letzter Sieg

35
Thomas Hoeps & Jac. Toes
And twelve points go to … Europe!

53
Gisa Klönne
Boris Wolkow passt auf

66
Herbert Knorr
Karl Arsch der Große ist es leid
Oder: Wo sich Himmel und Erde berühren

80
Sabina Naber
Der Traum eines Fans

91
Carsten Sebastian Henn
Print it black

99
Ilka Stitz
Mens sana in corpore sano

111
Peter Gerdes
Doppeltes Spiel

124
Uli Aechtner
Spätlesen

133
Peter Godazgar
Der Erlediger

144
Tatjana Kruse
Ja, wo laufen sie denn, wo laufen sie denn hin?

150
Richard Lifka
Die Beichte

161
Barbara Saladin
Geld stinkt nicht

170
Kurt Lehmkuhl
Kalenderspender

181
Regina Schleheck
Tunnelblick

195
Sabine Trinkaus
Der Hauptgewinn

206
Günter Neuwirth
Morgens im Tierheim

219
Mike Mateescu
Blutlaachen

228
Daniel Carinsson
Warum nur – bleibt alles so still?

238
Silvia Götschi
Tödliches Menü

248
Die Autorinnen und Autoren

255
Dank an die Komplizen

Ralf Kramp

Happy Birthday, Schäng

Es juckte Schäng Deneffe an der Nasenwurzel, aber wann immer er nach der Augenbinde tastete, kicherte Gina an seiner Seite und klopfte ihm zärtlich auf die Finger. »Überraschung, Liebchen«, piepste sie. »Du sollst nicht so neu-po-pei-gierig-po-pierig sein!« Bei jeder Silbe stupste sie ihm mit dem Finger auf die Nasenspitze.

Sie hatten seinen Sechzigsten im »Knipp« gefeiert. Das »Knipp« war immer gut. Da feierten alle, die in Aachen was auf sich hielten. Die Brüder Ramrath hatten ihm, Gina und den anderen acht ein köstliches Menü serviert. Danach hatte Gina darauf bestanden, in diesen riesigen Tanzschuppen beim Tivoli zu fahren. Schäng fühlte sich schon den ganzen Tag über irgendwie komisch. Sechzig wurde man Gott sei Dank nur einmal im Leben. In dem Club war nur junges Gemüse gewesen, da war er sich gleich noch mal doppelt so alt vorgekommen. Gina und die anderen hatten ein bisschen getanzt, und er hatte sich an einem sausüßen Cocktail festgehalten.

Theo und die Jungs waren schon am Morgen bei ihm aufgekreuzt und hatten gratuliert. Sie hatten offenbar zusammengelegt und ihm eine Rolex Oyster Perpetual geschenkt. Das hatte ihn sehr gerührt. Bestimmt hatte Theo das organisiert. Kostete um die vierzehn Mille. Gleichmäßig durch sieben geteilt hätten die das nie hingekriegt. Die Jungs waren fleißig und verlässlich, hatten aber nur Mus im Kopf. Von Theo hatte er ein Gemälde von irgendeinem bekloppten Künstler aus Düsseldorf gekriegt. Konnte man nix drauf erkennen, passte aber farblich zur Sitzgruppe. Und Gina hatte ihn auf heute Nacht vertröstet.

Tagsüber hatte er Anrufe entgegengenommen und Fußball geguckt. Alemannia hatte gegen den BVB gewonnen, das war noch so ein kleines Geschenk gewesen. Anschließend waren ein paar alte Kumpels gekommen und seine Schwester aus Amsterdam mit ihrem Spanier, die aber gegen Abend nach Marbella weitermusste. Dann das Abendessen und hinterher ebendieser scheißlaute Tanzschuppen.

Als Gina irgendwann kurz vor Mitternacht gesagt hatte: »Komm, wir gehen mal raus«, war er ziemlich erleichtert gewesen. »Rausdibaus. Raus-haus-di-baus.« Ihm war das zu eng. Zu laut. Zu grell. Zu ... alles. Aber das hätte er natürlich nie zugegeben. Er wollte sich schließlich nicht gleich am ersten Tag mit sechzig nach achtzig anhören.

Gina hatte ihm mit ihrem knallgelben Seidenschal die Augen verbunden. Zuerst hatte er gedacht, sie wolle ihm auf dem Parkplatz ein Geschenk machen, etwas, was mit Ausziehen und so zu tun hatte, und schon befürchtet, dass das ganz schön kalt werden würde. Aber auch dabei hätte er die Zähne zusammengebissen. Er würde selbst mit sechzig weiterhin seinen Mann stehen, auch in einer Novembernacht auf einem Parkplatz.

Jetzt vernahm er plötzlich Theos heisere Stimme zu seiner Linken: »Wir machen einen kleinen Ausflug, Chef.« Auch darauf ließ er sich ein, obwohl er müde war. Viel müder als sonst um diese Zeit. Änderte sich das alles so schlagartig? Ging das so rasch? Er ließ sich nichts anmerken.

Gina versprach ihm: »Das wird dir Spaß machen!«, und tippte ihm wieder auf die Nase. Das musste er ihr langsam mal abgewöhnen.

Bitte nicht in den Puff, dachte er. Darauf hatte er jetzt wirklich keine Lust. Nebenher war er Verwalter einiger Häuser im »Sträßchen«, hatte aber schon lange keine Lust mehr auf die Ausprobiererei. Ihm reichte Gina, die er ausreichend mit Klamotten, Botox und Silikon ausgestattet und schließlich sogar geheiratet hatte. Nur manchmal, wenn sie ein-, zweimal im Jahr zu ihrer Familie nach Dessau fuhr, ließ er sich ein paar Neueinsteigerinnen kommen. Seine wilden Zeiten waren schon lange vorbei.

Er hörte den Rollmechanismus der Seitentür eines Vans, dann halfen sie ihm hinein und fuhren schließlich los. Vom Gefühl her in Richtung Innenstadt, aber da konnte er sich täuschen.

Schäng fühlte sich nicht wohl, so völlig erblindet. Sonst sah er noch verdammt gut, brauchte keine Brille, nicht mal zum Lesen. Darauf war er sehr stolz.

Er spürte, wie der Wagen in die Kurve ging, stoppte, anfuhr, hielt, der Blinker gesetzt wurde, alles mehrmals. Hörte Theo und Gina murmeln. Zwei oder drei der Jungs schienen auch im Auto zu sein.

»Alles gut?«, piepste Gina, als sie ihm eine Viertelstunde später beim Aussteigen half. »Guti? Guti-po-puti?«

»Klar, alles okay«, log er. In Wirklichkeit kam er sich vor wie ein pflegebedürftiger Greis. Würde das jetzt so weitergehen? Dauernd diese Gedanken ans Altsein? Schöne Scheiße.

Die Rumänen und Albaner, die mittlerweile die Stadt unter sich aufgeteilt hatten, waren allesamt jünger, und seit er vor zwei Monaten seinen alten Rivalen Arno »die Prent« Bosten kaltgemacht hatte, war er unbestritten der Älteste. Eigentlich war er fit, trainierte jeden Tag eine halbe Stunde auf dem Stepper und zweimal die Woche im eigenen Studio auf der Peterstraße. Aber sechzig war er jetzt trotzdem.

Die war Bosten schon nicht mehr geworden. Nur achtundfünfzig. Dafür hatte Schäng eigenhändig gesorgt. Ein einziger Schuss, und der Prentekopp war hinüber gewesen. Grund dafür war ein Bauprojekt in Stolberg gewesen, bei dem Bosten ihn hatte ausbooten wollen. Aber die linken Touren von der Prent hatte er sich lange genug gefallen lassen. Wer beim Amt mit wie viel und weswegen geschmiert wurde, das bestimmte immer noch er, Schäng Deneffe.

Die Jungs hatten den toten Bosten ins Krematorium draußen in Hüls gefahren und ihm am nächsten Morgen seine Asche gebracht. Irgendwann in den nächsten Wochen würde er vielleicht nach Blankenberge fahren. Im Herbst war es da schön ruhig. Da würde er die Asche in den Ärmelkanal streuen. Die Prent hatte Blankenberge gehasst. Und das Meer erst recht.

Als Schäng Deneffe sich mit dem Fuß vorantastete, spürte er festen Boden und glitschiges Laub unter den Füßen. »Hört mal, Leute«, sagte er, »ihr habt euren Spaß gehabt, und jetzt würde ich verdammt noch mal gern den Schal runter–«

»Warte, warte, warte!«, rief Gina schrill. »Wir sind ja gleich da!«

Er hörte, wie sich eine Metalltür öffnete, dann eine Männerstimme: »Und, war schwer?« Womöglich Pepe.

Eine andere Stimme antwortete: »Hätt ich sogar nur mit dem Fingernagel aufgekriegt.« Das musste Schocki Schröder sein. Der Neue, der Ringer aus Walheim.

Warme Luft strömte Schäng entgegen, als sie offensichtlich ein Gebäude betraten.

»Wir gehen weiter nach vorne«, sagte Theo und fasste ihn am linken Arm. »Aber nicht in die erste Reihe. Dritte oder vierte, da sieht man besser.«

»Ich seh überhaupt nix«, knurrte Schäng.

»Nur noch eine Minute, Chef.« Theos Stimme beruhigte ihn. Das tat sie immer. Sie waren etwa gleich alt. Theo Müntzer war in den Achtzigern die rechte Hand von Schäfers Nas aus Köln gewesen. So lange, bis der in den Bau gewandert war. Dann war er zu ihm gekommen. Schäfers Nas war nur einundsechzig geworden, fiel es Schäng in diesem Moment ein. Scheiße.

Gina half ihm aus dem Mantel und drückte ihn sanft auf einen gepolsterten Sitz. Stuhlbeine stießen aneinander, machten metallene Geräusche.

»Kann ich jetzt endlich?« Er wurde ungeduldig. Schritte entfernten sich.

»Ja«, hauchte Gina, und er spürte ihre Finger am Hinterkopf. »Jetzt kannst-du-po-pannst-du.«

Schäng Deneffe kniff die Augen zu, weil er erwartete, geblendet zu werden, aber das Licht war gedämpft. Er blickte sich um. Ein großer Raum mit roten Wänden, voller Stuhlreihen. Wandlampen, Belüftungsrohre an der Decke, heruntergelassene Rollos vor den Fenstern zur Rechten. Und an der Stirnseite, etwa sechs oder sieben Meter vor ihm, eine rechteckige Öffnung. Eine Bühne, nur ein bisschen größer als sein gigantischer Flatscreen im Wohnzimmer.

Alte Backstein- und Fachwerkhäuser waren zu sehen, auf Sperrholz gemalt. Die Kulisse stellte einen Marktplatz dar. Gestapelte Obstkisten, Körbe mit Kohlköpfen und Äpfeln.

Schäng drehte den Kopf nach rechts und links. Gina strahlte ihn an. Der Brilli auf ihrem Schneidezahn blitzte im Halbdunkel auf. Links von ihm zwinkerte ihm Theo zu. »Mach den Mund zu, Chef.«

»Ist das etwa ...?«, hauchte Schäng.

Theo nickte lächelnd.

Gina quiekte: »Das ist das Öcher Schängche ganz privat und ganz intim für meinen Schäng. Für meinen Schäng-po-päng!«

Schäng spürte, wie ihm die Tränen in die Augen schossen. Scheiße, rührselig wurde man also auch noch ab sechzig.

Er saß im Zuschauerraum vom Öcher Schängche, der fast hundertjährigen Traditions-Puppenbühne, deren Hauptfigur sein Namensvetter war. War das schön! »Au Hur, ist dat schön«, sagte er mit belegter Stimme und ließ seinen Blick weiterschweifen.

Er liebte Puppentheater. In Sankt Vith, wo er aufgewachsen war, war in seinen Kindertagen immer wieder eine fahrende Kasperlebühne zu Gast gewesen. Er hatte sein ganzes Taschengeld dafür ausgegeben. Und angefangen zu klauen, um sich weitere Vorstellungen leisten zu können. Sein Vater, ein alter Kaffeeschmuggler, hatte ihn deswegen mehr als einmal windelweich gehauen.

Puppentheater zogen ihn seitdem magisch an. Wenn er auf Reisen war, ließ er keine Gelegenheit aus. In Berlin, Hamburg oder auch in Wien gönnte er sich mehr oder weniger regelmäßig einen Besuch. Im Öcher Schängche aber war er nur in den Siebzigern ein paarmal gewesen, als er seinen ersten Job in Aachen hinter der Theke einer Stripteasebar hatte. Da war das Theater noch im Jugendheim in Burtscheid untergebracht gewesen.

Hier, in den Räumen der Barockfabrik am Löhergraben, war er noch nie gewesen, denn in seiner heutigen Position konnte er sich natürlich nicht in einem Puppentheater sehen lassen. Damit würde er sich in Aachen schnell zum Gespött machen.

Aber jetzt war er hier. Heimlich. In einer Vorstellung, nur für ihn!

»Die Jungs haben was für dich einstudiert«, raunte Theo.

»Sie sind nicht gut, aber es wäre schön, wenn du sie hinterher trotzdem loben könntest. Es kommt von Herzen.«

Schäng schluckte schwer und kämpfte wieder mit den Tränen.

Etwas regte sich hinter der Bühne. Ein Klappern, ein leises Rumpeln.

Von rechts schob sich eine Puppe ins Scheinwerferlicht. Ein junger Kerl in einem braunen Wams mit gold blinkenden Knöpfen und in Kniebundhosen. Er hatte pechschwarzes Haar, dunkle Augenbrauen und ein spitzbübisches Gesicht.

»Das ist der Schäng«, flüsterte Gina. »Der Schocki spielt den.«

»Schocki? Der Ringer?«, fragte Schäng aus dem Mundwinkel.

»Ja, der kann Öcher Platt.«

»Söd ühr allemole doe?«, erscholl ein lauter Ruf von der Bühne.

Schäng blickte nach rechts und links.

Gina und Theo nickten aufmunternd.

»Ja!«, rief Schäng ein bisschen verschämt. »Also ... äh ... joo!«

»Ich han noch jarnüüs jehuet!« Die Puppe hob demonstrativ die Hand zum Ohr.

Gina stieß ihn mit dem Ellbogen an.

»Jooo!«, rief Schäng wieder.

Doch das Schängche auf der Bühne ließ nicht locker: »Dat moss knalle, dat heij de Lampe vajene Plafond falle!«

»Joooo!«, brüllte Schäng, jetzt fast enthemmt. »Joooo! Ich ben dooo!«

»Dat is ja fein«, fuhr Schängche in einer Mischung aus Hochdeutsch und Mundart fort. »Dann machen wir heut Nacht en super Sondervorstellung nur für der größte Schäng va jan Oche!«

Schäng klatschte begeistert in die Hände. Schnell wollte er Gina einen Kuss auf die Wange drücken, aber die war auf einmal nicht mehr da. Er sah gerade noch ihr wackelndes Hinterteil, das durch eine Tür rechts neben der Bühne verschwand.

Dann ertönte der Klang eines Akkordeons.

»Das ist Pepe«, flüsterte Theo.

»Kann der Musik machen?«

»Deine Jungs können mehr, als du denkst.«

»Sind die alle da?«

»Alle.«

Schäng faltete die Hände im Schoß und lauschte der Melodie. »Happy Birthday« natürlich.

»Un jetz singe mer dem Schäng e Ständche!«, rief das Schängche, und von links erschien eine weitere Puppe zwischen den Kulissen. Ein Weib mit blonder Mähne, einer goldfarbenen Bluse, die sich über einem Riesenbusen spannte, einem knallroten Rock aus Lackfolie und schwarzen Stiefeln.

»Die sieht ja aus wie die Gina!«, rief Schäng und grinste selig. Die Ähnlichkeit war nicht von der Hand zu weisen. Seine Gina!

»Sie wollte das unbedingt selbst machen«, erklärte Theo. »Für dich. Sie ist gut, oder?«

Schäng hatte immer gedacht, Gina sei doof wie Bohnenstroh und könne nur das eine. Aber als die Puppe jetzt *»Happy birthday to youuuu«* sang, da klang das so gekonnt und so lasziv, wie es dereinst Marilyn Monroe für Präsident Kennedy gehaucht hatte.

Schäng weinte. Eine Träne quoll ihm aus dem rechten Auge und rollte seine Wange hinunter. Er wischte sie nicht fort, wagte nicht, sich zu bewegen.

Im Hintergrund schoben sich weitere Puppen auf die Bühne. Eine Marktfrau, ein Mädchen mit wallendem braunen Haar, ein Teufel, dazu noch Figuren in historischer Gewandung. Schäng kam aus dem Staunen nicht mehr heraus.

»Tant Hazzoor«, flüsterte ihm Theo zu. »Jretchen, der Krippekratz –«

»Schschsch!«, machte Schäng. »Hör lieber zu, wie schön die Gina singt.«

»Happy birthday, dear Schääääháääääáng, happy birthday to youuuuu«, schmachtete die weibliche Puppe ein letztes Mal, und ein paar Männerstimmen mischten sich leise unter den Gesang.

Links neben Schäng summte auch Theo mit.

Das war phantastisch! Er wollte gerade anfangen zu klatschen, da legte ihm Theo die Hand auf den Arm und sagte: »Warte noch. Guck mal, was jetzt kommt.«

Die Bühnen-Gina breitete die Arme aus, und ein verborgener Mechanismus ließ den Riesenbusen der Puppe ruckartig rauf- und runtertanzen.

»Bravo!«, rief Schäng und applaudierte wie wild. »Bravo, bravo, bravo!«

Dann schob sich eine andere Puppe nach vorne. Ein Mann in einem knallblauen Kittel und mit rot kariertem Halstuch.

Schäng stutzte. »Das ist doch …« Das Lächeln verschwand aus seinem Gesicht. »Der sieht ja aus wie …«

»Das ist der Veries«, erklärte Theo. »Der gehört zu jedem Stück.«

»Aber der sieht genauso aus wie …« Die Halbglatze, die schwarzen Koteletten, die große rote Knubbelnase. »Wie die Prent!«

»Stimmt. Jetzt, wo du es sagst.«

»Aber das fällt doch jedem auf! Der sieht aus wie die Prent. Das ist die Prent gespuckt!«

Theo schmunzelte. »So, findest du? Na, dann pass jetzt mal auf.«

Das Schängche trat wieder ins Zentrum der Bühne und lächelte sein schelmisches Lächeln, während das Busenwunder sich langsam zur Seite schob.

»Do bes du jo, du Prentekopp!«, rief das Schängche und streckte seinen Arm in Richtung des Blaukittels aus. Plötzlich steckte etwas in seiner geschnitzten hölzernen Hand. Ein schwarzer kantiger Gegenstand. Eine Pistole!

»Du Filue!«, rief der andere verächtlich.

»Du Fottjeseech!«, antwortete Schängche hämisch. Dann reckte er die Pistole nach vorne, und ein lauter Knall ertönte.

Schäng schrak auf seinem Stuhl zusammen. Die glatzköpfige Puppe warf die Arme in die Luft, taumelte stöhnend nach hinten und fiel schließlich um.

Die blonde Gina-Puppe schmiegte sich an Schängchens Seite. »Das hast du gut gemacht, Schäng«, flötete sie, und Schängche ließ lässig die Pistole sinken.

»So geht es jedem, der den Schäng übers Ohr hauen will!«, rief er mit kräftiger Stimme.

Schäng hielt es nicht mehr auf seinem Sitz. Er sprang auf und klatschte begeistert. »Toll! Das war ganz, ganz toll!«

Theo erhob sich ebenfalls. »Ich muss jetzt auch nach vorn«, sagte er leise. Er drückte Schäng zurück auf den Stuhl und schob sich zwischen den Stuhlreihen hindurch.

Das Puppenspiel ging weiter. Schäng fuhr sich mit der Zungenspitze über die Lippen und verfolgte gespannt das Geschehen. Erneut erklang das Akkordeon, und die Puppen begannen, auf der Bühne zu tanzen und wieder vielstimmig zu singen: »Wie schön, dass du geboren bist, wir hätten dich sonst sehr vermisst …«

In seiner übergroßen Freude hätte Schäng Deneffe beinahe nicht bemerkt, was sich am linken Kulissenteil abspielte, an dem alten Haus, über dessen Tür ein Schild mit der Aufschrift »Obst und Gemüse« prangte. Vor lauter Vergnügen hätte er fast nicht gesehen, dass sich die Tür langsam öffnete und eine Puppe im Rahmen erschien. Sie fiel ihm erst auf, als die Tür schon sperrangelweit offen stand. Die Nase der Figur leuchtete rot, die Glatze glänzte, und mit einem Mal übertönte ein hämisches Lachen den Gesang und die Musik. Die Puppen hielten in ihren Bewegungen inne, drehten sich alle in eine Richtung. Schängche wedelte mit den hölzernen Händen, in denen er längst keine Pistole mehr hielt, wich langsam zurück, tastete hinter sich. Doch da war keine vollbusige Schönheit mehr, da war niemand, der ihm helfen konnte, nur die gemalte Backsteinmauer.

Die Prent war wieder da!

Aber Schängche hatte sie doch erschossen!

Schäng Deneffe rutschte auf die vordere Kante seines Stuhls und knetete fahrig die Hände.

»Wenn du denkst, ich bin mausetot, dann hast du dich geschnitten!«, schallte es laut von der Bühne her, und Schäng riss vor Schreck die Hände in die Höhe.

Das konnte nicht sein! Das war unmöglich! Das war doch die Stimme von …

Hinter dem Glatzkopf trat jetzt das Busenwunder durch die Tür und schmiegte sich ganz dicht an ihn.

»Gina!«, rief Schäng panisch. »He, Gina! Scheiße, was soll das? Was bedeutet das?«

Aber Gina lachte nur und ließ wieder ihren Busen auf und ab hüpfen.

»He, Schäng!«

Sein Blick flog nach rechts.

In der Tür neben der Bühne erkannte er eine menschliche Gestalt. Ein großer, kräftiger Mann. Schäng konnte nur seine Umrisse ausmachen. Und die Glatze, auf der sich der Scheinwerfer spiegelte. Mehr musste er nicht sehen.

»Bosten?«, hauchte Schäng. »Bist du das wirklich? Die Prent?«

Die Puppen auf der Bühne waren plötzlich verschwunden.

»Jo, du Bavian«, knurrte der Mann und machte einen Schritt nach vorne, sodass das Licht auf seine rot leuchtende Knollennase fiel. »*Happy birthday*, Schäng!«

Das Mündungsfeuer einer Pistole blitzte auf, und ein Schuss krachte durch den Saal.

Schäng taumelte nach hinten. Er presste eine Hand auf die Stelle an seiner Brust, von der sich der Schmerz ausbreitete. Stühle kippten polternd um, er versuchte, sich auf einem der metallenen Beine, die jetzt in die Luft ragten, abzustützen, aber alles rutschte lärmend zur Seite. Er torkelte, fand keinen Halt, spürte plötzlich seine Beine nicht mehr und fiel schließlich rücklings zu Boden, so wie vorhin noch die Puppe auf der Bühne.

In seinem Kopf hämmerte es laut. Metallisch, klirrend, seltsam aus dem Takt. Sein Blick suchte die Decke des Raumes ab, glitt zitternd an den Rohren mit den Lüftungsgittern entlang. Es gelang ihm, den Arm zu heben und sich seine Hand vors Gesicht zu halten. Sie war so rot wie die Wände des Theaters. Blut tropfte ihm in die Augen.

Er verstand das nicht. Er verstand überhaupt nichts mehr.

Bosten war doch tot! Erschossen! Verbrannt! Er ruhte als Häufchen Asche in einer Tupperdose auf seinem Bürotisch und wartete darauf, die Reise an die Nordsee anzutreten!

Und doch war es eindeutig das Gesicht von der Prent, das sich jetzt in sein Gesichtsfeld schob.

»Warum … warum bist du nicht tot?«, röchelte Schäng Deneffe.

Der Glatzköpfige lachte trocken. »Weil ich besser schießen kann als du, alter Mann.«

»Du Krauvouel.« Schäng wollte weitere Beschimpfungen ausstoßen, aber es gelang ihm nicht mehr, Laute zu formen.

Hinter Bosten erschienen jetzt die Jungs. Theo, die Hände tief in den Taschen vergraben, Pepe, Schocki, die anderen …

»Es war Ginas Idee«, sagte Theo gefasst. »Sie wollte dir zum Schluss noch eine letzte Freude machen.«

Schäng hustete. Wo war die Schlampe? Wo war diese verdammte Hure? Er versuchte, den Kopf zu heben, um zur Bühne hinüberzusehen. Sein Blick begann sich zu verschleiern, alles verschwamm, aber er erkannte sie dennoch. Dort oben, auf der Bühne. Die blonden langen Haare, der rote Lackrock. Stocksteif.

Und dann wurde aus Schängs Husten plötzlich ein Lachen. Er schmeckte Blut und lachte lauter und lauter. Er hatte das Gefühl, als würde es ihm den Brustkorb zerreißen.

Hoch über ihm warfen sich Bosten und die anderen skeptische Blicke zu. Theo runzelte die Stirn und nahm langsam die Hände aus der Tasche. Erschien ihnen sein Lachen würdelos? Unpassend? Sichtbar verunsichert wandten sie die Köpfe und folgten Schängs letztem Blick zur Bühne.

Die Frauenpuppe war nicht mehr allein. Eine Figur war an ihre Seite getreten, an der sie geradezu liebestoll ihren prallen Busen schubberte. Die andere Figur hatte bis jetzt noch keinen Auftritt gehabt. Der Schutzmann guckte mit streng gesträubtem Schnurrbart unter seinem Tschako hervor und hob gebieterisch den Arm.

Noppeney, fiel es Schäng in diesem Moment ein. Der Marktpolizist Noppeney, der gehörte zum Öcher Schängche dazu. Der sorgte in Schängchens kleiner Welt immer für Recht und Ordnung.

Und dann explodierte plötzlich alles in lautem Gelärm und wirrem Getümmel, als sich mit gebrüllten Kommandos und hektischen Bewegungen mehrere Polizisten durch den Eingang des Theaters und die Bühnentür drängten.

Die Jungs rissen ihre Waffen hervor, aber kein Schuss fiel. Bosten warf die Pistole weg und hob die Hände. Handschellen klickten.

Langsam wurde es dunkel. Schängs letzter Blick galt der Bühne, auf der Gina und Noppeney jetzt wild herumknutschten, und er lachte wieder. Lachte so lange, bis das Blut aus seinem Mund sprudelte und alles um ihn herum für immer schwarz wurde.

Jutta Profijt

Kalles letzter Sieg

Criminale! 2019! Aachen! Was für eine Aufregung, wenn sich über zweihundert buchstabenschwingende Möchtegern-Mörder am westlichsten Rand der Republik treffen, in der Hauptstadt des – nicht kriminellen, sondern meteorologischen – Niederschlags, der Hochburg der Zahnkillerprinten und der testosterondominierten Studentenschaft der Nerd-Schmiede RWTH. Neben all diesen korrekten Beschreibungen der Kleinstadt mit Großkarlsvergangenheit ist Aachen natürlich vor allem eins: janz nah. Jedenfalls für Leute, die in Köln leben. Und auch für solche, die in Köln weder so richtig leben noch so richtig tot sind. Also für Leute wie mich, wobei ich der Einzige meiner Art bin, weshalb ich mich kurz vorstelle: Mein Name ist Sascha Lerchenberg, genannt Pascha. Im zarten Alter von vierundzwanzig wurde ich ermordet, aber meine Seele fand den Tunnel mit dem Licht nicht und schimmelt deshalb seither zwischen der Welt der Lebenden und der Toten herum. Kommunizieren kann ich nur mit Martin, dem Rechtsmediziner, der mich anlässlich meiner Obduktion vom Hals bis zum Sack aufgeschlitzt hat. Mit ihm habe ich inzwischen etliche Kriminalfälle gelöst, die mein Grauhaardackel – Sie wissen schon: kurze Beine, graue Borstenfrisur und ein Geltungsdrang wie die Öcher Tollitäten – als ihre Romane ausgibt.

Mein Grauhaardackel war also schon ganz hibbelig wegen der rheinischen Nieselcriminale und wollte eine hübsche Geschichte für diese Anthologie beitragen, aber weil ich schlimmstes Häkelkrimigesülze befürchtete, beschloss ich, mich selbst ein wenig vor Ort umzusehen.

An Aachen interessant ist – nichts. Berühmt hingegen so einiges. Die Printen. Der Dom. Der Karlspreis. Und natürlich der Typ, der den Dom gebaut und dem Preis seinen Namen gegeben hat: Karolus Magnus oder schlicht Karl der Große. An dem kommt man nicht vorbei, wenn man in Aachen abhängt. Überall seine seltsame Signatur, die als Stolperfalle in die ohnehin buckligen Kopfsteinpflastergässchen eingelassen ist. Überall sein Name, ob über Apotheken, Eingängen von Gymnasien oder zu Wellnesstempeln. Nur ein Karlsklo habe ich nicht gefunden, dabei hätte mich auch das nicht gewundert. Stattdessen überall sein goldglänzendes Antlitz, das wen auch immer zeigen mag, aber sicher keinen siebenundsechzigjährigen Knacker ohne Zugang zu Botox oder einer verdammt guten Änderungsfleischerei. Und dann ist da natürlich noch der Karlsschrein, der die Netzhaut mit seinem Goldglanz heller als ein Osram-Night-Breaker-Laser-H4-Frontscheinwerfer im Nordeifel-Dauernebel blendet.

Ich zockelte eine Weile durch die Stadt, bis es – natürlich – zu regnen begann. Also rein in den Dom, in dem es von Holländern, Holländern, Holländern und Japsen nur so wimmelte. Oder Chinesen, keine Ahnung, jedenfalls waren die Typen winzig und fanden die Info, dass Karl vermutlich über eins achtzig groß gewesen war, sensationell. Dass sein Grab irgendwo unter ihren Füßen lag, beeindruckte sie schon weniger, und die Tatsache, dass man bis heute nicht weiß, wo genau es gelegen hatte, bevor der Dritte aus einer Reihe von Ottos die Reste seines Vorgängers ruppig aus der Gruft gezerrt und seinen Zwecken dienlich anderweitig verpackt hatte, rief nicht mal ein Zucken der schmalen Schultern hervor.

In mir löste diese alte, seit fast einem Jahrtausend ungelöste Frage hingegen ein wohliges Kribbeln der Kopfhaut aus – virtuell natürlich, denn meine Kopfhaut befindet sich wie der Rest meiner irdischen Hülle im fortschreitenden Verwesungsvorgang.

Ich schaltete mich also unter den Fußboden des achteckigen Gotteshauses und drängelte durch über tausend Jahre alten Dreck. Er war nicht homogen, beileibe nicht, vielmehr gab es jede Menge Gruben, Löcher und Höhlungen. Das wussten die Archäologen natürlich, nur eben nicht, in welchem dieser Löcher Karl gelegen hatte. Aber ich fand es heraus.

In einer dieser Gruben unter dem Fußboden stieß ich auf Karlchens »Geruch«. Das Wort habe ich nur gewählt, weil ich nicht weiß, wie ich den molekularen Nachhall eines Toten sonst nennen soll. Kennengelernt hatte ich das Phänomen auf dem Kölner Melatenfriedhof, übrigens eine hervorragende Schule für alles, was mit dem Leben nach dem Sterben zu tun hat. Aber zurück nach Aachen.

Es war nicht einfach nur ein seelenfriedliches Säuseln, was mich da umströmte, sondern ein wütendes Brummen. Ein Zorn, fast so alt wie der Dom selbst. Und diese Woge rasender Empörung zog mich mit sich, ohne dass ich etwas dagegen tun konnte.

Als ich das nächste Mal das Tageslicht erblickte, erkannte ich den Dom. Achteckiger Grundriss, Kuppel drüber, so weit alles klar. Aber keine Mosaike, kein Fußboden, jedenfalls nicht der, den ich eben noch gesehen hatte. Kein wagenradgroßer Kronleuchter, keine Chorhalle mit Buntglasfenstern und vor allem: kein Karlsschrein. Auch kein elektrisches Licht, sondern Kerzen und Funzeln, die die Luft vernebelten und zusammen mit dem Katholikenjoint namens Weihrauch für einen infernalischen Hustenreiz sorgten, obwohl ich keine Bronchien und keine Lunge mehr hatte.

Ich befand mich genau über einem Typen, der ausgestreckt auf einem Tisch lag, die Hände auf der Brust gefaltet und die Augen ordentlich zugedeckelt. Seine Krone und sein goldener Mantel wiesen ihn als Karl aus, den Großen, den Kaiser, den Herrscher über das größte Reich, das Europa je zu bieten gehabt hatte. Leider war er mausetot.

Meine Hirnwellen wogten wie im Photonensturm und lieferten eine einleuchtende Erklärung für die Situation, in der ich mich befand: Ich war durch die Zeit geflutscht und bei Karl dem Großen gelandet – leider etwas zu spät, um herauszufinden, ob der Kerl wirklich der Überflieger gewesen war, als den ihn später alle darstellen würden. Hin- und hergerissen zwischen der Faszination, mich in einer anderen Epoche zu befinden, und der Sorge, nicht mehr nach Hause zu kommen, hing ich wie schockgefrostet über der Leiche und beobachtete das Geschehen.

Der Gestank der Kerzen und der Räucherfässer hielt keine

der ungefähr tausend Gestalten im Dom davon ab, dem Toten die letzte Ehre zu erweisen. Die meisten heulten – vermutlich wegen des Nebels. Es wäre kein Wunder, wenn jeder Zehnte später an einer Rauchvergiftung krepieren würde.

Irgendwo aus dem Dunkeln schallte lautes Psalmengeleier, aber ganz in meiner Nähe hörte ich plötzlich eine kultivierte Stimme, die mich meinte, als sie fragte: »Bist du der Engel, der mich in den Himmel geleitet?«

Das konnte nur einer sein: Karl höchstselbst!

»Blödsinn«, antwortete ich. »Ich bin kein Engel, ich bin Pascha. Und ich komme aus der Zukunft, nicht aus dem Himmel.«

Karlchen war irritiert.

»Ich geh dann mal wieder«, sagte ich, denn Aufbahrungen und Beerdigungen waren noch nie so mein Ding gewesen, und ich wollte sicherstellen, dass ich wieder nach Hause kam.

»Wenn du durch die Zeit reisen kannst, kannst du mich vielleicht retten«, sagte Karl, der alte Opportunist. »Komm beim nächsten Mal ein paar Tage früher wieder, dann können wir darüber reden.«

Der machte mir Spaß. Ich wusste sowieso nicht, wie ich hier gelandet war, und hatte nur ein Ziel: heimwärts. Sobald ich in meiner Zeit wäre, würde ich den Teufel tun und noch mal durch die Bodenlöcher Richtung Mittelalter kriechen.

Aber wie das mit guten Vorsätzen so ist: Kaum ist man der akuten Gefahr entronnen, lockt schon wieder das nächste Abenteuer.

Zurück im Hier und Jetzt machte ich mich erst mal über Karls Todesursache schlau. Er hatte sich verkühlt, der Ärmste, und war vermutlich an einer Rippenfell- oder Lungenentzündung oder einer ähnlichen Pest gestorben. Klarer Fall für Antibiotika. Nur konnte ich keine Pillen in die Vergangenheit mitnehmen, selbst wenn ich es wieder hinüberschaffte. Also schaltete ich mich zu Martin dem Schlitzer, der schließlich auch irgendwann mal Medizin für Lebende gelernt hatte.

»Ein alternatives Antibiotikum?«, fragte er, ohne wissen zu wollen, wofür ich das brauchte. Er versucht schon seit Jahren, unsere Kommunikation auf das absolute Mindestmaß zu beschränken, wohingegen ich am Gegenteil interessiert bin. Keine einfache Situation – und eine Paartherapie scheidet aus offensichtlichen Gründen für uns aus.

»Eine Mischung aus Ingwer, Chili, Knoblauch, Kurkuma und Propolis könnte helfen. Wird mit gutem Öl zu einer Paste gerührt, dann lässt man jeden Tag fünf Löffel langsam im Mund zergehen. Außerdem natürlich viel trinken, Lindenblütentee zum Beispiel. Und warm halten, bei Fieber Wadenwickel. Dazu mehrere Tassen Hühnersuppe zur Stärkung verabreichen und die Akupressurpunkte ›Verbindung mit dem Tal‹, ›Tore des Bewusstseins‹ und ›Elegante Villa‹ drücken.«

Akupressur war sein neuestes Steckenpferd. Ich wartete nur darauf, dass er sie an einer der Leichen in der Rechtsmedizin ausprobierte und der so Behandelte vom Edelstahltisch sprang, um den nächsten Level seines Lebens abzufeiern.

So vorbereitet schaltete ich mich wieder nach Aachen, in den Dom, unter den Fußboden, und dann – saugte mich die Zeitspirale wieder ein. Erneut tauchte ich im Dom auf, aber diesmal hockte der Herrscher, der bei unserem letzten Treffen bereits tot gewesen war, zusammengesunken im Halbdunkel und betete.

»Kannst aufhören mit dem Beten, ich bin ja hier«, sagte ich – drang aber natürlich nicht zu ihm durch. Logo, schließlich kann ich mit Lebenden nicht kommunizieren. Na toll. Ich verließ also den Dom – und rieb mir die Augen. Virtuell natürlich. Die ganze Stadt war weg. Genauer gesagt: Sie war noch nicht da. Jedenfalls nicht in der Form, die ich kannte. Kein Centre Charlemagne, stattdessen ein Gang vom Dom zum Rathaus, das nur eine Halle war, allerdings in monströsen Ausmaßen. Alles natürlich ohne Außengastronomie. Der Marktplatz ein lumpiges Fleckchen mit ollen Häuschen drum herum, keine Brauereikneipen, kein REWE, keine Fußgängerzone mit Erlebnisbäcker und Souvenirshop. Die ganze schöne Kaiserstadt Aachen war ein Kaff voller Pferdescheiße. Nur der Regen war schon da.

Ich suchte mir einen Sterbenden, dessen Körper einigermaßen vernünftig aussah, also ohne Furunkel auf der Nase oder klaffende Wunde am Hals. Die Seelen von Sterbenden sind hochflexibel, will sagen, sie können den Körper verlassen, wenn der sich in Schwierigkeiten befindet. Doch die meisten von ihnen wollen gar nicht weg, sondern halten sich verzweifelt an ihm fest. Also warf ich den reichen Sack aus seinem Körper, versprach ihm aber, selbigen wiederzubringen, pumpte ein bisschen Energie in die Hülle, zog seinen guten Mantel an und die Fellmütze auf und machte mich auf den Weg zum Kaiser.

Natürlich wollte man mich nicht zu ihm lassen.

Also erklärte ich jedem, der mir zuhörte, dass ich die Medizin für den Kaiser brächte. Würde man mich davon abhalten, ihn zu sehen, würde er sterben, und zwar genau am 28. Januar des Jahres 814 im Morgengrauen. Ich kannte das aktuelle Datum nicht, aber ich wusste: Kalles Todestag konnte nur noch wenige Tage entfernt sein.

Endlich hatte ich genügend Leute eingeschüchtert, um zu Karl vorzudringen, der inzwischen wieder in seinem Bett lag. Ein Kumpel war bei ihm, den er Einhard nannte. Diesem Typen verriet ich das Rezept, weil Karlchen im Fieberdelirium schwitzte und nicht ansprechbar war. Einhard rannte los und ließ die Zutaten besorgen, bevor er mich einem höchst amüsanten Verhör unterzog.

Er: »Wieso kennst du dich mit Medizin aus, Übelhard, ich dachte, du wärst Goldschmied?«

Übelhard?

»Ich hatte eine Vision«, sagte ich. Wenn man einem Gläubigen mit Gott kommt, ist alles entschuldbar und alles erklärbar. So auch hier.

»Ich hörte, du lägst selbst darnieder.«

Mann, sabbelte der Typ ein komisches Deutsch. Ich hatte meine liebe Mühe, ihn zu verstehen. »Das Rezept meiner Heilung habe ich dir gerade verraten, Weinbart.«

»Einhard«, korrigierte er mich pikiert. »Aber du riechst gar nicht nach Knoblauch.«

»Fisherman's Friend«, gab ich kurz angebunden zurück und betrachtete den Kaiser, der sich kläglich röchelnd in seinem riesigen Bett herumwälzte. Das Haus, in dem wir uns befanden, stand am Marktplatz, durch das zugige Fenster fiel der Blick auf die Rathaushalle. Die Fassade sah überhaupt nicht so kitschig aus wie tausend Jahre später. Trotzdem würde ich in dieser Zeit nicht heimisch werden, so viel stand fest – ohne Strom, ohne Autos und ohne ordentliches Badezimmer. Selbst im kaiserlichen Zimmer stank es nach Schweiß und Scheiße und Tod.

Und demnächst auch noch nach Knofi, dachte ich, denn in diesem Moment ging die Tür auf, und ein umwerfendes Mittelaltersupermodel brachte ein Schüsselchen herein, aus dem mir penetrantes Knofi-Aroma entgegenwehte.

Karl rümpfte die Nase, ließ sich aber ein Löffelchen in den Rachen schieben. Auch die Hühnersuppe, die bald darauf eintrudelte, wurde ihm eingeflößt, obwohl er dagegen schon stärker protestierte.

»Bis jetzt hat er gefastet, um gesund zu werden«, flüsterte Einhard mir hinter vorgehaltener Hand zu.

Der Kerl hatte einen Mundgeruch, dass mich kurz der Verdacht streifte, er sei auch schon verstorben. Aber das Gebet, das er jetzt zu murmeln begann, belehrte mich eines Besseren. Ich hatte die Nase voll von Krankheit, Gestank und Gebet und verließ das Zimmer, jedoch nicht, ohne mir von Beinhart bestätigen zu lassen, dass ich von nun an jederzeit Zugang zum Kaiser bekommen würde.

Dann brachte ich den geliehenen Körper zurück, übergab ihn dem Goldschmied mit der Ermahnung, gut auf ihn aufzupassen, und wohnte seinem sofortigen Ableben bei. Ich hoffte, dass nicht ich der Grund für den Herzstillstand gewesen war, und verließ den Toten, der mir jetzt nicht mehr nützen konnte. Stattdessen zockelte ich durch das, was man im Jahr 814 als Stadt bezeichnete.

Ich beginne mal mit dem, was es damals nicht gab: praktisch alles. Die Stadt bestand aus ein paar mickrigen Häusern, in denen allerdings das Leben tobte. Niemand pendelte zum Arbeiten nach Köln. Niemand verbrachte seinen Tag damit, vor einem wie auch immer gearteten Bildschirm zu sitzen und draufzuglotzen. Nein, hier wurde wirklich von Hand geschrieben, genäht, geschmiedet, gebacken, geschlachtet und gekocht. Und gezipfelt wurde auch: unter hochgeschobenen Röcken, in Mauernischen, Viehställen und auf der Ofenbank. Ich mochte diese Leute, sie waren irgendwie handfest, trotzdem wollte ich um Gottes willen hier nicht stranden. Fast war ich versucht, mich direkt wieder ins Jahr 2019 zu schalten, aber dann interessierte es mich doch zu sehr, wie Karlchen sich am nächsten Tag fühlen mochte. Dem Tod ein Stückchen näher – oder dem Leben?

Es war das Leben. Und mit der Genesung entpuppte der überragende Karl sich als störrischer, egoistischer Klotz, der keinen Bock hatte, diese schöne Welt schon zu verlassen. Auf die kaiserliche Existenz allerdings wollte er gern verzichten, daran hing er offenbar gar nicht mehr.

»Meine Genesung ist ein göttliches Zeichen. Der Herr schenkt mir ein zweites Leben, das ich in Paris verbringen werde«, schnarrte er gerade, als ich sein Zimmer betrat. Es stank weniger schlimm als gestern, was aber auch an dem Perlhuhn liegen mochte, das an Karlchens Bett hockte. Die Schöne von gestern, frisch parfümiert und so entzückend, dass ich Karls Begeisterung für das Überleben verstehen konnte.

»Eine Verlegung des Hofs nach Paris?«, fragte Einhard mit schlecht verhohlenem Schock. Ob er einfach überrascht war, den logistischen Aufwand scheute oder allgemein kein Freund der Froschfresser war, konnte ich nicht erkennen.

»Ich werde nicht als Kaiser gehen«, krächzte Karl und warf dem Schnuckelchen an seinem Bett ein lüsternes Lächeln zu.

Sie hielt den Kopf demütig gesenkt, weshalb ich nicht erkennen konnte, ob sie errötete oder genauso lüstern zurückgrinste.

»Aber eine Abdankung zu Lebzeiten wäre absolut unerhört«, begann Einhard mit einer Stimme und einem Gesichtsausdruck, mit dem man minderbegabte Bonsais daran erinnert, dass es sich nicht gehört, der Frau am Nachbartisch in die Handtasche zu pinkeln.

»Meine Bildungs-, Verwaltungs- und Kulturreformen waren ohne Beispiel. Meine Macht, die es mir erlaubt, an einem Ort zu residieren, anstatt durch die Ländereien zu ziehen, ist ohne Beispiel. Genauso wie die Größe meines Reiches und die Tatsache, dass ich nicht nur lesen, sondern sogar schreiben kann. Und nun werde ich die Gerüchte, die mich bereits tot glauben, nutzen, um einen beispiellosen Abgang zu machen.«

Karl hustete einen Schleimbatzen hoch, spuckte ihn auf den Boden und zeigte dann mit leicht zitterndem Finger auf Einhard.

»Hol einen meiner Doppelgänger. Ihn lassen wir sterben, dann kann ich verschwinden.«

Einhards Hautfarbe wechselte von Sonnenbrand zu Grottenolm.

»Los!«, verlangte Karl und griff der Maid ans Mieder. »Und jetzt raus hier!«

Ich war baff. So hatte ich mir den großen Karl nicht vorgestellt. Notgeil, machtmüde und mit eindeutig krimineller Energie. Aber vermutlich hatte er auch die Sachsen nicht mit Gebeten christianisiert, sondern mit dem Schwert. Wer über Zigtausende Leichen gegangen war, um seinen Glauben zu verbreiten, würde auch über eine weitere gehen, um in Paris der Liebe zu frönen. Männer sind so, wenigstens das sollte jeder in Geschichte gelernt haben, wenn er sich schon die ganzen Jahreszahlen nicht merken konnte.

Ich folgte also dem unglücklichen Einhard und machte mir so meine Gedanken über seine absolute Ergebenheit. Was war er wohl? Ein Freund? Ein Mitverschwörer? Ein Abhängiger? Einer, der in Karls Kometenschweif seine eigenen Ziele verfolgte? Natürlich verriet er mir die Antwort nicht, und auch an seinem Gesichtsausdruck konnte ich sie nicht ablesen.

Als er ein kleines Haus betrat, wandten sich drei fast gleich aussehende Gesichter ihm zu. Die Männer erhoben sich artig. Alle waren gleich groß, alle ähnelten Karl, alle verbeugten sich. Niemand sprach – was auch schwer möglich gewesen wäre, denn man hatte ihnen die Zungen herausgeschnitten, wie ich schnell bemerkte. So stellte man sicher, dass die Doppelgänger sich nicht verplapperten. Das Gleiche plus Daumenamputation hätte man besser auch mit den Trump-Doubles gemacht, denn es war ja wohl undenkbar, dass der Präsident der Vereinigten Staaten selbst der Urheber all des geistigen Dünnpfiffs war, den seine Klone verbreiteten.

Dann zeigte Einhard auf einen der Männer, drehte sich um und ging zurück zu Karl. Der Karlsklon warf sich einen Kapuzenumhang über und folgte ihm in so großem Abstand, dass niemand die beiden miteinander in Verbindung bringen würde.

Der Rest ist schnell erzählt. Der mit weiteren toten Hühnern hochgepäppelte Karl empfing den Klon höchstselbst und stieß ihm, während er ihn brüderlich umarmte, zielsicher ein Messer ins Herz. Einhard und die Schöne kleideten den Toten in Karls Klamotten, dann schlich die Holde mit dem Kaiser hinaus, und Einhard verbreitete heulend den Tod des Herrschers. Mit Hildebold, dem Vorsteher der Hofkapelle, und anderen Würdenträgern beschloss er, den Kaiser so schnell wie möglich zu begraben. Die Aufbahrung im Dom, die trotz der Dringlichkeit zum Prozedere dazugehörte, bedeutete keine Gefahr einer Enttarnung. Das schon beschriebene Dämmerlicht und der Sauerstoffmangel in der Räucherhöhle raubten der trauernden Menge alle Sinne.

Während von nah und fern Reisende nach Aachen strebten, um dem toten Kaiser zu huldigen, trabte ein Tross von sechs Reitern in die entgegengesetzte Richtung. Vorn zwei Bewaffnete, hinten zwei Bewaffnete, in der Mitte ein alter Mann und eine jugendliche Gestalt, von der kein Betrachter geahnt hätte, dass es sich um eine Frau handelte. Sowohl Haltung als auch Kleidung wiesen das schöne Perlhuhn als Edelmann aus. Die Händler – denn um wen sonst sollte es sich bei dem Trupp handeln? – strebten nach Paris, um dort ihren Geschäften nachzugehen.

Wo Karls Grab nun also liegt? Keine Ahnung. Ich weiß nur, wo der Kaiser nicht begraben liegt: im Aachener Dom. Aber das will in Aachen niemand hören. Deshalb erscheint mein Bericht nicht in einer archäologischen oder historischen Fachzeitschrift, sondern in einem Buch voller Kriminalgeschichten.

Wenn ich nun während der Criminale durch Aachen streife, muss ich bei jeder Karolus-Magnus-Plakette grinsen. Ein wahrhaft großer Mann lässt sich nicht zum Gummibärchen einer lokalen Marketingstrategie machen. Und wenn, dann nur über eine Leiche.

Solange es nicht seine ist.

Thomas Hoeps & Jac. Toes

And twelve points go to … Europe!

1

Diese Fernsehleute wurden auch immer bekloppter. Um Mitternacht ins Labyrinth! Bei Neumond! Mit jedem Schritt, den sich das Vollkorn-Gretchen vom Dreiländerpunkt entfernte, an dem Deutschland, Belgien und die Niederlande aneinanderstießen, wurde es dunkler. Warum durften sie das Labyrinth eigentlich nicht durch den Haupteingang betreten, so wie alle anderen eins Komma zwei Millionen Besucher im Jahr? Warum musste es unbedingt der hinterste Seiteneingang sein?

Hoffentlich trat sie nicht in ein Erdloch und verknackste sich den Fuß. Es gab schon genug Dauerkranke in ihrer Mäckes-Filiale. Wenn sie als Chefin auch noch ausfiele …

Andererseits, wenn heute alles gut lief, bedeutete das so viel Werbung für sie, dass sie vielleicht doch den Kredit für ihren großen Traum einer eigenen WeltBioFood-Kette erhielt. »Beim Vollkorn-Gretchen«, das klang doch hip!

In ihrem Jutebeutel raschelte der Brief des Westdeutschen Rundfunks.

»… wollen wir auf ungewöhnliche Weise an das fünfundzwanzigjährige Bestehen des Vertrags von Maastricht als Gründungsakt der Europäischen Union erinnern.«

»Ungewöhnlich« war ein schwaches Wort für die verrückte Idee des WDR. Offenbar hatte der Sender all jene jungen Leute auftreiben können, die damals, nur wenige Monate nach der Vertragsunterzeichnung, engagiert worden waren, um bei der feierlichen Eröffnung des Dreiländerlabyrinths in Vaals kostümiert die zwölf Maastricht-Staaten darzustellen. Zwölf Klischee-Maskottchen hatten vor fast drei Jahrzehnten Ringelreihen getanzt, und eines davon war sie gewesen: das deutsche Vollkorn-Gretchen. Sie hatten damals eine Menge Spaß gehabt, vor allem in der Nacht.

»Beim ersten Drehtermin steht das künstlerische Element unseres Films im Mittelpunkt«, wurde im Brief erklärt. »Er findet am 10. April ab Mitternacht im nachtdunklen Labyrinth statt. Dort wollen wir mit Ihnen vor der Kamera plaudern – über 1992, was seitdem aus Ihnen geworden ist und was Sie sich zukünftig von Europa erhoffen. Das auf der beiliegenden Karte markierte Türchen ist für Sie geöffnet. Der Park scheint verlassen, aber wir haben Infrarot-Kameras installiert, die Sie beim Gang durch das Labyrinth aufnehmen. Sie folgen bitte den Markierungen und gelangen so zum zentralen Aussichtspunkt. Sobald der Letzte von Ihnen eingetroffen ist, gehen die Strahler an, und unser Moderator erscheint.«

Was für ein Unsinn. Aber egal. Der Werbeeffekt zählte. Und natürlich das erstaunliche Honorar von zweitausend Euro für nur zwei Drehtermine.

Sie tastete sich an der Hainbuchenhecke entlang. Wenn sie wenigstens die Taschenlampen-App ihres Smartphones hätte einschalten können. Aber das Handy hatte sie den Anweisungen folgend im Auto zurückgelassen, um die WDR-Technik nicht zu stören. Toll.

Endlich berührten ihre Finger kühles Metall. Die Gartentür war nur angelehnt. Halb verborgen unter der Hecke lagen Taschenlampen. Sobald sie eine davon eingeschaltet hatte, leuchteten am Boden kleine Reflektoren auf, die sie durch das Labyrinth leiteten. Perfekt organisiert.

Als sie die Aussichtsplattform im Zentrum erreichte, drangen leise Stimmen zu ihr. Es konnten nicht mehr als zwei Leute sein.

»Ah, sind Sie vielleicht vom WDR?«, begrüßte eine blonde Frau sie mit leichtem niederländischem Akzent. Neben ihr saß ein asketisch wirkender Typ in einem schicken Anzug.

Statt zu antworten, zog sie ihre brünette Perücke mit langen Zöpfen und einem Hütchen, das aussah wie ein aufgeplatztes Fünfkornbrötchen, aus der Tasche. Sie setzte sich das gute Stück auf und knickste kokett.

»Das Vollkorn-Gretchen!«, jubelte die Blonde.

»Und ihr so?«

Die Blonde winkte ihr mit einem weißen Häubchen zu und

lupfte ihren langen Rock. Rote Socken. »Die Klompen sind noch hier im Jutebeutel.«

»Haha, dein Rudi-Carrell-Akzent hatte dich sowieso schon verraten, Frau Antje Pikantje!«

»Und wie pikant sie damals war.« Der Mann, dessen Akzent wie eine gröbere Variante des charmanten Sounds von Frau Antje klang, lächelte versonnen.

»Ach, Mensch, du bist ja unser wunderbarer ...«

»König Leonidas, genau!« Der Belgier öffnete eine Hutschachtel und zog eine Krone hervor, auf deren Spitzen dicke goldene Pralinenkugeln prangten.

»Eure Majestät!« Sie verbeugte sich tief.

»Ihr dürft zu meiner Linken Platz nehmen, edles Vollkorn-Gretchen!«

Sie grinste. Fünfundzwanzig Jahre älter waren sie seit ihrer leidenschaftlichen Erstbegegnung geworden, aber angefacht von den Erinnerungen, erfasste sie sogleich wieder die jugendliche Albernheit von damals.

Kurz überlegte sie, ob sie sich den Austausch über ihren weiteren Lebensweg nicht für die Kamera aufheben mussten, doch die Neugier siegte. Leonidas hatte es nach Gent verschlagen. Er führte dort eine stilvolle Bar namens »Max le Hédoniste«, in der ein Aushang die Gäste höflich darauf aufmerksam machte, dass Diskussionen über Politik und Religion einen dreihundertprozentigen Aufschlag der Getränkepreise zur Folge hätten.

Als er die beiden einlud, mal vorbeizuschauen, hob Frau Antje abwehrend die Hände. »Ich fürchte, das wird mir zu teuer. Ich arbeite im Bereich Integration und Menschenrechte. Schweigen gehört da nicht unbedingt zu meinen Top-Skills. Was mich übrigens erst vor Kurzem den Job gekostet hat.«

»Du suchst Arbeit?« Im Gretchen stieg plötzlich ein Gedanke auf. »Ich habe da eine großartige Geschäftsidee. Damit könnten wir die Welt erobern! Und uns sogar einen Abend im ›Max‹ leisten!«

»Habt ihr Deutschen denn nie die Nase voll vom Welterobern?« Frau Antje grinste frech, sah sie aber auch neugierig an.

»Solange wir es nur mit Brot tun. Mit echtem deutschem

Vollkornbrot, das obendrein mit holländischem Käse von glücklichen Kühen aus eurem Beemsterpolder belegt wird? Ich würde meine neue Biofood-Kette eh lieber mit einer Partnerin aufbauen. ›Bei Gretchen & Antje‹ klingt doch super!«

»Hey, und was ist mit mir? Gibt es kein Asyl für einen König, dessen Bar gerade leider nicht so gut läuft?«

»Eine kleine Theke voller belgischer Pralinen? Das wäre perfekt!«, überlegte sie träumerisch. »Aber du musst dann immer deine Krone tragen. Da stehen die Deutschen drauf!«

»Nichts als die Krone?« Frau Antje lachte bei der Vorstellung laut auf. »Der König ohne Kleider – in unserer ureigenen Version.«

»Ihr seid echt total verrückt. Wirklich dumm, dass wir uns damals aus den Augen verloren haben«, sagte Leonidas.

»Wo bleiben die anderen Maskottchen eigentlich?«

»Von mir aus können die gern wegbleiben, Gretchen. Es ist doch zu schön, dass der Zufall gerade uns als Erste wiedervereint hat.« Frau Antjes Zwinkern wirkte im Licht ihrer drei Taschenlampen ein wenig gespenstisch.

»Mir scheint das mehr Fügung als Zufall zu sein. Als wollte ein höheres Wesen, dass wir den Spaß von damals heute noch einmal haben dürfen.«

»Es war schon eine einzigartige, unglaubliche Nacht. Geradezu orgiastisch.« Das Vollkorn-Gretchen schüttelte den Kopf. Erinnerte sich daran, wie sich Deutschland, Belgien und die Niederlande so gut verstanden hatten, dass sie noch lange nach Ende der Veranstaltung im Labyrinth auf einer Decke zusammensaßen und die Reste des opulenten VIP-Büfetts verspeisten, das der Aachener Oberbürgermeister als Nachbarschaftsgruß spendiert hatte. Bis es schließlich, nach weiteren Genüssen, zu ihrer großen beneluxuriösen Vereinigung kam.

»Oh ja. Nur die Drogen waren vielleicht ein bisschen *too much*.«

»Niederländisches Gras, deutsches Ecstasy und belgisches LSD – dass damals aber auch jeder von uns was in der Tasche hatte!«

»Aber das LSD hat doch nur dieser Deutsche vom Festkomitee

genommen, der sich bei uns dreien mit Essen und Trinken eingekauft hat.«

»Stimmt, leider. Hat sich und uns etwas den Spaß verdorben, der Junge.« Frau Antje seufzte.

»Von Anfang an«, nickte Leonidas. »Wisst ihr noch, wie der uns alles verbieten wollte? Das Büfett? Und selbst das Sitzen auf der Decke?«

»Bis du mit ihm Russisches Roulette gespielt hast. Sechs Pralinen, von denen eine mit LSD gefüllt war. Gib's zu, du wusstest genau, welche es war.«

»Ich hätte es nicht gemacht, wenn er nicht so furchtbar autoritär und verklemmt gewesen wäre. Erinnert ihr euch?«

»Natürlich. Wie er sich aufgeplustert hat!« Frau Antje verstellte die Stimme: »Das geht hier nicht! Ich bin der persönliche Referent des Oberbürgermeisters!« Sie grinste. »Und wie sich das Gretchen an ihm festklammerte, nachdem es so getan hatte, als würde es stolpern, wisst ihr noch?«

Sie musste lachen. »Ich hab ihn immer weiter zu mir heruntergezogen, bis er auf mich draufgefallen ist. Keinen Zentimeter konnte er sich mehr bewegen. Ich hatte ihn im Griff wie ein Profi-Ringer. Und dann habt ihr begonnen, ihn auszuziehen.«

»Haha, so ist wahrscheinlich der Würgesex erfunden worden. Aber als er begriff, dass wir ihm nichts Böses wollten, hatte er ja plötzlich eine Menge Spaß. War all seine schlimmen Verspannungen los und hat sich doch noch als ganz prima Junge entpuppt«, meinte Leonidas.

Ihre Miene verdunkelte sich. »Na ja, vielleicht für zehn Minuten. Du hast offenbar völlig vergessen, dass er plötzlich von uns verlangte, einen auf Hund zu machen. Das war wirklich schlimm. Spielte uns vor, was wir tun sollten. Kein Wunder, dass er am Ende zusammengebrochen ist. Hat sich wahrscheinlich selbst nicht aushalten können. Wie hieß der Typ noch gleich?«

2

»Michael, Gretchen! Michael ... So wie der Erzengel und Schutzheilige Deutschlands.«

Er hatte unterhalb der Aussichtsplattform den richtigen Augenblick für seinen Auftritt und das Einschalten des Lichterkranzes über ihnen abgewartet. Wie sie jetzt alle drei vor Schreck zusammenzuckten! Sehr gut!

»Schön, dass ihr gekommen seid.«

»Du hast es also zum Fernsehen geschafft. Gratuliere«, versuchte die Holländerin, sich anzubiedern. Ekelhaft!

»Ich? Nein, das war nur ein Vorwand, um euch hierherzulocken.«

Köstlich, ihre irritierten Blicke. Welcher war gespielt? Eine oder einer von ihnen musste doch spätestens jetzt, im Augenblick seines Erscheinens, wissen, weswegen er sie oder ihn ins Labyrinth gelotst hatte. Wer war der Erpresser? Wer versuchte, seine Karriere zu zerstören und nebenher noch einen fetten Reibach zu machen?

Und da kam schon die Nächste. Jetzt wanzte sich das Gretchen säuselnd an ihn ran.

»Netter Scherz, Michael, wirklich. Ich freue mich, dass du wieder so fit bist. Hatte mir damals echt Sorgen gemacht. Siehst richtig stattlich aus. Wann starten wir denn jetzt mit der Aufnahme?«

»Scherz? Stattlich? Du redest immer noch Schwachsinn, genau wie vor fünfundzwanzig Jahren.«

»Jetzt ist es aber gut, du Spinner!« In dem Augenblick, da sich Leonidas erhob, zog Michael seine Pistole aus der Tasche und richtete sie auf den Kopf dieses belgischen Buttertrüffelfressers.

»Schön stehen bleiben. Alle! Und jetzt noch mal zum Mitschreiben: Es gibt keine Sendung. Ich hatte einfach Sehnsucht nach euch. Oder besser: Sehnsucht danach, euch klarzumachen, dass ihr mein Leben damals zerstört habt und ich das kein zweites Mal zulassen werde.«

»Mein Gott, was sollen wir dir denn angetan haben?« Dem Gretchen schossen Tränen in die großen Augen. Jaja, sah rührend aus. Hätte Schauspielerin werden sollen, das Gretchen.

»Habt ihr das nicht gerade selbst so lustig erzählt?« Während er antwortete, zog er aus seiner anderen Tasche einen Schalldämpfer und schraubte ihn, ohne Leonidas aus den Augen zu lassen, auf den Pistolenlauf.

»Mit Drogen habt ihr mich vollgepumpt. Drei Wochen später hätte ich Landesvorsitzender der Jungen Union werden sollen. Stattdessen habe ich jahrelang in diesem beschissenen Trip festgehangen. Weil ihr mich einfach vor dem Krankenhaus rausgeworfen habt, ohne Hinweis, was mit mir los war. Die haben mich komplett falsch behandelt! Bis sie mich am Ende nur noch als Zombie in die Psychiatrie stecken konnten!«

»Hör mal, Michael«, Frau Antje hob beschwichtigend die Hände, »ich verstehe ja deine Wut. Aber wir konnten dich nicht direkt in die Notaufnahme bringen. Man hätte uns verhaftet – und dich auch! Allein schon wegen Verführung Minderjähriger! Weißt du das nicht mehr? Gretchen war damals gerade mal siebzehn.«

»Jedenfalls hast du es nicht vergessen. Interessant.« Er richtete die Pistole auf Frau Antje.

»Ich weiß nicht, worauf –«, setzte sie an, wurde aber von Leonidas unterbrochen.

»Ja, es war vielleicht falsch, was wir getan haben. Ganz sicher sogar. Aber jetzt hast du diesen miesen Trip ja hinter dir, und wenn ich mir dein teures Tweedjackett so anschaue, bist du doch mittlerweile wieder ganz oben. Also, lass gut sein, Mann. Sich nach fünfundzwanzig Jahren zu rächen – das bringt doch nichts.«

»Er hat recht. Am besten gehen wir jetzt alle wieder nach Hause und vergessen das hier einfach.« Das Gretchen mit seinem Kuhaugenaufschlag. Man sollte sie schlachten und als Burger in ihrem eigenen Ami-Grill verkaufen. Aber vielleicht spielte sie das naive Frittengießereidummchen auch nur.

»Gehen wir nach Hause. Gute Idee!«, sagte er locker und lächelte freundlich.

Wieder sahen sie ihn überrascht an. Ach, er hätte sie so gerne noch viel länger zappeln lassen. So wie sie damals ihn.

»Aber vorher müssen wir noch diese klitzekleine Kleinigkeit klären.«

Er hielt ihnen das Polaroid entgegen, das ihm jemand ein paar Wochen zuvor anonym zugeschickt hatte. Mit dem Hinweis, es stamme aus einer Serie von zehn Fotos, auf denen er außerordentlich gut zu erkennen sei. Zum Beispiel als Mittelteil eines Sandwichs: vor ihm ein jugendliches Gretchen, hinter ihm ein junger König, alle drei splitterfasernackt und ekstatisch lachend. Und auch in weitaus lächerlicheren Positionen, als hechelndes Hündchen, als ... Ach, er wollte einfach nicht mehr daran denken, wie er sich vor dieser Euro-Schickeria gedemütigt hatte. Bis der Brief mit den Fotos gekommen war, hatte er tatsächlich geglaubt, die Bilder in seinem Kopf seien nur ein schlimmes LSD-Phantasma gewesen.

»Du hast die Fotos?«, fragte Leonidas. Die Überraschung in seiner Stimme klang echt.

»Ach herrje. Wir haben fotografiert? Kann mich null daran erinnern.« Gretchens Kuhaugen starrten erschrocken auf das Polaroid.

»Echt jetzt? Wir haben die Kamera doch herumgehen lassen. Aber dann ist er ja zusammengeklappt.« Frau Antje zeigte auf ihn. »Monatelang hatte ich Angst, wir hätten sie hier liegen lassen und die Leute vom Labyrinth würden sie finden. Und was jetzt, Erzengel Michael? Willst du uns erpressen? Für 'ne schnelle Nummer? Du bist ein elender Wicht!«

»Mal langsam, Kaaskop! Die Frage lautet vielmehr: Wer von euch erpresst mich?«

»Wie meinst du das?«

»Wer möchte das beantworten? Vielleicht sogar du selbst, Frau Antje? Niemand? Okay, dann will ich mal ein bisschen nachhelfen. Irgendwer von euch hat mitbekommen, dass ich im Mai in das Europaparlament nachrücken werde. Ja, ich hab's tatsächlich doch noch geschafft. Nicht in der CDU, sondern bei der Alternative für Deutschland. Und dass ich diese Quasselbude in Brüssel aufmischen werde, gefällt ihm oder ihr nun überhaupt nicht. Wer von euch ist also linksversifft genug, um mich mit diesen Fotos stoppen zu wollen ... und sich nebenher die Taschen zu füllen?«

Er schaute jeden von ihnen nacheinander an, fuchtelte mit der Pistole herum wie mit einem Spielzeug. Faszinierend, wie dabei die Panik in ihren Augen aufblitzte.

»Nicht dass ich noch aus Versehen abdrücke. Ich habe immer noch ab und zu Flashbacks, da kann schnell mal was richtig schiefgehen. Besser, wir regeln das, solange ich noch stabil bin. Also? Wer ist der Erpresser? Gib mir die restlichen neun Polaroids und die Sache ist erledigt. – Keiner? Okay, dann alle auf die Knie. Sofort!«

Er seufzte wohlig. Sie taten hektisch, was er ihnen befahl. Opfer. Ganz anders als damals.

»Ist das nicht gemein? Mr oder Mrs X hält schön dicht, und die beiden anderen haben darunter zu leiden. Schrecklich zu leiden. Aber vielleicht helft ihr mir ja, meinen Erpresser zu entlarven. Ich verspreche euch, dann dürft ihr sofort gehen. Deutsches Ehrenwort!«

3

Miljaardenondedju! Plante der etwa eine standrechtliche Erschießung?

Vergeblich suchte Leonidas den Blickkontakt mit Frau Antje und dem Vollkorn-Gretchen, aber beide starrten nur diesen verrückten deutschen Racheengel an.

Was sollte er nur tun? Er war auf eine fröhliche und lukrative europäische Wiedervereinigung eingestellt gewesen, nicht auf einen rechten Fanatiker mit einer Verschwörungstheorie im kranken Hirn und einer Pistole in der Hand. Erpressung mit alten Polaroids, die seine neue Karriere bedrohten …

Eine Welle der Wut stieg in ihm auf. Was hatte er eigentlich mit all dem hier zu tun? War ihm doch wumpe, welchen Unsinn dieser Trottel im Europaparlament verzapfen würde! Er sollte einfach aufstehen und gehen. Und dann? Kugel im Rücken? Und die armen *meisjes*? Als er sich räusperte, schaute Michael zu ihm herüber.

»Wieso bist du dir so sicher, dass einer von uns dir dieses Foto geschickt hat?« Seine Stimme klang in der nächtlichen Kühle so dünn, als steckte auch auf seiner Kehle ein Schalldämpfer. »Warum checkst du nicht erst mal deine politischen Feinde? Davon hast du bestimmt mehr, als du ahnst.«

Die Provokation wirkte. Die Pistole schwenkte gute zwanzig Grad zu ihm herüber. Michaels Hand zitterte leicht.

Er zwang sich, weiterzureden. »Und was ist mit den Konkurrenten in deiner eigenen Partei?«

»Schau an, schau an. Spricht da etwa ein Kenner des Politzirkus? Und das, obwohl in deiner Kneipe Politik unerwünscht ist?« Michael machte einen Schritt auf ihn zu. »Als König solltest du das doch wissen: Gehst du nicht zur Politik, kommt sie zu dir. Und als Wirt erst recht. Denk nur an meine Freunde und deine neuen Stammgäste vom Vlaams Belang. Welche Strafgebühr haben die dafür zahlen müssen, dass sie bei dir immer wieder ihr Recht auf Meinungsfreiheit nutzen? Ich sag's dir: keinen einzigen Eurocent! Während deine alten Stammgäste brav die Klappe gehalten haben und jetzt auf TripAdvisor kein gutes Haar an deinem Laden lassen.«

Der irre Deutsche deklamierte. »›Max le Hédoniste ist zur Brutstätte rechter Rädelsführer verkommen. Der Wirt verrät seine Prinzipien und lässt das Nazi-Pack frei saufen. Da gehen wir nicht mehr hin.‹ – Tolle Stammgäste hast du! Ach nee, hattest du. Und jetzt, wo dir das Geld ausgeht, erinnerst du dich an schmierige alte Fotos, für die du locker dreißig Silberlinge kriegen kannst. Und die Rache an einem Geistesverwandten deiner flämischen Quälgeister nimmst du als Bonus gleich mit.«

Der Drecksack tätschelte ihm die Wange, der letzte Schlag eine satte Ohrfeige. »Konkurrenten in meiner Partei … Denk lieber nach, bevor du mir noch einmal mit dummen Fragen kommst.«

Er wich zurück, so weit er konnte. Sein Rücken drückte gegen das Holz der Balustrade. Was immer dieser Mistkerl für Spielchen spielte, er selbst musste jetzt stillhalten – wie in seiner Bar. Schrecklich. Es sei denn … Was, wenn er sich rückwärts über die Balustrade nach unten fallen ließe? Bis zum Boden konnten es doch höchstens drei, vier Meter sein. Immer noch genug, um sich das Genick zu brechen. Aber mit etwas Glück landete er gut und könnte sofort im Labyrinth verschwinden. Und dann? Ob es hier einen Sicherheitsdienst gab, der nachts ab und zu vorbeischaute? Bestimmt nicht, sonst hätte dieser Irre sie nicht hergelockt.

»Also, die Damen, der Herr? Warum kann der Erpresser nicht aus der Politik kommen?«

Nach einer Weile, in der er ungeduldig die Pistole von einem zum anderen geschwenkt hatte, meldete sich zögerlich Frau Antje zu Wort.

»Weil die Fotos sonst schon längst in der Klatschpresse erschienen wären?«

Michael nickte wie ein begeisterter Quizmaster, dessen Kandidatin die Finalfrage korrekt beantwortet hatte.

»Exakt! *Twelve points to the Netherlands!* Wenn unsereins mit seinen Gegnern abrechnet, dann sofort und ohne Gnade.«

»Und wenn schon«, begehrte das Vollkorn-Gretchen auf. »Ich war es jedenfalls nicht.«

»Ich auch nicht«, echote Frau Antje empört.

»Also Leonidas?«

Michael trat auf ihn zu, drückte ihm die Pistole unter das Kinn und zwang ihn, ihm in die Augen zu schauen.

Er konnte nur noch flüstern. »Ich war's auch nicht.«

»Wer hat denn damals diese verfluchte Polaroidkamera mitgebracht? Und die LSD-Trips? Doch Ihr, Herr König, oder?«

Sollte er jetzt zustimmen? Es war die Wahrheit. Und doch bedeutete es in diesem Augenblick überhaupt nichts. Was konnte er nur sagen? »Aber ich habe dich damals gerettet, Michael«, presste er schließlich hervor.

»Oh, ein Philanthrop! Na los, erzähl uns mal von deiner selbstlosen Aktion!« Michael zog die Pistole ein Stück weit zurück und sah ihn mit gespielter Neugierde an.

»Ich habe dich in eine Jacke eingewickelt, weil du so gezittert hast. Meine Jacke! Und dann habe ich dich über meine Schultern gelegt und zum Auto getragen.« Seine Lippen bebten so sehr vor Angst, dass seine letzten Worte kaum noch verständlich gewesen waren. Er begann jetzt zu schreien: »Ich war doch fast nackt! Trug nur einen String, weil Antje deine und meine Klamotten in den Springbrunnen geworfen hatte. Mit den Händen hielt ich dich fest. Wie hätte ich da Fotos mitnehmen sollen?«

Michael schaute zu Antje und zum Gretchen hinüber. »Stimmt das? Hatte er nichts am Leib als diesen peinlichen Tanga?«

Die beiden nickten stumm.

»Und warum hast du mir nicht meine eigene Jacke angezogen?«

»Lag im Springbrunnen. Wie alles andere. Nur meine Jacke nicht, weil ich sie vor Antje hatte retten können.«

»Dieses Adressbuch hier«, Michael hielt ihm ein abgegriffenes Heftchen vor die Nase, »ist das von dir?«

Er erinnerte sich, nickte, wollte etwas sagen, verschluckte sich.

Michael wartete, bis sein Hustenanfall abgeklungen war.

»Leonidas, steh auf und wandle. Du hast deine Unschuld bewiesen. Du darfst gehen.«

Er atmete tief durch, ehe er sich aufrichtete und sich zur Treppe wandte. Richtung Freiheit. Nur weg von diesem Wahnsinnigen!

Aber mit einem Schritt stellte der sich ihm in den Weg, setzte ihm die Pistole auf die Stirn und manövrierte ihn ohne ein weiteres Wort rückwärts, fort von der Treppe und hin zur Balustrade. »Dreh dich um, Leonidas!«

Er zögerte. Michael tickte zwei-, dreimal den Pistolenlauf hart gegen seine Stirn, und der in ihm gerade aufgeglommene Instinkt, sich zu wehren, erlosch sogleich wieder. Er gehorchte.

Dann spürte er die Pistole an seinem Hinterkopf. Michael drückte immer fester und zwang ihn, sich über die Balustrade zu beugen, immer weiter, immer tiefer.

»Nein, nein! Nicht!«

Frau Antjes Schreie weckten seinen Widerstand, und es gelang ihm kurz, den Kopf zu wenden.

Michael drückte beinahe im selben Moment ab. Die Kugel, die ihn traf, stieß ihn hinunter in das tiefe, endlose Schwarz des Labyrinths.

4

Mein Gott, er hatte König Leonidas erschossen! Einfach so!

Der Schuss summte in ihren Ohren nach, und der Geruch von Verbranntem stieg in ihre Nase. Das Vollkorn-Gretchen hatte sich in ihre Arme geworfen und seinen Kopf in den Falten eines ihrer Puffärmel vergraben. Sie selbst hatte sich unwillkürlich die Hand vor den Mund geschlagen und starrte auf die Stelle, wo eben noch ihr Mitmaskottchen gestanden hatte. Sie wollte aufspringen, aber das Gretchen hielt sie zurück.

»Wir sind die nächsten«, flüsterte es eindringlich. »Gib ihm keine Chance, zwischen uns zu wählen!«

»Da waren's nur noch zwei«, sagte Michael mit gespieltem Bedauern, nachdem er eine Weile über die Balustrade nach unten gesehen und gelauscht hatte. »Herzlichen Glückwunsch! Ihr habt es in die zweite und letzte Runde geschafft.«

»Aber Leonidas war unschuldig«, protestierte sie.

»Exakt. Wie ein frisch geborenes Lamm. Dank eurer Aussage durfte er gehen. Für immer!«

Sie zitterte am ganzen Leib, obwohl es eine milde Frühlingsnacht war.

»Wir müssen uns schuldig bekennen. Alle beide!«, raunte das Gretchen ihr zu.

»Hey, was du zu sagen hast, sagst du laut, verstanden?« Michael wies mit der Pistole auf die Stelle, an der er Leonidas erschossen hatte. »Dort rüber!«

Als sie an der Balustrade standen, umkreiste er sie langsam.

»In diesem Finale müsst ihr nur eine einzige Frage beantworten: Wer von euch beiden hatte die Frechheit, mich zu erpressen? Aber aufgepasst: Wie vor Gericht geltet ihr als unschuldig, bis das Gegenteil bewiesen ist. Und ihr wisst, was hier mit Unschuldigen geschieht. Also strengt euch an!«

»Ich war's«, hörte sie das Vollkorn-Gretchen sagen und zuckte leicht zusammen, weil es ihr in den Handrücken kniff. »Ich habe das Foto geschickt. Es gibt noch weitere, aber die sind gut versteckt. Außerdem weiß ein Freund über die Bilder Bescheid. Wenn ich mich morgen früh nicht bei ihm melde, informiert er die Polizei über alles – auch über den Ort, an dem die Fotos zu finden sind.«

»Als ob ich dir diesen Unsinn glauben würde.« Michael sah das Gretchen wütend an.

Es war Zeit, sich einzuschalten. »Und damit hast du recht. Denn ich habe die Fotos!«, rief sie. »Sie befinden sich in einem Versteck, nicht weit von hier in meiner Ferienwohnung in Heerlen. Und ich bin es auch, die sicherheitshalber jemanden über alles informiert hat, der morgen zur Polizei gehen wird, falls er nichts von mir hört.«

Michael stöhnte genervt auf. »Ihr haltet mich für dumm, aber ihr werdet noch sehen. Was genau zeigen die anderen Fotos? Du zuerst, Gretchen!«

»Auf einem liegst du auf Antje und ich auf dir oder umgekehrt. Außerdem ist da eines mit dir, mir und Leonidas als Sandwich …«

Als Gretchen sie wieder leicht kniff, übernahm sie sofort. »Während Leonidas selbst sich schon das Gretchen angelt. Und dann noch eins, worauf du, sagen wir, das Glockenspiel von König Leonidas …«

»… läutest«, vollendete das Gretchen. »Weil du angeblich wissen wolltest, wie das mit zwei Hoden so ist.«

»Weil du nur einen hast. Wie Hitler, dein –«

»Schluss jetzt!«, unterbrach Michael wütend das Gretchen. »Das alles beweist gar nichts. Das könnt ihr euch aus der Erinnerung zusammengekramt haben.«

»Du wolltest es doch wissen«, sagte sie streng.

»Eine von euch will mich nicht nur zerstören, sondern auch noch ein Geschäft damit machen. Bestimmt du, Gretchen! Mit deinem verrückten Traum einer gesunden Fastfood-Kette mit lauter Fraß aus Äthiopien, Iran und Bolivien. War leicht zu finden, dein Geschreibsel in diesem Female-Enterprises-Forum. Wahrscheinlich gefällt es dir nicht, dass ich unser schönes Deutschland vor all diesen Kameltreibern und ihren Krankheiten beschützen will. Und weil deine ach so solidarischen Schwestern keinen Cent in dein Luftschloss investieren wollten, lag es auf der Hand, mich zu erpressen.«

Mit einem gelassenen Nicken bestätigte das Gretchen alle Anschuldigungen Michaels.

»Aber was ist mir dir, Frau Antje?« Er zog an einem Zopf ihrer Perücke. »Kennst du den Spruch: Europa ist unsere Versicherung gegen einen neuen Krieg? Natürlich. Obwohl er ja gerade von der Website deiner Stiftung gelöscht wurde. Entschuldigung, deiner ehemaligen Stiftung, so muss ich wohl sagen. Sie haben dich ja achtkantig hinausgeworfen. Tja, da weht ein anderer Wind, seit der neue Chef da ist. Ein Vertrauter unseres politischen Freundes Geert. Hast dich einfach zu weit aus dem Fenster gelehnt mit deinen Unterschriftenaktionen und Verschwörungstheorien gegen die Partij voor de Vrijheid. Und jetzt bist du arbeitslos und pleite. Was für ein Glücksfall, dass fast gleichzeitig ein deutscher Patriot ins Europaparlament einrückt, den du von alten Fotos her kennst. Die musstest du nur aus der Kiste holen – um dich zu rächen und ein bisschen Geld einzustreichen.«

Sie nickte. »Genau so war es. Fünfzigtausend, oder hatte ich doch Hunderttausend verlangt?«

Bei der ersten Zahl hatte sie Gretchens Hand gedrückt, und die kluge Vollkorndeutsche schaltete wie erhofft schnell.

»Nein, Antje, es waren Fünfzigtausend, die er bezahlen soll. Ich weiß es besser, denn ich bin die, die er sucht.«

Michael wirkte plötzlich hilflos und ein bisschen lächerlich mit seiner Pistole, die er abwechselnd auf sie und das Gretchen richtete, so als würden sie dann eher mit der Wahrheit herausrücken. Fast eine Minute lang sagte niemand ein Wort.

»Ihr haltet euch wohl für ganz clever. Aber ich habe nichts mehr zu verlieren. Wir gehen. Erst zu dir, Frau Antje, und dann zum Gretchen. Mit etwas Glück muss ich nur eine Wohnung auseinandernehmen, bis ich die Fotos finde. Auf geht's – schön hintereinander und keine Spielchen. Wenn eine flieht, werte ich das als Geständnis, und die andere ist sofort tot.«

Sie ließ Gretchens Hand los und griff nach ihrem Jutebeutel. Leicht knuffte das Gretchen sie in die Seite und schaute sie eindringlich an, ehe es vor ihr zur Treppe ging. Was sollte dieser Blick bedeuten? Es wollte doch wohl nicht fliehen? So eine Aktion würde keiner von ihnen helfen.

Ein Aufschrei riss sie aus ihren Überlegungen. Ihre deutsche Schicksalsgenossin war auf der vorletzten Stufe der Treppe ins Straucheln geraten und zu Boden gestürzt. Jetzt lag sie da und wimmerte vor Schmerzen.

Sofort war sie bei ihr, kniete sich neben sie, während Michael, der halb auf der Treppe stehen geblieben war, zu schimpfen begann.

»Ihr dummen Kühe! Was soll der Mist? Steht sofort auf!«

»Mein Knöchel!«, jammerte das Gretchen, zwinkerte ihr aber kurz zu.

»Aufstehen!«, rief Michael.

Das Gretchen schien sein Bestes zu geben, sackte jedoch gleich darauf wieder zusammen. »Ich kann nicht! Antje, hilf mir.«

Als sie sich über das Gretchen beugte, flüsterte es: »Die Klompen! Sein Kopf!«

»Nun hilf ihr schon«, herrschte Michael sie an.

Sie legte den Arm um das Gretchen, aber es machte sich so schwer, dass sie beim Anheben von ihm zu Boden gezogen wurde.

»Wenn sie erst mal steht, können wir weiter. Aber allein schaffe ich es nicht, verdammt noch mal!«

»Also gut.« Michael steckte die Pistole in die Innentasche seiner Jacke und zog den Reißverschluss hoch. Dann trat er neben sie, beugte sich über das Gretchen, schob eine Hand unter seine Achsel und griff mit der anderen nach dem derben Ziergürtel, der dem Kostüm etwas Zünftiges geben sollte.

In diesem Augenblick schlang das Gretchen seine Arme um ihn und zog ihn wie einen Geliebten zu sich, bis er das Gleichgewicht verlor und auf es stürzte. Sofort umklammerte es seinen Hals und nahm ihn in den Schwitzkasten. Genau wie damals! Kurz ließ das Gretchen es zu, dass er den Kopf emporrecken konnte. »Jetzt!«, schrie es.

Während Michael abgelenkt war, hatte sie die aus stabilem Weidenholz geschnitzten Klompen aus dem Beutel gezogen und war mit den Händen in sie hineingeschlüpft.

Also jetzt! Sie breitete die Arme aus und schwang sie mit aller Macht nach vorne. Ein unbändiger Überlebenswille und das Wissen, nur diese eine Chance zu haben, weckten in ihr Kräfte, die sich mit einem schrecklichen Schrei Bahn brachen. Ein Schrei, der jäh von einem heftigen Krachen überlagert wurde, aus dem nicht herauszuhören war, ob gerade die Klompen oder die Schädelknochen ihres Peinigers zersplitterten.

Michael sackte in sich zusammen.

Sie ließ die Arme sinken, die Klompen rutschten ihr von den Händen und fielen zu Boden.

Das Gretchen sprang auf und rannte nach Leonidas rufend um die Aufständerung der Plattform herum.

»Lebt er?«, rief sie, nachdem es eine Weile still geblieben war.

Niemand antwortete ihr, aber dann kam ihr das Gretchen langsam entgegen. An seiner Seite und schwer auf seine Schulter gestützt: Leonidas. Sein linker Arm hing schlaff hinunter. Als er sich vorsichtig neben ihr zu Boden sinken ließ, konnte sie eine schmale blutrote Linie unter seinem Jackett ausmachen, die sich von der linken Schulter bis zur Hüfte zog.

»Er war bewusstlos. Aber ein paar Küsse …«

»Ruf einen Krankenwagen!«, rief sie, aber Leonidas winkte ab.

»Ein Freund von mir in Lüttich ist Chirurg. Das Gretchen fährt mich gleich hin.«

»Aber bis dahin bist du verblutet!«

»Unser König hat Glück gehabt. Es sind offenbar keine größeren Arterien verletzt«, sagte das Gretchen fachkundig.

»Das kannst du doch nicht wissen!«, protestierte sie.

»Doch, ich saß mal zwei Jahre lang als Rettungssanitäterin auf dem Bock. Mach dir keine Sorgen, wir kriegen das schon hin. Aber was ist mit ihm da?« Das Gretchen zeigte auf Michael.

»Er atmet nicht mehr«, sagte sie rau, und ein Zittern durchlief sie, weil sie die Auswirkungen ihres wuchtigen Doppelschlags erst jetzt in aller Deutlichkeit begriff.

»Er hat versucht, Leonidas zu erschießen, und wir wären die Nächsten gewesen.« Das Vollkorn-Gretchen hatte sofort gespürt, was in ihr vorging.

Sie nickte zögerlich. Ja, es war Notwehr gewesen. Und trotzdem … »Außerdem seid ihr nur wegen meiner dummen Aktion in die Schusslinie geraten.«

»Unsinn«, sagte Leonidas schwach. »Schuld sind Leute wie er. So voller Hass. Auf alles, was anders ist als sie.«

Sie schluchzte auf. »Als mir der neue Vorsitzende grinsend die Kündigung überreichte, da dachte ich nur noch: Es geht wieder los. Wie damals bei euch in Deutschland. Noch schleichend, aber der ganze Dreck kommt wieder. Ich musste einfach etwas tun, und als ich dann den Artikel über Michael las und was er schon für Reden gehalten hat, da …«

Das Gretchen nahm sie in den Arm. »Wir werden das nicht zulassen. Nie mehr!«

»Da bin ich dabei«, murmelte Leonidas. »Aber vorher … also … vorher muss euer König mal kurz ohnmächtig …« Er verstummte und sank in Gretchens Arme.

»Jetzt aber!«, rief das Gretchen. »Frau Antje, vergiss nicht, das Foto mitzunehmen. Und die Klompen!«

»Aber was ist mit ihm?« Sie zeigte auf Michael.

»Wir brauchen den Vorsprung. Morgen wird sich schon jemand um ihn kümmern. Wir müssen los, Frau Antje. Europa wartet auf uns … und unser Unternehmen!«

Gisa Klönne

Boris Wolkow passt auf

Hotel Quellenhof, Elefantenbar, Freitagabend, 22.11 Uhr
»Na, Bobo, das ist doch mal was hier. Nicht Berlin, aber trotzdem: große Show, große Ehre, ein ganz großes Ding, ja?«

Großes Ding, in der Tat, dieser rheinische Karneval, sogar hier in Aachen, dabei wirkt die Stadt auf den ersten Blick recht beschaulich. Aber von wegen. In genau vierundzwanzig Stunden wird Bundesminister Magnus K. Sonnthofer im Festsaal des Eurogress zum Ritter wider den tierischen Ernst geschlagen. Tausendvierhundert Gäste und zig TV-Kameras werden zugucken, wenn er auf der Bühne eine alberne Kappe aufsetzt, in einen Käfig steigt und von dort eine Rede zum Besten gibt, an der sein Referent und zwei Ghostwriter mit ihm gefeilt haben, damit auch wirklich nichts schiefgeht. Sofern Sonnthofer sich an dieses Skript hält, wird sich das neue Image, an dem sein Team seit der letzten, um ein Haar verlorenen Wahl hartnäckig mit ihm arbeitet, in der Öffentlichkeit weiter durchsetzen. Sonnthofer wird fortan im Ehrenolymp aller Aachener Spaßvögel thronen, Seite an Seite mit den neunundsechzig anderen Karnevalsrittern, die diesen Orden bereits erhalten haben – darunter die Altkanzler Adenauer und Helmut Schmidt, Fürstin Gloria von Thurn und Taxis und Karl-Theodor zu Guttenberg, der seine Rede jedoch nicht selbst gehalten haben soll, wie man munkelt.

Magnus K. Sonnthofer hat hingegen nicht vor, sich vertreten zu lassen. Er ist fest überzeugt, dass er diesen Orden verdient hat. Die Aussicht, sich all seiner Kritiker zum Trotz endlich einmal unwidersprochen als Politiker mit Herz, Charme und Humor profilieren zu können, berauscht ihn schon seit Wochen. Und alle, alle, alle werden sie ihm dabei zuhören und ihn beklatschen müssen: das Volk vor den Fernsehapparaten, seine Parteientourage, seine Familie, und – am köstlichsten – auch etliche seiner Berliner Politfeinde, die mit im Publikum sitzen werden, weil sie diesen Orden schon am Revers stecken haben, ihn eines Tages erhalten möchten oder einfach nur ihre Visagen in die TV-Kameras halten wollen. Ein ganz großes Ding also. Ein Alptraum für jeden Personenschützer.

Schon jetzt, beim angeblich intimen Warm-up mit handverlesenen Gästen, klemmt Boris Wolkow weitgehend bewegungsunfähig an der Seite seines Chefs inmitten einer Traube aus dauergrinsenden Kerlen mit albern karierten Westen. Der Elferrat des Aachener Karneval Clubs ist das, der sie so umzingelt. Das Leitrudel sozusagen, das Magnus K. Sonnthofer zu seinem Jubiläumsritter erkoren hat. Deshalb wollen sie jetzt auch alle mit ihm anstoßen, ihm auf die Schulter klopfen, seine Hand schütteln oder ihm was ins Ohr schreien. Und dabei tun sie, als wäre das ein riesiger Spaß und der perfekte Anlass, jegliche Sicherheitsvorschrift zu ignorieren.

»Cheers, Bobo. Chin-chin und alaaf.«

»Prost, Chef.«

»Nu guck mal nicht so finster, das hier ist nicht Tschetschenien. Die zeichnen uns schließlich für unsern Humor aus.«

»Sie zeichnen die aus, Chef. Nur Sie.«

»Stimmt, hast recht, Bobo. Mich.«

Sonnthofer lacht, knallt sein leeres Glas auf den Tresen und bekommt direkt ein neues. Boris Wolkow spannt den linken Bizeps und schiebt einen der Karo-Clowns zur Seite. Vergebliche Liebesmüh, weil von hinten direkt wieder einer nachdrückt. Wolkow lässt einen Kontrollblick über die Menge schweifen und vergleicht die bereits Anwesenden mit seiner persönlichen roten Liste. Die Gattin sitzt botoxlächelnd auf zehn Uhr und schlürft Sekt mit den beiden Töchtern. Referent Peter Pelzer lehnt auf zwölf Uhr und kippt mehr Kurze, als seinen schmächtigen ein Meter siebzig guttun. Die rote Fraktion hat sich mit ihrem Leithammel Olaf Carstens in einer Sitzgruppe zusammengerottet und reißt abgehalfterte Politwitze. Sonnthofers Assistentin Liliane lauert siegesgewiss wie eine Kreuzspinne im fertigen Netz auf ihre Chance, Sonnthofer heute zumindest noch einen zu blasen, bevor der mit seiner Zementgesichtgattin ins Bett muss.

Und wer schleicht da draußen herum? Einer der Vermummten? Für Sekundenbruchteile glaubt Wolkow, hinter dem Fenster eine Art hautfarbenen Nilpferdschädel mit zwei Glubschaugen und einem roten Kopftuch zu erkennen, ist sich im nächsten Moment aber schon nicht mehr sicher, ob das nur eine Phantasie seines überhitzten Gehirns war. Was ist Wahn, was ist Wahrheit? Unmöglich, das zu entscheiden. Unmöglich auch, alle und alles im Blick zu behalten. Zu voll ist es dafür, zu dunkel, zu stickig, zu laut und zu chaotisch – und das ist erst das Vorspiel.

Hotel Quellenhof, Restaurantterrasse, Freitagabend, 23.08 Uhr
»Lagebesprechung, Bobo?«

»Lage.«

»Lage« bedeutet für jeden von ihnen eins von Sonnthofers Zigarillos und Lakritz aus der Tüte und für Sonnthofer ein frisches Pils, um zu spülen. Vertraut ist das alles, eines ihrer besseren Rituale, wie sie da so nebeneinander auf die Terrasse treten. Immer den Rücken zur Wand, nicht zu viel Licht auf Sonnthofers Gesicht und Wolkow als Bollwerk. Das leise Schmatzen dann, der Qualm, die bittersüß-klebrigen Zähne, Geheimnisse, Überlegungen.

»Der Carstens gefällt mir nicht, Bobo.«

»Nein, Chef, mir auch nicht.«

»Glotzt mich die ganze Zeit an, als wäre er persönlich beleidigt.«

»Aachen ist eben sein Wahlkreis.«

»Nicht mein Fehler, wenn er den nicht im Griff hat.«

»Nee, schon klar.«

»Und noch dazu in der falschen Partei ist.«

»Würden Sie ihn denn aufnehmen?«

Sonnthofer grinst und tätschelt Wolkows Schulter. »Soll niemand sagen, dass du keinen Humor hättest. Weißt, worauf es ankommt. Weißt immer, was du zu tun hast.«

Ja, das weiß er. Er muss dafür sorgen, dass weder Olaf Carstens Linke noch irgendein um die Demokratie besorgter Bürger oder sonst ein Chaot querschießt. Oder, noch schlimmer, schießt. Wolkows Blick schweift zum Kurgarten, der sich direkt neben dem Hotel erstreckt. Alles still dort, aber schlecht beleuchtet, daran will die Stadt Aachen leider nichts ändern.

Er denkt ans weiße Meer, wie es sich noch einmal glatt zieht, bevor die Eisstürme nahen, und an die Datscha seiner Oma, die so abgelegen ist, dass niemand sie findet. Er denkt an Irina, wie sie ihn dort zu Weihnachten in der Banja mit Birkenzweigen traktiert hat, bis er sich rosarot glühend im Schnee wälzte, an ihre schwingenden Brüste, ihr Lachen, das in diesen weißen Tagen zurückkam, und an ihre Hände, die so vieles tun könnten, aber stillhalten müssen, solange sie in dieser Einöde festsitzt.

Reue, er weiß, wie sie schmeckt und dass allein darin die Kraft liegt, etwas von Grund auf zu ändern. Doch ohne Kontakte geht auch nichts. Ein neuer Pass für Irina, ein neuer Name, ein neues gemeinsames deutsches Leben. Das ist die Lösung, und die dazu nötigen Papiere hat Sonnthofer ihm als Prämie für diesen Wochenend-Sondereinsatz in Aachen fest versprochen. Schon deshalb darf hier in den nächsten vierundzwanzig Stunden nichts schiefgehen.

Hotel Quellenhof, Zimmer 304, Freitagnacht, 00.07 Uhr

Ein Monster mit einem Nilpferdkopf krallt sich in seinen Nacken und würgt ihn, schwer, stinkend, fauchend. Wolkow schreit, boxt und springt auf, ohne etwas zu begreifen, steht im nächsten Moment splitterfasernackt mit der entsicherten Glock in der Hand auf dem Bettvorleger. Check nach links, geradeaus, nach rechts und nach hinten, dann das Bad sichern, Tür und Flur und die Fenster. Keiner da außer ihm, also die Glock wieder runter, durchatmen, sich wieder hinlegen. Die Digitalziffern des Weckers glimmen wie Geisterbahnaugen. Durch das Fenster weht Luft, die eine Ahnung von Schnee birgt.

Er steht wieder auf und sieht im Licht einer Straßenlaterne ein paar verlorene weiße Flocken gen Erdboden trudeln. In einem anderen Leben hat ihn der Schnee gelehrt zu überleben und später, als jungen Soldat in Tschetschenien, sogar gerettet. Alpha, so haben sie ihn dort gerufen, weil Wolkow selbst dann nicht mit den Zähnen klapperte oder aufgab, wenn seine Finger schon an der Kalaschnikow festfroren. Beim SEK hat ihm sein russisches Basistraining ebenfalls geholfen und schließlich dafür gesorgt, dass ihn Sonnthofer zu seinem persönlichen Chef-Wachhund machte. In dieser Eigenschaft ist Wolkow seitdem mehr als zweieinhalbmal rund um den Globus gejettet. Er hat den Bundesminister heil durch Istanbul, Washington, Moskau und Kabul dirigiert, durch zwei Fußball-WMs und diese Irrsinnsfeiern am Brandenburger Tor, die die deutsche Bundesregierung in regelmäßigen Abständen glaubt, veranstalten zu müssen. Wie kann es dann sein, dass ihn die Verleihung eines Karnevalsordens plötzlich um seinen Schlaf bringt? Es kann nicht sein, aber so ist es, denn er hat Alpträume, und sein linkes Ohrläppchen juckt so stark wie damals in Grosny, was heißt: Es kommt was, und zwar nichts Gutes.

Jaques-Königstein-Promenade, Samstagmorgen, 6.41 Uhr
Wolkow umrundet in flottem Trab das Hotel und das Eurogress-Center. Zufahrt und Fluchtwege, Eingänge, Treppen, die Rampe ins Parkhaus und die für die Lieferanten. Alles da, alles so, wie es sein muss. Seit Wochen kennt er hier alles in- und auswendig, kennt auch im Inneren des Gebäudekomplexes jeden Flur, jeden Übergang zwischen Hotel und Festhalle, jede Tür, jede Besenkammer, jeden Winkel. Schließlich hat er nicht nur ein fotografisches Gedächtnis, sondern auch das verdammte Sicherheitskonzept für diese Show federführend mitentwickelt. Der Park rechter Hand gefällt ihm in der Morgendämmerung noch weniger als am vorangegangenen Abend. Zu viele Bäume, das heißt: zu wenig Überblick. Und die Tatsache, dass sich unter den ersten herannahenden Demonstranten trotz Vermummungsverbots zwei Schlümpfe, ein Clown, ein rosaroter Panther und eine Giraffe befinden, macht die Lage nicht besser.

Wolkow nimmt Kurs auf die Absperrgitter, hinter denen sich die blökende Truppe formiert. Wer ist es diesmal? Die linken Chaoten, die Gutmenschen und die Rechten, denen Sonnthofers Linie niemals rechts genug sein wird – inzwischen kennt er sie alle, weiß, dass sie tatsächlich glauben, die Welt würde besser werden, wenn sie dem Minister ihren Frust ins Gesicht brüllen.

Wolkow bleibt stehen, scannt die morgenblassen Gesichter. Keiner da von seiner persönlichen Liste der Zecken, Chaoten und Nazis, aber das muss nichts heißen. In der Giraffe könnte Sonnthofer selbst stecken, ein Taliban, der rote Carstens oder, noch schlimmer, Sonnthofers verstoßener Autonomensohn Sebastian.

Wolkow schüttelt sich, gähnt, zieht das Tempo an. Die Nacht steckt ihm in den Knochen. Erst dieser Blödsinnstraum mit dem Monster, und kaum war er wieder eingeschlummert, haben Sonnthofers Frau, danach Sonnthofer selbst und am Ende der Referent bei ihm angeklopft. Alle mit ihren Sorgen und Anliegen, die sie ihm unbedingt – »Es ist zwar schon spät, aber trotzdem …« – schnell noch mitteilen wollten. Als wäre er kein Bodyguard, sondern das Christkind.

Elisenbrunnen, Samstagmittag, 12.47 Uhr

»Oche – alaaf! Oche – alaaf! Oche – alaaf!«

Den Domgottesdienst, den Rathausbesuch beim Oberbürgermeister und den Marsch durch die Stadt haben sie mit mehr Glück als Verstand ohne Zwischenfall überstanden. Nun, zum Ende des Vormittagsprogramms zu seinen Ehren, kuschelt Sonnthofer selig lächelnd und kamerawirksam mit den befrackten AKV-Karowesten-Clowns auf einer Freilichtbühne und reißt bei jedem Tusch der diversen Blaskapellen enthusiastisch die Arme gen Himmel. Sogar ein Glas Heilwasser nimmt er dankend entgegen und schwört, er sei überwältigt, aus derselben Quelle trinken zu dürfen wie einst Kaiser Karl, mit dem er sich natürlich in keinster Weise vergleichen wolle oder könne, auch wenn sein zweiter Vorname – wie wohl die wenigsten Anwesenden wüssten und er nun doch offenbaren werde – ebenfalls Karl laute. Und auch ihm liege natürlich der europäische Gedanke, ach was, die Vision eines großen Europa mehr als alles andere am Herzen, »aber das nur ganz am Rande, meine sehr verehrten Damen und Herren, und nun prost und alaaf, auf Aachen, den Karneval und den AKV, der mich in seinem hundertsechzigsten Jubiläumsjahr zu seinem siebzigsten Ritter erkoren hat, auf diesen Tag, diese Ehre und auf Sie alle …«

Und hoch das Glas und schlucken. Wolkow verfolgt gebannt, wie Sonnthofers Adamsapfel hinauf- und hinabrollt und sich das Glas zügig leert. Die Brühe schmeckt grässlich, das weiß Wolkow vom Vorkosten, doch Sonnthofer, der Wellnessdrinks aller Art hasst wie der Teufel das Weihwasser, behält seine Gesichtszüge eisern unter Kontrolle und grinst, was das Zeug hält. Das Volk klatscht. Keine Chance, den Minister zu schützen, wenn da doch noch jemand Gift reingepanscht hätte. Und auch nicht, wenn jetzt jemand schießen würde. Einer der Vermummten zum Beispiel. Oder dieses Irrsinnsvieh mit Nilpferdschädel, feisten Plüschpratzen und einer quietschblauen Latzhose, das jetzt hurtig auf die Bühne watschelt und die Arme ausbreitet. Sein plüschgewordener Alptraum ist das, das Vieh, das er schon gestern Nacht vor der Bar gesehen hat. Wolkow springt vorwärts und stoppt wieder ab, weil die Kapelle den nächsten Tusch spielt und Sonnthofer, die Karo-Clowns und das Monster sich selig lächelnd umarmen und unter dem Beifall der Menge zu schunkeln beginnen. Karneval. Frohsinn. Wolkow wünscht sich sehr dringend, dass das alles schon vorbei wäre. Der Ministersohn macht ihm Sorgen. Und der Referent noch viel mehr. Oder besser gesagt das, was der ihm letzte Nacht offenbart hat. Pelzer, der Duckmäuserich, ausgerechnet Pelzer, dem Wolkow bislang außer Aktentasche-Apportieren und »Ja, Herr Minister, sofort, Herr Minister« kaum etwas zugetraut hat, schon gar keine eigenen Ideen, die in irgendeiner Weise relevant sind, hat ihn dazu gezwungen, auf den letzten Drücker sein schönes Sicherheitskonzept neu zu überdenken. Wolkow mag es nicht, wenn er so überrascht wird. Und Peter Pelzer mag er auch nicht. Und doch kann er dessen Argumente nicht ignorieren.

Eurogress, Personaleingang, Samstagnachmittag, 16.52 Uhr
Das Karnevalsballett schwebt in einer Wolke süßen Mädchenparfüms an Wolkow vorüber. Maskenbildner, Tontechniker, Kellner, Musikcorps wuseln um ihn herum, rein und raus, raus und rein, ein großes Gerenne, Geschiebe, Gehaste, Schweißgeruch, Tabak und Schminke. Schnee täte jetzt gut, ein paar

Minuten nur, und er ganz allein in wohltuend weißer Stille. Oder nicht völlig allein, sondern mit Irina.

Doch stattdessen tobt um ihn herum das Chaos, und vom Kurgarten wehen unverdrossen die Parolen der Schreihälse herüber. Immerhin weiß Wolkow nun, dass Sonnthofers Sohn nicht dabei ist. Das hat der diesmal nämlich nicht nötig, weil Sonnthofers Gattin ihm in einem Anflug mütterlichen Irrsinns eine VIP-Karte für den Festsaal zugeschanzt hat. Zu viel Sekt, zu viel Botox oder möglicherweise ein Akt der Rache für Sonnthofers Techtelmechtel mit Liliane. Und nun tut ihr das natürlich leid, und er, Wolkow, soll den Mist wieder aufräumen und verhindern, dass der missratene Sebastian die Chance nutzt, seinen verhassten Minister-Papa vor laufenden TV-Kameras und all seinen Politfeinden zu blamieren. Und Sonnthofer ahnt nichts und soll davon – »Bitte, bitte, bitte, lieber Herr Wolkow, das müssen Sie mir fest versprechen, dafür zeige ich mich dann ganz sicher erkenntlich« – auch niemals erfahren.

Ahnt Sonnthofer wirklich nichts? Nein, tut er nicht. Die Gefühle seiner Liebsten und Nächsten vermag er sich nicht vorzustellen, dafür reicht seine Phantasie nicht. Wenn er sich sorgt, dann wie immer vor allem um seine Umfragewerte. Nur mit Mühe vermag er seinen Groll darüber zu verbergen, dass ausgerechnet sein Intimfeind Olaf Carstens während der Festgala im Draculakostüm in die Bütt steigen und seine Kalauer zum Besten geben darf und diese Chance sicher gnadenlos nutzen wird, den designierten Ordensritter Magnus K. Sonnthofer zu verspotten. Einer der Programmhöhepunkte soll das sein, und damit hat das Festkomitee, das muss Wolkow zugeben, eindeutig bewiesen, dass dies tatsächlich eine Auszeichnung wider den tierischen Ernst ist. Man bekommt diesen Orden nicht, weil man zu einer Partei gehört oder dafür bezahlt. Auch Sonnthofer hat das inzwischen begriffen. Humor heißt an diesem Tag, er muss selbst Olaf Carstens applaudieren und lächeln und schlucken, was der ihm zu sagen hat, wie zuvor das Heilwasser. Eigentlich gar keine so schlechte Aussicht.

Eurogress, Zufahrtsrampe, Samstagnachmittag, 17.34 Uhr
Der AKV-Präsident tritt neben Wolkow und hält ihm ein Zigarettenetui vor die Nase. Wolkow checkt die Marke und nimmt eine.

»Die Clowns auf der Bühne machen mir Sorgen.«

»Alle Mitwirkenden der Show sind überprüft worden und haben Sicherheitsausweise.«

»Auch dieses Nilpferd in der komischen Latzhose, das hier überall rumlatscht?«

»Barki?« Der Präsident schenkt Wolkow ein Lächeln, das echt wirkt. Die Respektlosigkeit gegenüber dem hochheiligen AKV-Maskottchen, das, wie Wolkow inzwischen sehr wohl weiß, gar kein Nilpferd, sondern eine Art Sagengestalt sein soll, scheint ihn tatsächlich zu amüsieren.

Wolkow lässt sein Sturmfeuerzeug aufschnappen. Sie inhalieren.

»Die Darsteller in unserem Barki-Kostüm sind Studenten, Herr Wolkow, die kennen wir alle seit Jahren. Glauben Sie mir, es wird alles gut gehen.«

»Wird es das?«

»Es wird.«

Wunschdenken also. Wolkow stößt Rauch aus und drückt den zwei zwecks Begutachtung herbeizitierten Barki-Darstellern die Hände. Bisschen Small Talk und Schulterklopfen und Heile-Welt-Spielen, während sein auf Hochtouren arbeitendes Hirn die von Pelzer erzwungene Plankorrektur durchspielt. Kann sein Plan B tatsächlich gelingen? Der Schlüssel, den der Referent ihm letzte Nacht gegeben hat, um sein Anliegen zu untermauern, steckt in Wolkows Gesäßtasche und scheint zu glühen. Ist der echt oder nicht – kann er Pelzer vertrauen? Er weiß es nicht, er weiß nur, dass sein Ohrläppchen juckt und die Zeit läuft und er keine andere Chance hat. Kontrolle, Berechnung, Pflicht und Ordnung, daran glaubt Wolkow, deshalb steht er jetzt hier und ist noch nicht verreckt. Weil er schneller und weiter denkt als seine Gegner. Weil er seine Aufträge immer ausführt. Komme, was wolle. Bis zum bitteren Ende. Wie aber einen Gegner identifizieren, der sich als Freund tarnt? Der ihn verarscht oder in einem lustigen Pelz steckt? Immerhin werden die tausendvierhundert Zuschauer im Festsaal gewissermaßen blankziehen und in Abendgarderobe erscheinen.

Eurogress, Backstage, Samstagabend, 20.37 Uhr
Barki hat Narrenfreiheit, Barki darf überall rumlungern – oder jedenfalls fast überall. Ein paar Tabus gibt es natürlich trotzdem, da hört dann der Spaß auf. Merkt aber keiner, was Barki nun vorhat, denn die Show im Festsaal nimmt jetzt Fahrt auf. Was heißt, dass hinter der Bühne alle damit beschäftigt sind, ihre Auf- und Abgänge zu koordinieren. Nur eine der Tänzerinnen bekommt einen Heulkrampf, weil sie ihr Tutu nicht findet.

Wolkow lächelt und heftet sich dem Maskottchen an die Fersen oder besser gesagt an den Plüschschwanz, der sacht über die Stufen streift. Er weiß, warum Barki die Toilette im Untergeschoss aufsucht und nicht die, die alle benutzen, oja, das weiß er. Barki braucht eine Pause, will pieseln und ein bisschen Luft schnappen, bevor er sich im Festsaal ans Werk macht. Wolkow springt und packt zu. Aus dem Plüschmaul dringt gedämpftes Gurgeln. Die Fellpratzen treten und greifen ins Leere, ohne etwas zu bewirken. Wolkow verstärkt seinen Griff und manövriert den offiziell gar nicht existenten Barki-Darsteller Nummer drei in die Besenkammer zu seinen zwei schon ruhiggestellten Kumpels. Tür zu und durchatmen. Wolkow schiebt seine sich windende Beute in Position und fasst unter die Schnauze. Ein Ruck und ein Dreh und zack, ist der Nilpferdkopf weg. Inzwischen schafft Wolkow das blind, er hat ja schon Übung. Das vorsorglich als Knebel bereitgelegte Tutu verwandelt das Protestgeheul in ein dumpfes Würgen. Rosa Tüll mit Pailletten, Irina wird dieses kleine Zugeständnis an die Umstände zu würdigen wissen, wenn er ihr davon berichtet. Man muss mit dem arbeiten, was man vorfindet, darin waren sie sich von Anfang an einig, doch unter ihrer Anleitung hat er diese Kunst in den letzten Jahren noch verfeinert.

Wolkow lächelt. Das Barki-Kostüm ist so weit geschnitten, dass er es seinem neuen Gefangenen problemlos vom Leib streifen kann. Ein schneller Lichtblitz der Taschenlampe bestätigt ihm, was er schon wusste: der Sohn, natürlich der Sohnemann. Genau wie sein Alter kann Sonnthofer junior eben nie genug kriegen und hat die Kohle, die die Frau Mama ihm mit dem VIP-Ticket zugesteckt hat, nicht für ein Hotelzimmer benutzt, sondern um die Barki-Darsteller zu bestechen. Es hat nicht viel Nachdruck gebraucht, bis sie ihm das verrieten. Wolkow fixiert den sich windenden Ministersprössling fachkundig mit Gaffa-Tape neben den beiden Studenten am Heizkörper. So weit hat sein neuer Plan also schon mal funktioniert, doch der schwerste Part kommt noch.

Eurogress, Festsaal, Samstagabend, 22.13 Uhr
Der Käfig, in dem der frisch geschlagene Ritter Magnus K. Sonnthofer seine Rede hält, steht genau in der Mitte der Bühne. Kameras und Lichtspots surren in Position, es wird ruhig im Saal, als der Minister hineinklettert und grüßend das Doppelkinn senkt. Am Ziel, endlich. Den ganzen Abend lang und vor allem während Carstens' Rede wirkte Sonnthofers Lächeln in etwa so natürlich wie das seiner Gattin. Jetzt aber kommt es von Herzen, das ist beinahe rührend. Sonnthofer räuspert sich, die karierte Narrenkappe auf seinem Kahlschädel wippt sanft, als er den Kopf hebt und in die Scheinwerfer blinzelt. Sieht er ihn? Ahnt er was? Nein, ganz unmöglich. Wolkow schickt einen letzten Kontrollblick zu den an allen strategisch wichtigen Ecken des Festsaals platzierten Sicherheitssheriffs. Eine Show ist auch das. Das ganz große Ding, das er inszeniert hat.

»Meine sehr verehrten Damen und Herren, lieber Elferrat des AKV, also, ich weiß gar nicht, wie ich …«

Sonnthofer räuspert sich noch einmal, und einen Moment lang hat Wolkow den Eindruck, als ob er ihn doch sieht und nur zu ihm spricht. Unwillkürlich spannt er die Muskeln und fühlt, dass unter seinem linken Arm eine Naht reißt. Er lässt wieder locker und schiebt sich ein Stückchen näher zur Bühne, den Rücken zur Wand, direkt zum Notausgang hin. Es ist eng in Barkis Innerem, viel zu eng und zu heiß, obwohl er das Kostüm noch nicht einmal vollständig schließen konnte. Er ist einfach zu groß dafür und zu kräftig. Zwischen Latzhose und Prankenfüßen kann man seine ob des kleinen Sondereinsatzes in der Besenkammer nicht mehr ganz knitterfreien Anzughosenbeine sehen. Aber dass jemand das merkt, ist eher unwahrscheinlich, ein allerletztes Risiko, das er in Kauf nehmen muss und zu tragen bereit ist. Ein paar wenige Minuten lang oder sogar nur Sekunden. Ohnehin schauen jetzt alle zu Sonnthofer auf die Bühne, sogar Olaf Carstens. Barki IV. hat also Narrenfreiheit, er kann seinen Zeigefinger Millimeter für Millimeter an den Abzugshahn seiner Glock schieben. So langsam und ruhig, dass niemand diese Bewegung auch nur wahrnimmt. Denn Boris Wolkow passt auf. Er denkt nicht mehr an das, was gewesen ist, und nicht an die Zukunft. Er funktioniert nur noch und konzentriert sich auf das, was zu tun ist, und das heißt, er muss abwarten, bis der nächste Tusch kommt, und dann in einem schnellen Schwenk seine Glock heben, zielen, abdrücken und die Pistole direkt wieder in den Pelz stecken. Und dann kann er durch den Notausgang verschwinden, während der frisch gekürte Ordensritter Sonnthofer mit einem roten Loch zwischen den staunenden Augen in seinem Käfig vornüberkippt, ohne dass irgendwer auch nur im Ansatz begreift, was geschehen ist.

Poststraße am Kurgarten, Samstagabend, 22.31 Uhr
Blaulichter, Blauuniformierte und Sirenen. Die Luft ist statisch aufgeladen. Etwa zwei Minuten hat es gedauert, bis das Tohuwabohu losging, jetzt sind die Schotten des Eurogress schon so dicht, wie sie nur irgend sein können. Schwer atmend lehnt Boris Wolkow an einem Baumstamm. Barkis Pelz liegt zwar in einem Abfallkorb begraben, aber das hat nicht viel geholfen, Wolkow schwitzt immer noch wie ein Bär in der Banja. Oder wie ein Nilpferd. Er sehnt sich nach Schnee und nach seiner Oma und nach Irina, und am allermeisten sehnt er sich mit einer nie für möglich gehaltenen Intensität nach Sonnthofers Referenten. Hat der es rechtzeitig rausgeschafft? Und was, wenn nicht? Oder wenn er nicht Wort hält?

Ein bisschen weh tut es schon, sich einzugestehen, dass er, Boris Wolkow, einen Zwerg wie Peter Pelzer so unterschätzt hat. Hat der kleine Korinthenkacker doch glatt in Irinas Vergangenheit rumgewühlt, statt einfach nur wie von Sonnthofer gefordert ihre Papiere zu organisieren. Zum Büroleiter des Ministeriums ernannt werden wollte Pelzer dafür sogar, hat er Wolkow verraten. Und ist aus allen Wolken gefallen, als Sonnthofer ihm eröffnete, dass er diese Pikanterie aus dem Leben seines Leibwächters zwar durchaus nutzen werde, aber dennoch die schöne Liliane zu befördern gedenke. Dämlich bleibt eben doch dämlich und brav zum Glück brav, denn dahinten trabt Pelzer tatsächlich herbei.

Wolkow tritt vor und drückt dem Referenten die Glock an die Schläfe. »Also, wo ist dieses Schließfach, in dem du Irinas Papiere versteckt hast?«

»Ich, ich … Aber, Wolkow, ich bitte dich, wir sind doch jetzt …«

»Ich wiederhole mich nur ungern. Das Schließfach, wo ist das?«

Pelzer stöhnt auf. »In Brüssel am Flughafen.«

»Sicher?«

»Ganz sicher.«

»Na, dann wollen wir mal nachsehen.«

»Wir? Aber, Wolkow, was soll das? Du hast doch mein Wort und den Schlüssel und außerdem noch die Kohle, wir sind jetzt ein Team, wir müssen doch …«

Losfahren, das müssen sie. Wolkow am Steuer und Pelzer im Kofferraum, damit auch wirklich nichts schiefgeht.

Im Mittelalter gab es angeblich mal ein Untier, das Bahkauv, das den betrunkenen Kerlen in Aachen ins Kreuz sprang, wenn sie spät aus dem Wirtshaus kamen oder sonst wie gesündigt hatten. Flehten sie um Gnade, wurde es immer schwerer; nur die, die nichts bereuten, konnten es je wieder abschütteln. Wolkow lächelt bei diesem Gedanken, gibt Gas und regelt die Klimaanlage so tief herunter wie nur möglich. Vielleicht war es am Ende nicht Pelzers Verrat und auch nicht der von Sonnthofer, sondern diese Sage, die ihn überzeugt hat. Und natürlich Irina.

Herbert Knorr

Karl Arsch der Große ist es leid
Oder: Wo sich Himmel und Erde berühren

»Hier berühren sich Himmel und Erde.« Karolines Gesicht leuchtete wie ein Tausend-Watt-Halogen-Baustrahler. »Karl, fühlst du es auch?«

Willi fühlte nichts. Ganz früher hatte sich vielleicht einmal was geregt. Vor Ewigkeiten. Dafür hatte er jetzt ein unangenehmes Kratzen in seinem Hals.

Karoline zupfte an seinem Wams aus Schafsfell herum und wiederholte: »Karl, hier berühren sich Himmel und Erde.«

Zum Zehn-Uhr-Gottesdienst waren gerade mal gut fünfzig Gläubige anwesend gewesen, vor allem Nonnen und hutzlige Dämchen. Gestern, am Tag des Karlsfestes, beim Pontifikalamt zu Ehren des Kaisers, war der Dom beinahe aus allen Nähten geplatzt. Wäre er mal …

»Karl, das Wasser bitte! Fühlst du es auch?«

Schon seit Jahrzehnten ging Willi die Herrlichkeit des Doms am Allerwertesten vorbei. Und überhaupt, falls sich Erde und Himmel je berühren würden, spürte niemand mehr etwas. Vermutlich schon lange vor dem Weltencrash nicht mehr, wenn es dann noch eine Zeit gab.

»Karl, du musst es fühlen, es ist doch dein Dom!«

Wenn Willi etwas fühlte, dann, dass er ein Karl Arsch war, und das schon lange. Viel zu lange!

»Karl, das Wasser, ich verdurste!«

Willi kramte in seinem Rucksack. Er musste vorsichtig sein.

»Karl, geht es dir gut?«

Willi folgte Karoline durch die Nikolauskapelle in den Kreuzgang, um wie immer nach der Messe frische Luft zu schnappen. Ganz in der Nähe des offiziellen Eingangs zur Schatzkammer schloss ihnen ein Domschweizer auch noch ein schweres Gittertor auf. Da Karoline regelmäßig große Summen ans Domkapitel überwies, erhielten sie überallhin Zugang.

Die Domschweizer wussten genau, wann sie wo auftauchten. Es waren ja stets dieselben Wege, die sie hier gingen. Im Dom und drum herum. Woche für Woche, Monat für Monat, Jahr für Jahr immer dieselben Kapellen, Bildnisse, Glasfenster, Mosaike, Rundbogen, Säulen, Heiligen, Gräber und was sonst noch alles. Mittlerweile siebenmal die Woche, acht Stunden täglich.

Was für ein erbärmliches Leben. Ein Karl-Arsch-Leben halt.

Aber Willi wollte kein Karl Arsch mehr sein, kein Trottel mehr, kein Hampelmann an Karolines Fäden. Laut Personalausweis hieß er Wilhelm Willamowski, geboren vor gut einundsiebzig Jahren als Sohn eines Steigers in einer kleinen Zechensiedlung im Ruhrgebiet.

Im Innenhof des Kreuzganges bewunderte Karoline jetzt den Paradiesbrunnen, dessen Figuren die vier Paradiesströme Euphrat und Tigris, Pischon und Gihon symbolisierten. Sollte Willi sie spontan im Brunnen ersäufen? Dann wäre sie im Garten Eden, und er hätte eine gute Tat getan. Doch was würde ihm das bringen? Knast – Hölle für den Rest seines Lebens. Da hielt er sich lieber an seinen Plan.

Karoline starrte zum Barbarossa-Leuchter hinauf. Inzwischen hatte der Dom auch für Touristen geöffnet, die verwunderte Blicke zu dem merkwürdigen Paar hinüberwarfen. War das noch ein Überrest vom gestrigen Karlsfest, wo reichlich Mummenschanz getrieben worden war?

»Karl, hier berühren sich Himmel und Erde. Ist das nicht erlösend?«

Nein, Willi wäre erst erlöst, wenn endlich getan war, was er tun musste. Wenn doch nur diese ärgerlichen Halsschmerzen nicht wären.

»Karl, das Wasser!«

Willi prüfte hinter ihrem Rücken das Etikett der Flasche. Es war das richtige. Er durfte keinen Fehler machen, das Timing musste stimmen.

»Geht es dir gut?«, fragte Karoline und trank. Merkwürdig, dass sie sich schon wieder nach seinem Befinden erkundigte. Das war er gar nicht gewohnt.

In den ersten Jahren ihrer Ehe hatte die milliardenschwere Erbin eines Nahrungsmittel-Multis, der mit Aachener Printen angefangen hatte und inzwischen weltweit alles verkaufte, was superdick machte, noch zwischen ihm, Willi Willamowski, und Karl dem Großen unterscheiden können. Doch Karolines Tick hatte sich mit der Zeit zur Psychose, später gar zur Paranoia ausgewachsen. War es anfangs noch ein Heidenspaß gewesen, für Karoline Karl den Großen zu geben, war er mit der Zeit zu ihrem armseligen Wasserträger mutiert. Dabei bedeutete »Karl«, althochdeutsch *charal*, doch »der Freie«, »der Tüchtige« oder gar »der Starke«.

»Ts, ts, ts … Wie siehst du nur wieder aus?« Karoline gab ihm die Flasche zurück und zog seinen Schulterumhang aus Wolfs- und Fuchsfellen zurecht. »Karl, denk immer daran, wer du bist. Du bist wer!«

Ja klar, er war Karl Arsch. Aber nicht irgendeiner. Er war Karl Arsch … der Große! Nur dass er sich darauf nichts einbildete.

Als er im dritten Jahr ihrer Ehe einmal vorsichtig zu erwähnen gewagt hatte, ein wenig ähnele er doch auch Wilhelm II., ein bisschen Abwechslung würde ihnen vielleicht guttun, ob sie sich auch mit Wilhelm II. anfreunden könne, da hatte Karoline mit Scheidung gedroht. »Du *bist* Kaiser Karl, der Kaiser aller Kaiser!«, hatte sie geschrien. »Pah, Wilhelm, dieser Theaterkaiser, wenn ich an diese dämliche Berliner Pickelhaube auch nur denke, kriege ich schon einen Herzkasper.« Sie war prompt umgefallen, und er hatte sie mit Riechsalz wiederbelebt. Er hatte ja damals nicht wissen können, wie sich alles entwickeln würde.

Während Karoline aufgewacht war, hatte er seinerzeit leider gemurmelt: »Du bist verrückt.« Daraufhin hatte sie verfügt, dass niemand auch nur einen Cent ihres Vermögens sehen würde, sollte wer auch immer sie in eine Anstalt einweisen. Das Gleiche galt für den Fall ihres unnatürlichen Todes.

Verdammt, plötzlich spürte Willi eine große Schwäche. Hatte er etwa auch Probleme mit dem Herzen? Sein letzter Medizincheck war Ewigkeiten her, weil er für Arztbesuche nun wirklich keine Zeit mehr hatte; gezwungenermaßen war er ja nur noch als Karl Arsch im Aachener Dom unterwegs. Und hier gab es keine Ärzte, keine Blutdruck- und EKG-Geräte, hier konnte er höchstens für sein Wohlbefinden beten.

»Was ist nur mit dir los, Karl, du siehst heute aus wie ein dahergelaufener Penner.« Karoline fummelte an seiner Leibbinde herum. »Also dieses weite Leinengewand, Karl, was findest du nur daran? Zobelpelzröcke magst du nicht, Hermelinfelle, feine Seide, die Häute von Pfauen und phönizischen Vögeln, wie sie deine hohen Chargen tragen, schon gar nicht; aber dennoch solltest du doch wenigstens ordentlich gekleidet sein. Und zugenommen hast du auch.«

Natürlich, was er heute aus gewissen Gründen zusätzlich daruntertrug, suggerierte ein paar Kilo zu viel. Hauptsache, Karoline merkte nichts.

»Du bist wirklich blass, Karl. Sollen wir noch einmal an die frische Luft?«

Kurz darauf standen sie auf dem Domhof direkt vor dem berühmten Bronzetor mit den Löwenköpfen als Türknäufe. Genau hier hatten sie sich kennengelernt. Karoline studierte Geschichte mit Schwerpunkt Mediävistik, speziell die Karolingerzeit hatte es ihr angetan, und arbeitete als Domführerin, um stets in der Nähe *ihres* Kaisers sein zu können. Und wenn es nur in Form seiner morschen Knochen war.

Dass in Karolines Kopf etwas nicht stimmte, hätte Willi bereits damals auffallen können. Wenn eine so reiche Erbin einen Bergbaustudenten der RWTH Aachen vom Fleck weg heiratete, war dies schon mehr als ungewöhnlich. Weniger ungewöhnlich war, dass Willi sich von Karoline hatte kaufen lassen. Beziehungsweise von ihrem Reichtum, der ihm ein traumhaftes Jetset-Leben ermöglichte. Etwa auf ihren Hochseeyachten, die in Las Palmas, Sankt Petersburg und Miami vor Anker lagen, die sie selbst aber nie nutzte. Roulette spielte er mit Vorliebe in Monte Carlo, Macau oder Las Vegas, Golf in Florida, Schottland und auf den Seychellen. Eine Multimilliardärin als Ehefrau! Was für ein Glücksfall für einen jungen Mann aus dem Kohlenpott, als der noch grau und duster gewesen war. Mit dem Jawort hatte er auf der Sonnenseite des Lebens gestanden und dafür gern in Kauf genommen, ab und zu den Kaiser spielen zu müssen. Nur dass es nicht bei »ab und zu« geblieben war.

»Karl, hier berühren sich Himmel und Erde.«

Augenblicklich fror Willi entsetzlich.

Als sich vor fünfundvierzig Jahren während der Führung ihre Blicke erstmals kreuzten, hatte ihn Karoline sofort entgeistert angesehen. Vom Satan hatte sie gerade erzählt, der sich von Aachener Bürgern böse hatte hereinlegen lassen und sich, als er das Tor wütend zuschlug, an einem der Löwenköpfe den Daumen abgerissen hätte. Doch plötzlich stotterte sie und verlor, als sie ihrer Besuchergruppe das teuflische Unglück demonstrieren wollte, beinahe selbst einen ihrer Finger. Und alles nur, weil sie andauernd Willi fixierte. Schließlich kam sie wie in Trance auf ihn zu und sprach mit weihevoller Stimme: »Karl der Große ist auferstanden.« Die Touristen hatten gelacht. Er auch. Verflucht, hätte er sich damals doch besser aus dem Staub gemacht.

»Karl, das Wasser!«

Weil ihm die Ähnlichkeit geschmeichelt hatte, war er geblieben. Willi hatte mit hundertvierundachtzig Zentimetern exakt die angebliche Größe Karls des Großen, vermessen im 19. Jahrhundert, als man dessen Gebeine untersucht hatte. Zudem besaß er eine verblüffend identische Statur, ein ähnliches Kinn, die gleiche Nase und lockige Haarpracht. Seinerzeit hatte Willi noch den Bart so getragen wie der Kaiser auf Malereien und anderen Bildnissen.

Allerdings nicht mehr lange, denn Karl der Große hatte keine Bärte gemocht. Im Gegenteil, den Beneventer Langobarden hatte er sogar den Befehl gegeben, sich das Kinn zu rasieren. Auf Geheiß Karolines hatte Willi also seinen Bart abgenommen, sonst wäre sie nicht mit ihm ins Bett gegangen. Aber das war lange her. Also dass Karoline mit ihm ins Bett gegangen war. Dafür schickte sie in sein kaiserliches Gemach »Nebenfrauen«, von denen der berühmte Franke viele gehabt haben soll. Manche Männer mochten von so etwas träumen, Willi jedoch bereiteten die allnächtlichen Beischlaforgien Alpträume – in zunehmendem Alter sowieso –, zumal Karoline ihnen jedes Mal beiwohnte und genau darauf achtete, dass ihr Sachsenschlächter Außergewöhnliches leistete, damit sie zu ihm aufsehen konnte. Als es mit Willis Manneskraft altersbedingt bergab gegangen war, hatte sie ihn mehr als reichlich mit diesen blauen Pillen versorgt. Hauptsache, sein Karlchen war wieder ein Großer. Was waren das für Qualen. Noch ein guter Grund, sie umzubringen.

»Karl, wo bist du nur mit deinen Gedanken? Die Flasche!«

In den letzten Monaten hatte er von der speziellen Arznei, die in besonderem Maße auch den Blutdruck förderte, größere Dosen beiseitegeschafft. Und gestern heimlich in einem Mörser zerstoßen und in Wasser aufgelöst.

»Muss ich ärgerlich werden, Karl? Du bist so unaufmerksam. Wo sich doch dort drinnen Himmel und Erde berühren.«

Willi griff in den Rucksack.

Nein, diese Flasche noch nicht.

»Karl, fühlst du es auch?«

Willi seufzte. »Ja, Himiltrud, ja, ich fühle es so sehr. Ja, Himiltrud, das alles ist so, so großartig, so herrlich, ich fühle es so sehr.«

Karoline sah ihn erbost an. »Willi! Wenn wir vor dem Bronzetor stehen, bin ich Desiderata, deine zweite Frau.«

Hatte sie »Willi« gesagt? War das etwa einer dieser klaren Momente, die sie zwar sehr selten, aber ab und zu durchaus noch hatte? Musste er sein Vorhaben noch einmal überdenken? Nein, denn Karoline fuhr fort: »Karl, so lange sind wir schon zusammen, und du hast es immer noch nicht begriffen!«

Wie denn auch? Zu Karolines Krankheitsbild hatte sich vor einigen Monaten nämlich auch noch eine multiple Persönlichkeitsstörung hinzugesellt. Da Karl der Große fünf Ehefrauen gehabt hatte, wechselte sie ohne Vorwarnung permanent ihre Identitäten. Meistens war sie erst Himiltrud, dann Desiderata, später Hildegard, die *dulcissima coniux*, seine »allersüßeste Gattin«, und so weiter. In der Regel wenigstens.

»Karl, gib mir endlich die Wasserflasche!«

Seine Lunge pfiff wie ein Orkan. Er bekam kaum Luft.

»Wusstest du das, Karl? Schon im Mittelalter soll der Raumeindruck deines Doms den Menschen den Atem genommen haben.«

Nur Karoline nicht. Obwohl sie so oft hier war. Ob er sie erwürgen sollte? Hauptsache, kein Karl Arsch mehr sein. Er war es so was von leid.

Karoline erzählte und erzählte, was sie über die sogenannte Wolfstür aus karolingischer Zeit um 800 wusste. Und sie wusste viel. Etwa, dass es vor tausendzweihundert Jahren eine unglaubliche Leistung gewesen war, sie zu gießen. Noch heute würden Metallurgen rätseln, wie man dabei vorgegangen war.

Mehr und mehr Touristen gesellten sich zu ihnen.

»Ist das Tor nicht gewaltig?«, fragte Karoline.

Die Umstehenden nickten.

Vor allem war das Tor gewaltig geeignet dafür, jemanden vom Leben in den Tod zu befördern, dachte Willi. Den Sprengstoff dafür zu besorgen, wäre keine große Sache gewesen; Belgien, das Eldorado für dergleichen Anliegen, war nur ein paar Kilometer entfernt. Mit einem gefakten Bekennerschreiben wäre die riesige Explosion als Akt einer Terrorgruppe zu deuten, die sich die Zerstörung von bedeutenden Symbolen des christlichen Abendlandes auf ihre Fahnen geschrieben hatte. Das Problem war eher, dass jeder Winkel der Pfalzkapelle von Technik und Mensch bewacht wurde.

Willi schüttelte sich. Rührte sein kolossales Zittern von der Panik her, weil er Karoline gleich töten würde, oder war es nur ein infektiös bedingter Schüttelfrost?

Beides wäre nicht gut.

Sie besichtigten eine Kapelle nach der anderen, zum Schluss die öffentlich zugängliche Nikolauskapelle. Karoline schmiegte sich an ihn.

»Karl, machst du mir ein Kind?«

Klar, Desiderata hatte mit Karl dem Großen neun Kinder gehabt. Blöd war nur, dass gerade jetzt auch eine größere Besuchergruppe eintrat. Was sie für eine Show abgaben! Eine Frau in glitzernder, schmuckbehängter mittelalterlicher Kleidung mit Krönchen auf dem Kopf und ein Mann, der wie Karl der Große aussah. Die Touristen aus aller Welt holten ihre Smartphones hervor. Willi hatte es so was von satt.

Als Karoline an seiner Kleidung herumzufummeln begann, musste er handeln. Sie durfte auf keinen Fall zu früh entdecken, was er unter dem Leinen trug. Er musste sie ablenken: »Entschuldigung, Desiderata, ich habe heute vergessen, die blaue Pille zu nehmen. Es wird nicht wieder vorkommen, aber es geht heute wirklich nicht. Und fiebrig fühle ich mich übrigens auch. Ich bin bestimmt ansteckend.«

»Ach ja? Früher warst du mal ein richtig Wilder, Karl.«

Früher, dachte Willi und hustete wie ein bellender Seehund, ganz früher war ich einmal Willi Willamowski.

»Dir scheint es ja gar nicht gut zu gehen.«

Sah Willi in Karolines Gesicht etwa einen Anflug von Zufriedenheit?

»Möchtest du vielleicht ein Hustelinchen?«

»Gerne doch, Desiderata, ganz lieben Dank.«

»Aber ich bin doch die Hildegard.«

Blitzschnell griff Karoline unter sein Gewand und zog den Hosenschlitz der Uniform auf, die er darunter trug. Der Schmerz traf ihn wie ein Blitz. »Aua, aua, aua …« Sein bestes Teil hatte sich im Reißverschluss verhakt, dessen eigentlich unerwartete Anwesenheit seine Frau nicht einmal stutzig werden ließ. So war seine stets »allersüßeste Gattin«. Für Sex, wann und wo auch immer, schaltete die geile Hildegard den Verstand aus, mal abgesehen davon, dass Karoline ja sowieso keinen mehr besaß.

»Karl, fühlst du es? Hier berühren sich Himmel und Erde.«

»Ja … Jaaa … Ich fühle es … Ich fühle es so sehr. Aua, aua …«

Kameras klickten und klickten und klickten.

Sie zog ihre Hand zurück. »Jetzt lass dich ja nicht gehen, Karl. Das ist eines Kaisers nicht würdig. Und überhaupt, du hast dich wieder mal nicht richtig rasiert.«

Karoline kramte aus ihrer Handtasche einen batteriebetriebenen Elektrorasierer hervor und fuhr damit über sein Gesicht.

Die ihnen nun überallhin folgende Meute schwoll immer mehr an. Willi fühlte sich schwächer und schwächer.

»Karl, nur hier im Dom kann dir geholfen werden«, sagte Karoline. »Nicht umsonst hast du deine Kirche dort erbaut, wo heilende Quellen der Erde entspringen.«

Die Menschentraube nickte wieder mal synchron.

»Die sollen gehen, Karl«, sagte Karoline unvermittelt. »Ich bin es leid, unbezahlte Führungen zu machen.« Vermutlich war sie nun Fastrada, Karls vierte Frau, die Menschenaufläufe noch nie hatte leiden können.

»Ja, natürlich, Fastrada«, sagte Willi und wedelte mit den Händen in Richtung der Besucher, sich zu entfernen.

Niemand rührte sich.

»Ich bin Luitgard. Gib mir dein Schwert, Karl, dann schlage ich die Leute in die Flucht.« Karoline zog es selbst aus seiner Scheide und drosch wie eine Furie mit der Hiebwaffe aus Plastik auf die lachende Menge ein.

Als sich diese nach Aufforderung eines Domschweizers schließlich aufgelöst hatte, fragte Karoline: »Wann reisen wir zu den Sachsen? So wie die sich zurzeit benehmen, musst du denen mal wieder die Häupter abschlagen. Überhaupt allen, die nicht wenigstens einmal im Leben den Aachener Dom besucht haben: Kopf ab!«

Nach dem üblichen nachmittäglichen Imbiss in einem der kleinen Lokale im Dombezirk ging es in die Schatzkammer. Karoline bewunderte hier fast eine Stunde lang liturgische Geräte, Handschriften, Bucheinbände, Reliquienbehälter, Messgewänder, Tafelbilder, bischöfliche Insignien sowie das Lotharkreuz. Und natürlich die Karlsbüste.

»Karl, darin liegt ein Teil deiner Schädeldecke. Ist das nicht schön?«

Automatisch fasste sich Willi an seinen Kopf.

Puh, alles noch da!

Später standen sie vor dem Sarkophag der Proserpina, Tochter des Jupiter und Gemahlin des Pluto, der sie in die Unterwelt entführt hatte. Darin war Karl der Große ursprünglich beigesetzt worden. Karoline drückte ihre Lippen an die Panzerglasscheibe, die die antike Marmorskulptur schützte, und flüsterte: »Herrscherin über die Toten, Königin der Unterwelt, nimm dich seiner an.«

Wen sie damit nur meinte?, wunderte sich Willi. Was von den Knochen und Knöchelchen des militanten Missionars nicht in alle Welt verstreut worden war, lag doch inzwischen im Karlsschrein.

Zurück im Dom, betraten sie den Chorraum und betrachteten lange den Goldaltar, den Marienschrein und die rudimentären Wandmalereien. Schließlich standen sie vor dem Schrein Karls des Großen.

»Weißt du, Karl, dass dein Schrein von einem Maastrichter Künstler angefertigt worden sein soll?«

Erneut wurde Willi von einer Kältewelle überspült. Er fror fürchterlich, zitterte und zitterte. Außerdem meinte er, einen zunehmenden Druck in Brust und Rücken zu spüren.

»Karl, ist es so kalt da drin? Ich werde dem Bischof sagen, er soll dir eine Heizung einbauen.«

»Luitgard«, Willi nahm all seine verbliebene Kraft zusammen, um zu säuseln, »ich –«

»Ich bin Fastrada! Nein, die Hildegard.«

»Also dann, Hildegard –«

»Ich bin Desiderata … Nein, die Luitgard.«

»Luitgard, ich –«

»Fastrada!«

»Fastrada, ich habe mittlerweile sehr hohes Fieber.«

»Karl, du machst mich noch ganz wuschig. Ein für alle Mal, ich bin Luitgard. Deine anderen Weiber sind längst begraben.«

»Gut, aber lass uns bitte den Rundgang abkürzen und endlich zum Thron …« Erneut hustete Willi sich die Lunge aus dem Hals. Die sturzbachartigen Absonderungen seiner Nase konnten es inzwischen mit den Niagarafällen aufnehmen.

»Pah, Männerschnupfen!« Jäh hielt Karoline inne und legte einen Finger an ihre Lippen. »Oder doch eine lebensgefährliche Pneumonie? Herrje, kein Wunder, dass es dir so schlecht geht. Ich hatte ganz vergessen, dass heute ja dein Todestag ist!« Karoline schaute ihn sonderbar an.

Doch darüber konnte sich Willi keine Gedanken machen, denn blitzartig war ihm nicht mehr kalt, sondern fürchterlich heiß. Natürlich, Karl der Große war an einem 28. Januar gestorben. Willis Erschrecken bezog sich aber nicht nur darauf, sondern vielmehr auf die Todesursache. Und … war er, Willi, nicht auch einundsiebzig Jahre alt, also so alt wie der Kaiser, als dessen Seele exakt vor tausendzweihundertfünf Jahren infolge einer tödlich verlaufenden Lungenentzündung gen Himmel gefahren war? So stand es jedenfalls geschrieben. Auch wenn die Sachsen ihren Peiniger von damals vermutlich noch heute viel lieber in der Hölle schmoren sehen würden.

Karoline tätschelte ihm den Arm. »Karl, nimm es dir nicht so zu Herzen. Jedes Schicksal ist vorbestimmt.«

Endlich! Die Thronbesteigung war der Höhepunkt ihres täglichen Dombesuchs. Nur hier, auf dem sogenannten oberen Umgang der Galerie des Oktogons, konnte seine Tat geschehen. Das Achteck war ein Vollkommenheitssymbol, und auch seine Tat sollte perfekt sein. Zumindest so perfekt, dass er hinterher kein Karl Arsch mehr war. So besessen war er von seiner Idee, dass ihn selbst das wirre Gefasel der irren Karoline über seinen oder Karls Tod und wessen Schicksal auch immer nicht sonderlich interessierte.

Gleich würde sowieso alles vorbei sein.

»Luitgard, möchtest du noch etwas trinken?«

Sie griff nach der Flasche und trank sie leer. Wenigstens das lief richtig gut nach Plan. Aber weshalb sah sie ihn wieder so komisch an? Ahnte sie etwas? Setzte vielleicht die Wirkung schon ein? Aber so schnell?

Ein Domschweizer öffnete die Tür zur Wendeltreppe, die auf den Umgang führte. Dorthin, wo der Thron stand, durften außer ihnen nur offizielle Gruppen, doch um diese Zeit, kurz vor der Vesper, wurden keine geführten Besichtigungen mehr angeboten.

Sie waren also allein. Jetzt kam es darauf an.

Gemessenen Schrittes ging Willi auf den Thron zu, der dem des Salomon nachempfunden war. Er bestand aus vier weißen

Marmorplatten auf einer Kalksteinbasis, die wiederum auf vier Pfeilern ruhte. Wer die Länge eines Vaterunsers lang auf dem Thron gesessen hatte, durfte sich König nennen und konnte behaupten, gemäß dem Willen Gottes als neuer Regent das christliche Weltreich in Besitz genommen zu haben. Damit verbunden war ein universaler Herrschaftsanspruch und bedingungsloser Gehorsam der Untertanen.

Als sich Willi umdrehte, sah er, wie sich Karoline mit hochrotem Kopf plötzlich an einer der antiken Säulen festhielt und ans Herz griff. Hundert aufgelöste Viagra-Tabletten erfüllten ihren Zweck.

Schritt für Schritt stieg Willi empor ins Glück! Wobei ihm die sechs Stufen, die zum Thron emporführten, so schwerfielen, als wäre jede einzelne von ihnen die fünfhundertdreiunddreißigste des Kölner Doms.

Verdammt, warum war er nur so kraftlos?

Oben angekommen, ließ er den Fellumhang von seinen Schultern gleiten, legte das Wams ab, wischte sich mit dem Handrücken Schweiß von der Stirn und schüttelte ihn ab.

»Das darfst du nicht!«, hörte er Karoline rufen. »Das darfst du nicht!«

Seine Frau, immer noch an die Säule gestützt, regte sich allerdings nicht deshalb auf, weil Willi mit seinen Körperflüssigkeiten ihr Heiligtum besudelte, vielmehr schien sie sich darüber zu empören, dass er auch das Leinen fallen gelassen hatte und nun in einer Paradeuniform posierte. Eine der Art, wie sie der von Karoline so verhasste Wilhelm II. getragen hatte. Dass Willi seinem Rucksack jetzt auch noch eine Pickelhaube entnahm und aufsetzte, sollte Karoline den Rest geben. So hatte er es jedenfalls ausgeheckt.

Also bestieg er den Thron und sprach das Vaterunser. Was für ein Schauspiel! Der dämliche Theaterkaiser okkupierte vor den Augen seiner Gattin den Thron Karls des Großen.

Der Schock ließ Karoline wie geplant endgültig zusammenbrechen, und Willi war sich sicher: Da sie herzkrank war, würde niemand mit ihrem Ableben eine böse Tat verbinden.

Allerdings war Willi mittlerweile auch todelendig zumute, trotzdem wankte er die Stufen hinunter und krauchte auf Knien zu Karoline, um zu überprüfen, ob sie noch atmete. Sie tat es. Und nicht nur das. Sie erhob sich, als wäre nie etwas geschehen, und schaute mitleidig auf ihn herunter. Schließlich sagte sie laut und deutlich, sodass wer wollte, es im gesamten Dombezirk hören konnte: »Karl, du bist ein Arsch.«

Nun ja, das hatte er schon immer gewusst. Aber wie konnte sie sich so schnell erholt haben? Viele Männer starben schon nach dem Konsum von nur drei blauen Pillen, das hatte er recherchiert.

»Karl«, erklärte sie ihm dann, allerdings wesentlich leiser als zuvor, fast flüsternd nun, »ich habe dir nur etwas vorgemacht. Ich werde nicht sterben. Aber du! Das Virus, das ich in dein Morgenmüsli gespritzt habe, löst eine hochgradige und stets tödlich verlaufende Lungenentzündung aus. Das haben mir meine ärztlichen Kontakte und Beziehungen bestätigt.«

Willi wurde immer heißer und heißer. Er fühlte sich, als ginge in seinem Innern eine Kernschmelze vor sich. Auf seinen Lippen formte sich ein stummes: *Wieso?*

»Weil du so dumm warst, dir Notizen zu machen und sie auch noch herumliegen zu lassen. Ts, ts, ts. Allein dafür hast du den Tod verdient. So eine Schusseligkeit ist eines Kaisers nicht würdig. Aber ich ahnte schon seit Monaten, dass etwas nicht stimmt. Deine Nebenfrauen waren schon lange nicht mehr zufrieden mit dir. Dein hochgradiges Potenzwasser habe ich heute Morgen, als du noch einmal auf dem Abort warst, ausgetauscht. Doch falls es dich beruhigt: Ich hätte dich auf jeden Fall heute sterben lassen. Du bist nun mal einundsiebzig. Alter ist Alter, Todestag Todestag. Oder auch umgekehrt. Jedenfalls blieb mir keine Wahl.«

Willi hustete und hustete. Er brauchte Luft, Luft, Luft!

»Luitgard, Fastrada, Hildegard, Desiderata, Himiltrud«, röchelte er, »helft mir!«

»Ich heiße Karoline. Und wer bist du?«

Das war Willi mittlerweile scheißegal, und ehrlich gesagt wusste er es auch nicht mehr. Mit letzter Kraft nahm er die

Pickelhaube von seinem Kopf und zielte mit deren Spitze auf Karolines Halsschlagader.

Wenig später wurde auf dem Domhof ein Sarg in einen schwarzen Van gehievt, der dem Proserpina-Sarkophag täuschend ähnlich sah. Falls es eine Nachbildung war, war diese sehr gut gemacht. Eine ältere Dame mit einem großen blutdurchtränkten Pflaster am Hals verfolgte die Prozedur weinend.

Ihre Miene hellte sich jedoch schlagartig auf, als sich der junge Bestatter mit viel Empathie bei ihr erkundigte, ob er noch etwas für sie tun könne.

»Das können Sie«, antwortete sie forsch. »Mit Ihrem Aussehen sind Sie eine Offenbarung. Ich bin sehr reich, heiraten Sie mich, Karl! Ich darf Sie doch Karl nennen? Aber niemals darfst du glauben, du wärst schlauer als deine fünf Frauen.«

»Und wenn ich es doch tue?«, fragte der junge Mann, zunächst irritiert, dann amüsiert zurück.

»Dann bist du ein Karl Arsch und tust mir jetzt schon leid.« Sie zeigte zum Dom. »Da berühren sich Himmel und Erde. Fühlst du es auch?«

Sabina Naber

Der Traum eines Fans

Das Licht stach Frank ins Hirn. Es drang ganz tief ein. Alles war weiß, dann rot, orange, gelb.

»Schau mich an.«

Die Stimme kam Frank bekannt vor. Es war ihm, als müsse er den Mann kennen. Er tat wie geheißen und erblickte eine durchschnittliche Figur, durchschnittlich groß, in schwarzen Cargohosen, schwarzem Kapuzenpulli und mit schwarzer Wollmaske und schwarzen Handschuhen. Nur die Turnschuhe leuchteten in sattem Dottergelb.

»Geht es dir gut?«

Geht es dir GUT? Ha! Er saß auf einem harten Stuhl, die Beine mit etwas, das sich in seine Haut grub, an die Stuhlbeine gebunden, die Hände wohl mit ebensolchem Material auf den Rücken gefesselt. Und das in einem kalten Loch. Frank sah sich um. Ein bis auf einen weißen Holzsessel vollkommen leerer Raum. Zwei kleine Fenster nahe der Decke in absurder Höhe. Ein Keller. Die Luken waren mit Plastik zugeklebt. In Schwarz. Die Wände frisch gestrichen. In Grau. In solch einem Grau, das man weder Maus- noch Anthrazit- noch Hell- noch Dunkelgrau nennen konnte. Eine Unfarbe. Die Metalltür gegenüber den Fenstern wies denselben Ton auf.

Sein Kinn wurde gepackt, sein Kopf herumgerissen.

»Ob es dir gut geht, will ich wissen.«

Der Geruch. Das Aftershave. Natürlich kannte er es: Cool Water. Davidoff. Viele Männer verwendeten es. So wie er selbst, aber dann war ihm deshalb vor zwei Jahren ein One-Night-Stand durch die Lappen gegangen. Das Mädchen hatte behauptet, er stinke danach, er müsse wohl darin gebadet haben und sie könne solch intensive Gerüche nicht ausstehen. Seitdem verwendete er ein geruchsfreies Aftershave aus der Apotheke – und feierte frühlingshafte Erfolge. Sein Eigengeruch war anscheinend doch …

Noch ein Ruck am Kinn.

»Nicht hundertprozentig.«

»Was ist los?«

Frank lachte. Dass ihm so etwas schon zum zweiten Mal passierte! »Frische Kleidung wäre nicht schlecht, natürlich eine Dusche, vielleicht ein kleiner Snack und auf jeden Fall ein Taxi. Ich bin hundemüde und möchte nur nach Hause auf die Couch.«

Der Mann stieß ihn mit der Hand gegen die Stirn. »Du bist noch derselbe Arsch wie früher.«

Sie kannten einander also tatsächlich. »Wir kennen uns?«

»Ich kenne dich.« Der Mann stellte sich hinter ihn, ging dort, den Schritten nach zu urteilen, im Kreis. »Ich habe mir gedacht …« Die Sohlen klackten auf dem Betonboden. Aber wieso? Das durfte nicht sein. Das Klacken verstummte. Die Turnschuhe machten gar kein Geräusch mehr. Dennoch ging der Mann, das wusste Frank ganz einfach.

»Was? Was has…« Nein! Nein, nicht noch einmal den Fehler begehen! *Sand in den Augen, Sand zwischen den Zähnen, eine Peitsche im Gesicht, ein Fußtritt in den Magen. Zwei, drei, vier, fünf.* Nein, keine Verbrüderung wie damals bei der Sache in Tunesien, als der Kameltreiber ihn für einen Schleimer und ergo für einen Schwächling gehalten hatte. Besser: freundliche Distanz wie bei stinknormalen Verhandlungen. Entführer waren auch nur Geschäftsleute. »Was haben *Sie* sich gedacht?«

Der Mann stellte sich hinter ihn. »Dass du ein bisschen was gelernt hast. Aus deinen zwei Scheidungen, der Sache in Tunesien …«

Wieso wusste er davon? Die Firma hatte die Sache doch geheim gehalten.

»… der Anklage wegen Steuerhinterziehung …«

»Ich bin freigesprochen worden.«

»Aus Mangel an Beweisen. Dein Bluthochdruck, die chronische Gastritis … das müsste dich doch ein wenig, nun ja, demütiger gemacht haben.«

Beschissener Moralapostel. Nur nicht auf die Details eingehen. »Was wollen Sie? Um wie viel geht es?«

»Hundert.«

»Tausend?«
»Millionen.«
»Lächerlich.«
Der Mann beugte sich über ihn, legte den Unterarm um Franks Hals. Jetzt roch er – nichts. Also doch nicht Davidoff. Das haftete länger. »Nicht lächerlich, sondern der Wert deiner Firma, Frank.«
Hundert Millionen, das stimmte ziemlich genau. »Dazu müsste man sie verkaufen. Was aber nur mit meiner Unterschrift geht. Auf meine Anordnung hin. Die ich nicht geben werde. Und man wird Fragen stellen. Die Polizei informieren.« Er japste nach Luft.
Der Mann ließ los, stellte sich wieder vor ihn, intonierte ein Lied. Etwas Getragenes: »Na, na, na, na, na.« Klang nach alter Schnulze. Und jagte Frank einen Schauer über den Rücken. Einen Schauer der Ergriffenheit. Er kannte es, kannte es gut, sehr gut sogar. Es war ihm, als hätte er es schon einmal voller Inbrunst gesungen, aber der Name des Liedes wollte ihm partout nicht einfallen. Abschiedsschmerz, das war das Gefühl, das die Melodie in ihm auslöste. Und Liebe. Tiefe Liebe, was eigentlich so gar nicht sein Ding war. Eltern tot, zwei Ex-Frauen, keine Kinder, zumindest keine, von denen er wusste. Also verdammt noch mal, in welcher Situation und für wen hatte er je so tiefe Liebe empfunden? Und warum sang dieser Idiot jetzt dieses Lied?
Der Mann setzte sich auf den weißen Sessel und zupfte aus der Hosentasche ein Smartphone. Er schlug die Beine übereinander und tippte und wischte versunken. Dann lachte er auf. »Jaja, reg dich nur auf. Wirst schon sehen, Seher.«
Seher. So hieß kein Mensch, und doch kam ihm der Name bekannt vor.
Der Mann tippte weiter. Schließlich berührte er mit theatralischer Geste das Display und streckte anschließend den Mittelfinger gen Kellerdecke. »Ihr könnt mich mal, ihr könnt mich alle kreuzweise!« Er grinste das Smartphone an, dann Frank. »Wir werden es ihnen zeigen, mein Freund, wir beide werden es ihnen gemeinsam zeigen!«
»Was?«

»Dass die Alemannia wieder in der Bundesliga spielen kann. In der ersten.«

Das Gehörte ergab keinen Sinn. Nicht an diesem Ort, in diesem Moment. Ja, an einem Kneipentisch inmitten von Fans, da sagte man gern mal so etwas, aber nicht in einem Keller … Franks Blick flatterte zu den schwarz zugeklebten Löchern. Sie schienen plötzlich noch weiter weg, als hätten sich die Mauern gestreckt … Ein Verlies. Raus! Er musste aus dieser Nummer raus! Sein Gegenüber war verrückt. Nicht normal verrückt, wie Entführer eben so waren, sondern speziell. Er sang Schnulzen, plauderte über Fußball und … er hüpfte. Mein Gott, er hüpfte nicht wie ein Mensch, sondern wie ein Gummiball! Raus, nichts als raus. Aber dafür mussten sie zu einem Ergebnis kommen.

»Sie wollen also meine Firma. Wie haben mein Anwalt und der Vorstand auf Ihre Forderung reagiert?«

Der Mann saß plötzlich wieder auf dem weißen Sessel, der nun direkt vor Frank stand. Er beugte den Rücken, stützte die Ellbogen auf seine Knie und sah ihn an. »Frank, Frank, Frank. Sag, möchtest du etwas Gutes tun?«

»Für Kriegsopfer spenden oder was?«

Der Mann lehnte sich zurück und verschränkte die Arme hinter dem Kopf. »Würdest du das wollen? Wirklich?« Er schüttelte den Kopf. »Ich rate dir: Tu's nicht. Ist nicht nachhaltig. Verschwindet nur in den Taschen von irgendwelchen Warlords. Und was haben wir davon? Nichts.«

Von jeher *seine* Argumente. »Das war als Scherz gemeint.«

»Ich weiß. Ja, das ist mein Frank.« Der Mann lachte, die Sneakers leuchteten nun wie zwei kleine Feuerbälle. Er sprang auf und öffnete die Tür, verschwand nach draußen, rief noch: »Du brauchst nicht schreien, wir sind hier auf einem abgelegenen Gelände!«, dann rumpelte er mit einem Tisch auf Rollen herein, auf dem etwas Großes, Rechteckiges stand, abgedeckt mit einem weißen Tuch. Er platzierte den Tisch rechts vor Frank, verschwand erneut und schob einen Servierwagen herein, den er links vor Frank stellte. Auf ihm lagen eine Spritze, ein Skalpell, eine Schere, Tupfer, ein Verband und Kleinzeugs, das Frank nicht erkennen konnte. Utensilien für eine Operation.

Ihm wurde flau. Zu so drastischen Mitteln hatten nicht einmal die Kameltreiber gegriffen. Er sah, wie sich seine Finger krümmten, obwohl er sie gar nicht sehen konnte. Das Chirurgenbesteck waberte auf ihn zu. *Folge mir, oder ich schneide dir die Ohren ab! – Nein! – Doch! – Gut! In Ordnung! Ich tue alles!* Frank wandte den Kopf ab und zwang sich zum Nachdenken. Die Folter wäre sinnlos, denn der Rest der Truppe, der für einen Verkauf notwendig war, würde nie und nimmer nachgeben, selbst wenn er darauf beharrte. Das stand für alle nach dem Beinahe-Desaster in Tunesien in Stein gemeißelt.

Als der Mann die Tür schloss, hatte er einen Zylinder auf und zog theatralisch wie ein Zauberer das Leintuch von dem rechteckigen Ding. »Tadaaa!«

Zum Vorschein kam ein Flatscreen. Ein Fernseher? Der Typ wollte seine Folter doch nicht etwa mit dem Handy filmen und ihm dann vorführen? Frank spürte, wie ihm etwas Warmes die Beine hinunterrann. Erstaunlich, denn er hatte seit Stunden nichts mehr getrunken. Nahm er zumindest an. Erinnern konnte er sich nicht.

Der Blick des Mannes heftete sich zwischen Franks Beine. »Erstaunlich, du hast doch seit Stunden nichts mehr getrunken!« Er stieß den Zeigefinger in die Luft, als wäre ihm eine Idee gekommen, eilte neuerlich hinaus und kam mit einer Tasche wieder. Einer Kühltasche. Ihr entnahm er zwei neutrale Flaschen mit Bügelverschluss, zwei Wassergläser, zwei Weißweingläser und drei Flaschen Grauburgunder. »Tadaaa!«

»Was wird das da? Wollen Sie mich mit Wein foltern?«

»Wie soll das denn gehen, Frank? Du liebst doch Wein. Nein, ich mache dir eine Freude.« Er grinste. Seine Lippen waren plötzlich breit rot umrandet. Wann hatte er sich geschminkt und das Loch in der Maske für seinen Mund vergrößert? Jetzt ploppte er eine der Bügelflaschen auf und goss ein. »Aber zuerst ein wenig Wasser. Wir wollen ja kein Nierenleiden riskieren, nicht wahr?« Er hielt Frank das Glas vor den Mund.

»Könnten wir vielleicht …?« Frank deutete mit dem Kinn hinter seinen Rücken und zwang sich ein Lächeln ins Gesicht.

Der Mann sah sich um, betrachtete den Stuhl, an den Frank

gefesselt war, verzog die roten Lippen nach links, nach rechts, straffte seinen Rücken, schnaufte, ging zum Operationstisch, nahm das Skalpell und baute sich vor Frank auf. Er war mindestens zwei Meter groß. Nein, eher zweieinhalb. Von wegen durchschnittliche Größe. »Ich soll dir also vertrauen?«

»Ja! Natürlich, ja! Meine Beine ... Ich kann doch nicht ...« *Aber ich kann dich packen. Mit dir raufen, dir meine Finger in die Augen bohren.*

»Du könntest mich packen. Mir deine Finger in die Augen bohren.«

Der Mann las seine Gedanken, und das nicht zum ersten Mal, dessen war sich Frank mit einem Mal sicher.

»Was? Aber ich würde doch nie ...!«

»Nein, natürlich nicht.« Der andere lachte im Falsett und durchtrennte die Handfesseln mit einer großen Schneiderschere. Das Skalpell war verschwunden. »Denn am Ende wirst du mir dein Geld geben und mich aus Liebe küssen.«

Frank spürte sein Herz stolpern. Angst hämmerte in ihm. Der Typ da war überhaupt nicht einzuschätzen. Wieder tauchte eine Hand mit Wasserglas vor seinen Augen auf. Diesmal griff er danach und trank. Es tat so gut. »Bitte noch eins.«

Es füllte sich wie von selbst. Er schluckte und schluckte und fühlte das Pochen seines Herzens.

»So, und jetzt stoßen wir auf Uran an.« Der Mann reichte ihm ein Glas Wein.

»Wie bitte?«

»Auf Uran. Nach dreiundfünfzig Jahren Ehe wird Uran-Hochzeit gefeiert. Das passt doch. Weil dann zementieren wir uns ein. Und das ist dann fast wie eine Ehe.«

»Wir?«

»Na, die Alemannia. Jetzt stell dich bitte nicht so dumm. Und die Bundesliga.«

»Die Alemannia? Und die Bundesliga?«

Der Mann seufzte. »Lass uns einfach anstoßen und trinken. Vielleicht geht dir ja dann ein Licht auf.«

Frank tat wie geheißen. Es ging ihm kein Licht auf. »Nein. Ich versteh es immer noch nicht.«

Der Mann seufzte noch einmal und verdrehte die Augen. Sie waren nun dick mit schwarzer Farbe umrandet. »Okay, wann sind wir das erste Mal aus der Bundesliga ausgeschieden?«

»1970.«

»Sehr gut. Und jetzt spielen wir wo?«

»In der Regionalliga West.«

»Brav. Und wie lange brauchen wir zurück in die Bundesliga, wenn alles bestens läuft? Wir jedes Spiel gewinnen?«

»Blödsinn.«

»Kein Blödsinn. Also?«

Frank rechnete. »Jetzt haben wir 2019. Drei Jahre, also 2022.«

»Siehst du, dann werden wir 2023 Meister!« Er jauchzte, drehte sich im Kreis, wobei seine brennenden Turnschuhe Blitze sprühten, und leerte sein Glas. »*To platin* Alemannia!«

»Du spinnst doch.« Mist! Jetzt war ihm doch das Du rausgerutscht.

Der Mann stoppte abrupt, schenkte sich und Frank nach und stellte sich im Abstand von nur wenigen Zentimetern vor ihn hin. »Ich spinne nicht. Weil ich weiß, dass es mit deiner Hilfe gelingen wird.«

»Die werden nie an dich verkaufen! Wie soll das denn gehen? Das bekommen doch viel zu viele Leute mit! Und die Polizei wird eingeschaltet, das haben wir nach der Sache in Tunesien ausgemacht.«

»Ich weiß.« Der Mann stieß sein Glas an das von Frank. »Deswegen will ich ja auch gar keine hundert Millionen. Das war nur ein Testballon. Wollte mal schauen, wie du reagierst.« Er grinste. »Es geht bloß um popelige vierundsiebzig Millionen und ein paar Tausend. Um jene popeligen vierundsiebzig Millionen auf den Caymans. Die du peu à peu auf die Seite geschafft hast.«

Peu à peu. Frank kannte niemanden außer sich selbst, der diesen Ausdruck verwendete. Und doch war es ihm, als wäre da einmal jemand gewesen … Seine Nackenhaare stellten sich auf. Unangenehm. Alles in diesem Zusammenhang war unangenehm. Und wer verdammt noch mal war dieser Mensch, der das alles wusste? Gabriel hatte eine tiefere Stimme. Aber abgesehen von seinem persönlichen Steuerberater wusste doch niemand von dem Geld, niemand ... Und doch hatte dieser Typ da ... den er kannte ... falsch, der *ihn* kannte ...

»Ich brauche also keine Unterschriften von deinen Leuten, sondern lediglich dein Einverständnis. Du wirst mir das Geld überweisen, und ich weiß auch schon, wie ich es dem Verein zukommen lassen werde. Dann können wir einen ordentlichen Kredit aufnehmen und einkaufen. Natürlich lauter Topspieler. Nur die besten der besten.«

»Wie soll das gehen? Das ist Schwarzgeld!«

»Das geht dich einen Scheiß an. Besorg dir lieber endlich Pay-TV, du knausriger Hund, und genieß jedes Spiel.«

Nie und nimmer. Hardcore-Fans schrieben beständig in Foren, dass sie, egal, in welcher Liga und auf welchem Platz sich die Alemannia gerade befand, alles wunderbar fanden. Er nicht. »Für diesen Scheißhaufen gebe ich kein Geld aus. Da kannst du mich foltern, wie du willst.«

»In Ordnung.«

Verdammt! Er mit seiner großen Klappe wieder! Nein und nochmals nein! »Das war doch nur ein Scherz.«

»War es nicht.«

Der Mann ging zum Tisch mit dem OP-Besteck. »Was meinst du, was ich dir als Erstes abschneide?«

»Einen Finger? Eine Zehe? Die Nase? Ein Ohr?«

Der Mann nahm einen Gegenstand zur Hand und drehte sich um. Das Skalpell. »Die Eier.«

Ein Lichtstrahl spiegelte sich im Metall und blendete Frank. Er spürte, wie sich seine Hoden zu Murmeln zusammenzogen. Ihm wurde schlecht. Er hustete. Speichel tropfte auf den Boden. Die Lache wurde in rasender Geschwindigkeit größer, bildete Arme aus, die sich um seine nackten Füße schlängelten.

»Kann ich mir denken, dass du davor am meisten Angst hast. War da nicht einmal ein Mädchen, das du deinem Spielkameraden weggenommen hast, auch wenn du damals noch gar nicht ficken konntest? Waren da nicht viele Gespielinnen, denen du in den Arsch getreten hast, indem du sie benutzt und wie ein Papierhandtuch weggeschmissen hast?« – *Moralapostel! Zu kurz gekommener Moralapostel!* – »Und vor allem«, er bleckte zwischen den roten Wülsten das Gebiss einer Muräne, »ist da nicht auch noch die Anklage wegen Vergewaltigung?«

»Eine beschissene Me-too-Geschichte, nichts sonst! Die blöde Kuh hat es nicht verkraftet, dass sie nicht von der Sekretärin zur Assistenz aufgestiegen ist!«

Er meckerte ein Lachen, das von den Wänden widerhallte. »Das wissen wir beide. Aber theoretisch könnte ich auch wissen, wie du sie auf die Couch geschmissen, ihr den Slip zerrissen und sie gevögelt hast.«

Frank japste nach Luft. Dieser Typ war wirklich, wirklich gefährlich. Denn es stimmte, er hatte Lena den Slip runtergerissen – allerdings auf ihren Befehl hin. Also einvernehmlich. Was nur er wusste, aber nicht beweisen konnte. Patt bislang. Und nun ein Zeuge, der ihn fertigmachen wollte. Der gar kein Zeuge sein konnte, denn wie hätte er denn sehen …? Schwindel. Herzrasen. Raus hier. Nichts als raus aus diesem Alptraum. »Dann lasse ich mich halt anklagen, sitze ein bisschen was ab und habe es bald überstanden. Aber das wird dir auch nicht weiterhelfen, deinen beschissenen Traum von der Alemannia wahr zu machen.«

»Gerecht wäre es, für die vielen Male, als du wirklich ein Schwein warst.« Er seufzte, schüttelte den Kopf. Eine dicke Träne quoll aus seinem linken Augenwinkel. »Ich denke, wir beenden jetzt den netten Teil und gehen gleich in die Vollen.«

Franks Hand krampfte sich um das Weinglas. Keine Angst! Nur keine Angst zeigen! Er trank. Der Wein war von seinem Lieblingsweinbauern. Seltsamerweise wurde er nicht weniger.

Der Mann seufzte und widmete sich erneut seinem Handy. »Papa Schlumpf macht sich schon wieder wichtig.«

»Welcher Schlumpf?« Frank trank, das Glas blieb wie von Zauberhand gefüllt voll.

»Papa Schlumpf. Vom Fan-Brett. Der immer mit seiner großen Klappe.« Er hielt Frank das Display hin. Es wuchs und wuchs auf ihn zu. Das gab es doch nicht! Nein! Lauter faule Tricks!

»Andererseits hat er mich mit seiner Red-Bull-Träumerei überhaupt erst auf die Idee gebracht. Auf die Idee mit dir. Dieser geistige Tiefflieger! Red Bull wird sich neben Leipzig bestimmt keinen Konkurrenten heranzüchten, aber bald werden wir die Roten Bullen betonieren!«

»Wie schön.« Und mit einem Mal wurde Frank warm ums Herz. Der Traum war wirklich zu schön. Er schüttelte sich. Und schwachsinnig. Allein mit Geld konnte man keine Wunder wirken, das bewiesen die Hamburger und Konsorten.

Der Mann tänzelte zum Fernseher, nahm die Fernbedienung, tänzelte hinter Frank, während er wieder »Na, na, na« sang. Der Bildschirm erwachte zum Leben. Und Frank tauchte ganz tief ein.

Schwarz-weiße Männer in gebügelten Hemden mit Krawatten, ein Wagemutiger mit gemalten Vereinsnamen auf der nackten Brust, was Franks Vater gar nicht gut findet, Tausende krakeelende Menschen, dicke Hintern vor seinem Gesicht, er auf einem Ast mit Blick über das Spielfeld, zur Sicherheit die kleine Hand in Papas großer, Tosen, Schreie, der Feind namens Göttingen, sein Vater, den er noch nie so lebendig erlebt hat, dem ein »Arschloch!« entschlüpft, der seine Hand loslässt und dem Nebenmann um den Hals fällt. Glenski entfesselt. 3:1. Die Stadt voller Menschen. Schwitzende, vor Lachen verzerrte Gesichter. Singende Männer und Frauen. *Spielt am Sonntag unser Fußballclub …*

»Treffe sich der Fränz än ouch deä Jupp«, krähte es plötzlich hinter Frank, synchron zu den Bildern aus 1967. »Met Fahne, Trommele, Tröete än Hipp-hipp-hurra, treckt alles dörch de Süesch noh Alemannia!« Der Mann beugte sich vor sein Gesicht. »Na?« Die schwarze Wollmaske war verschwunden, Joker glotzte ihn an.

Nein, sein Hals war nicht eng, nein, da sammelten sich keine Tränen. »Lange her.«

Die Bilder liefen weiter, wurden farbig, Schwarz-Gelb Tore schießend, die Bilder rückten näher, Schwarz-Gelb mit grimmigem Blick, Schwarz-Gelb feiernd, die Bilder hüllten ihn ein, Schwarz-Gelb mit starrem Blick, Schwarz-Gelb in Kampfpose. Die Masse. Der alte Tivoli. *You never walk alone. So war es immer schon. So wird es auch für alle Zeiten sein. Ühr bruucht net bang ze süe, vür sind doch alle heij. Der öcher Krau an ouch de Hotvollee. Alemannia, my love, jeäht et ouch ens erav. Ale-*

mannia, olé! It's forever än ene day. Alemannia, hurra, wir sind wieder da!

Und riesig über allem schwebt Jupp Ebert wie ein losgelassener Luftballon. Mit seiner Joe-Cocker-Stimme. Er streckt Frank das Mikrofon entgegen.

Nein, ich will nicht! Sinnlos! Alles sinnlos!

Frank schlägt mit seinem Weinglas gegen das Mikrofon. Daneben. Schlägt nochmals. Daneben. *Lass mich in Ruhe!* Nochmals.

Plötzlich Schmerz. Er drang tief in ihn ein.

Seine Nase kitzelte. Frank nieste und schlug die Augen auf. Der Sonnenstrahl, der durch die Dachluke fiel, ließ den Staub der letzten Jahrzehnte glitzern.

Schmerz.

Er betrachtete seine Hand neben dem Dachbalken. Die Fingerknöchel waren aufgeplatzt. Blut tropfte auf das Alemannia-Trikot, das er als Sechsjähriger bekommen hatte. Damals, im ersten Jahr in der Bundesliga. Caymans. Lächerlich. Für wen denn? Frank sah sich um. Der Kasten mit Mamas Petticoat-Kleidern, Papas Angelausrüstung, seine Schulhefte, sein zusammengeschrumpelter Fußball.

Nein, er würde das Haus seiner Eltern nicht verkaufen. Es war die ideale Einsatzzentrale für das Projekt Uran.

Carsten Sebastian Henn

Print it black

Ja, ich bin es. Wirklich! Der Printen-Engel von Aachen. Die älteste noch erhaltene Printe der Welt. Eigentlich bin ich es ja leid, immer gleich erkannt zu werden, aber was will man machen! Berühmtheit lässt sich halt nicht ablegen wie ein Kleid, das einem nicht mehr gefällt. Ich sage immer: Man muss die Last würdevoll ertragen. Und das tue ich mit jedem Gramm Mehl und Zucker, das mir gegeben wurde. Natürlich ist nicht jeder zu Großem geknetet – aber ich bin es. Tagein, tagaus stehe ich im grellen Scheinwerferlicht und werde von Touristen aus aller Welt begafft. Sie können einfach nicht glauben, wie jung ich noch aussehe. Aber herausragend gebacken ist eben herausragend gebacken! Ich möchte mal den sehen, der 1820 geboren wurde und noch so knusprig ist wie ich!

Ja, ich weiß, Sie wollen jetzt einwerfen, Printen seien ein Saisongebäck. Aber nicht ich, ich habe immer Saison!

Von meiner Glasvitrine aus, gebührend bequem an ein rotes Samtkissen gelehnt, kann ich die ganze Printenbäckerei überblicken. Hier bin ich Printe, hier darf ich's sein.

Ich möchte aber gar nicht so viel von mir erzählen, auch wenn es für Sie sicher faszinierend wäre. Sie glauben ja nicht, was ich in meinen fast zwei Jahrhunderten alles mitangesehen habe. Schönes und Schreckliches – und allerhand Unanständiges. Bäcker, das mal unter uns, sind ja vernarrt in Süßes. Und nicht alles Süße ist aus Teig.

Aber hier soll es um diese eine schreckliche Nacht vor wenigen Tagen gehen.

Es war der Samstag vor dem zweiten Advent, einer der besseren Tage für unsere Bäckerei. Von allem wurde etwas verkauft: von den Kräuter-Printen-Platten, den kleinen Moppen und dem Printenkonfekt. In Schmuckdosen, Holzkisten oder einfach nur in Zellophan. Und ja, auch Weichprinten. Diese

Emporkömmlinge nehmen ja seit Neuestem immer mehr Platz in der Theke ein. Es heißt, dass ihre Herstellung viel aufwendiger sei als die von uns traditionellen Hartprinten, sie seien eine Fortentwicklung, aber in Wirklichkeit sind sie einfach nur etwas für Zahnlose, die eine ordentliche Printe wie mich nicht mehr kauen können. Gehen dir die Zähne aus, hol weiche Printen dir ins Haus!

Und die sind ja auch vor nichts fies. Ob dunkle oder helle Schokolade, die lassen sich in einfach alles eintauchen, diese polyschokolatösen Schweinigel. Und finden das auch noch toll, geben mit ihrer Weichheit und ihrer vielen Schokolade an und prahlen ganz pubertär mit dicken Nüssen! So ein schamloses Gebäck!

Aber jetzt bin ich wirklich vom Thema abgekommen, eigentlich soll es ja um die besagte Nacht gehen. Es war also gegen drei Uhr früh – ich kann von meiner Vitrine aus die große Pendeluhr sehen –, als ich ein Geräusch von der Vordertür her hörte, ein metallisches Knacken. Kurz danach stand jemand, komplett in Schwarz gekleidet, im Raum, und ich bekam es mit der Angst zu tun! Dachte, der zerschmettert jetzt meine Vitrine und verzehrt mich. Davor fürchte ich mich ja schon so lange, wie ich den Appetit in den Augen der Leute sehen kann. Natürlich wollen die wissen, wie etwas schmeckt, das so köstlich aussieht wie ich und dessen Geschmack knapp zweihundert Jahre lang reifen konnte.

Ich dachte also: Jetzt ist es aus! Hoffentlich beißt er dir wenigstens sofort den Kopf ab und nicht erst einen Arm und dann, einen Tag später, den anderen, bis zum Schluss irgendwann endlich mein Kopf dran ist. Hungertod auf Raten! Das wäre ziemlich unschön.

Doch zu meiner großen Überraschung würdigte mich der Einbrecher keines Blickes. Dieser Kretin! Was ist bloß mit den modernen Einbrechern los? Langsam bekomme ich das Gefühl, die machen es nur fürs Geld.

Auf jeden Fall begann der Eindringling, sich am Tresor zu schaffen zu machen, und mir war sofort klar: Wenn er den aufbekommt, dann war es das mit unserer Printenbäckerei. Das

Geschäft lief in der Zeit davor nämlich gar nicht gut. Vor allem, seit gegenüber »Pretty In Print« aufgemacht hatte, so eine Möchtegern-Bäckerei, die billige Massenware aufkaufte, um sie dann zu verzieren. Mit Flamingos, Alpakas und Einhörnern. Selbst wenn man einen Bollerwagen rot lackiert, wird daraus kein Ferrari. Verstehen Sie?

Alles, was unser alter Bäcker besaß, war in diesem Tresor. Den Banken traute er nämlich nicht mehr.

Die anderen Printen waren derweil ganz leise geworden. Keinen Mucks gaben die mehr von sich. Versuchten, ganz unauffällig und völlig unlecker zu tun, weil auch sie nicht von einem Kriminellen verspeist werden wollten. Die Vorstellung war sogar ihnen zu unfein. Die Weichprinten entpuppten sich als besondere Weicheier und wollten sich sogar verkrümeln. Was mir voll auf den Keks ging. Ich musste etwas unternehmen!

Zugegeben, viele Möglichkeiten, sich zu wehren, hat man als Printe nicht gerade. Wir sind zum Beispiel sehr steif. Na ja, um ehrlich zu sein, können wir uns gar nicht bewegen. Wenn ich nur daran denke, einen Arm zu heben, ziehe ich mir schon einen Bruch zu.

Aber glänzen, das können wir!

Ich beobachtete, wie der Einbrecher, ein Stethoskop in den Ohren, an dem Tresor herumwerkelte und mit einer Taschenlampe den numerischen Drehknopf anleuchtete.

Nur wenige Lichtstrahlen kamen bei mir an, aber ich warf sie zurück zu ihm, mitten in sein Gesicht.

Er blinzelte.

Rieb sich die Augen.

Musste absetzen.

Ha!

Glänzen kann ich ja tagelang! Was rede ich: wochen-, monatelang! Gebt mir Licht, und ich glänze! Ein wunderschöner glänzender Printen-Engel, das bin ich. Dieser Einbrecher würde die Zahlen niemals einstellen. Ich beschloss, ihm so lange in die Fratze zu funkeln, bis unser Bäcker am nächsten Morgen aufschließen würde. Immerhin bin ich der Diamant unter den Dauerbackwaren!

Oha.

Er schaute in meine Richtung.

Schnell hörte ich auf mit dem Glänzen.

Und wurde ganz matt. So richtig stumpf.

Aber allen Glanz konnte ich einfach nicht abstellen. Der Fluch der Stars.

Er kam zu mir.

Hob meine Vitrine an.

Sicher wollte er sie zerschmettern. Und mich dann essen. Laut schrie ich: »Ich bin ein Star, holt mich hier raus!« Er stierte schon auf mein köstliches Engelskleid.

Aber dann … drehte er die Vitrine.

Und machte sich wieder ans Werk.

Verdammt! Das war es dann mit dem Glänzen. Hier war es dafür zu dunkel. Die Weichprinten hätten es in ihrer Vitrine noch hinbekommen können, aber die waren so ermattet, als wären sie knochentrocken. Von wegen dicke Nüsse! Feiglinge.

Und noch immer war keine Polizei da. Drei Zahlen waren schon eingerastet, es fehlte nur noch eine.

Mir blieb nichts anderes übrig, als mich zu opfern. Heute war also mein letzter Tag, ich würde den Weg alles Teiglichen gehen. Und morgen würde eine andere Printe die älteste Aachens sein, irgend so ein junges Ding vom Ende des 19. Jahrhunderts, das noch nichts vom Leben wusste.

Und dafür musste ich nur das tun, was alle Printen Aachens beherrschten, aber keine besser als ich: verführerisch locken.

Sodass der Eindringling nicht widerstehen konnte und einfach in mich hineinbeißen musste.

Ich begann also damit, der verführerischste, leckerste Printen-Engel zu sein, den Aachen je erlebt hatte. Ich sah aus, als käme mein Verzehr einer dionysischen Orgie am Gaumen gleich, als würde sich dabei die Himmelspforte öffnen und Manna herabfallen. Ich musste also ganz ich selbst sein.

Wenn Sie glauben, das sei ein dummer Plan gewesen, weil der Einbrecher mich einfach verputzen und danach die letzte Ziffer hätte einstellen können, so täuschen Sie sich. Aber Sie kennen ja auch noch nicht Teil zwei der Geschichte.

Jede Printe führt ab einem gewissen Alter einen inneren Kampf. Die älteren Printen wissen genau, was ich meine. Es geht um das, was unseren köstlichen Körper angreift: Schimmel.

In jeder Sekunde meines bisherigen Daseins hatte ich den Schimmel unterdrückt. Es hatte sich so ähnlich angefühlt, wie wenn Menschen mit voller Blase vermeiden wollen, auf die Toilette zu gehen.

Und das knapp zweihundert Jahre lang.

Können Sie sich das vorstellen? Wie das nach einer gewissen Zeit zwickt?

Aber wenn ich jetzt losließe, würde mir in Sekundenbruchteilen ein Schimmelpelz wachsen. Ich musste nur den richtigen Moment erwischen, kurz bevor ich die Lippen des Einbrechers passierte. Dann würde ihm schlecht werden, und ich hätte mein Ziel erreicht. Die Printenbäckerei wäre gerettet!

Dann wäre ich zwar tot, aber eine Heldin.

Köstlich sein ist nicht so einfach, wie es klingt. Es ist etwas, das man tief in sich spüren muss. Nur wer sich köstlich fühlt, der ist auch köstlich. Man muss seine guten Zutaten spüren, das Mehl, den Zuckerrübensirup, die kostbaren Gewürze wie etwa Zimt, Anis, Nelken oder Kardamom. Welche genau und wie viel von jedem wir enthalten, das ist das Geheimnis eines jeden Printenbäckers. Ich weiß es bei mir natürlich, aber werde das Geheimnis meiner immerwährenden Köstlichkeit nicht verraten. Nur so viel: Mein Triebmittel war noch Hirschhornsalz, das der heutigen Printen ist vor allem Pottasche. Meine schlanke Taille begeistert noch immer jeden, weil kein Gramm Fett in mir drin ist. Wenn Sie jetzt Neid verspüren, ist dies nur natürlich. Aber genauso wichtig wie mein Inhalt ist meine Form. Printe kommt ja vom englischen *print* und dem niederländischen *prent*, beides steht für die Verben »drucken« oder »drücken«. Ich wurde noch mit einem kunstvoll geschnitzten Holzmodel gedrückt. Es war ein sehr intensiver Moment inniger Verbundenheit, als der Holzmodel ganz tief in meinen Teig eindrang. Es schaudert mich heute noch, wenn ich daran zurückdenke.

Jedenfalls fühlte ich auch in diesem Moment meine Köstlichkeit, meine Süße und meinen Biss. Und es funktionierte.

Der Einbrecher hob den Kopf, blickte wieder zu mir, trat näher. Und in dem Moment, in dem er mich mit der Taschenlampe anleuchtete, in diesem Moment barst ich vor Köstlichkeit. Löste das Versprechen von zweihundert Jahren Reife ein. Fast hätte ich mich selbst gegessen!

Der Mann hob den Schlüsselbund mit seinen Dietrichen, öffnete das Schloss der Glasvitrine, zog die Handschuhe aus.

Und berührte mich.

Eiskalt prickelte es mir die Glasur herunter.

Ich hörte, wie dem Einbrecher das Wasser im Mund sturzbachgleich zusammenlief.

Er rollte die Maske empor.

Und ich erkannte ihn!

Es war der Inhaber von »Pretty In Print«! Der Printenschänder!

Schon war ich auf halbem Weg zu seinem Mund. Er öffnete ihn, ich erkannte rissige Plomben und schluderig gearbeitete Brücken, kariöse Zahnruinen, sah Reste von Billigprinten in deren Zwischenräumen und eine Zunge, grau vom Zigarettenrauchen. Der Atem roch faulig.

Nein, ich wollte da nicht rein.

Nicht in diese Kloake von einem Mund.

Ich ließ los.

Und spürte sofort, wie der weiße Schimmel auf meinem Teig explodierte. Mit einem Mal war mir ganz warm.

Der Einbrecher stieß einen Würgelaut aus und warf mich fort. Er wischte sich die Hände an der Hose ab, drehte sich um – und trat dabei auf meinen Arm. Völlig zerbröselt lag er neben mir. Ich fühlte mich ganz zerstreut.

Ich hatte versagt. Schrecklich versagt.

Nun war ich eine alte, kaputte, angeschimmelte Printe, und mein Bäcker würde den Laden schließen müssen.

Zweihundert Jahre und dann so was! Ich hätte von einem König gegessen werden sollen, von einem Kaiser!

Der Einbrecher war wieder am Tresor und stellte rastend die letzte Zahl ein. Als sich die Tür öffnete, sah ich, dass alles drinlag: Geld und geheime Rezepte.

Sekunden später hielt er sie in seinen Händen und ging zufrieden mit ihnen zur Tür. Ich hätte heulen können – also, wenn man mir denn Tränendrüsen gebacken hätte.

Schon hatte der Mann die Eingangstür geöffnet, da drehte er sich plötzlich um und blickte zur Theke. Genauer gesagt auf das Tablett mit der reduzierten Ware. Darauf landen die Printen, die nicht ganz perfekt sind, denen ein Körperteil abgebrochen ist oder deren Schokoladenüberzug Klumpen aufweist. Mit denen will normalerweise keiner von uns was zu tun haben. Doch eine davon sah in diesem Moment unfassbar köstlich aus.

Eine Weichprinte mit weißer Schokolade – was ja nicht einmal richtige Schokolade ist, weil sie nur Kakaobutter und keinen Kakao enthält. Mit unregelmäßig auf ihr verteilten Mandelsplittern. Ein schrecklich unansehnliches Ding.

Aber köstlich.

Selbst ich bekam Lust, es zu vernaschen.

Der Einbrecher atmete schwer durch, dann ging er zurück und stopfte sich das köstliche Stück ohne Zögern in den Mund. Ja, er gierte förmlich danach, sodass er nicht einmal richtig kaute.

Was nur bewies, wie wenig der Besitzer von »Pretty in Print« über Printen wusste.

Wir Printen können nämlich noch mehr als glänzen, schimmeln und köstlich sein. Mit Nüssen oder Mandeln können wir auch ganz prima im Hals stecken bleiben. Oh ja!

Plötzlich stolperte der Einbrecher durch die Bäckerei, packte sich an den Hals, versuchte, die Printe hochzuwürgen, und rammte sich, als das nichts half, den Finger in die Speiseröhre. Aber was echte Mandelstifte sind, die bekommt man nicht so einfach wieder raus. Bei einer Hartprinte hätte ich nicht daran gezweifelt, dass sie in der Lage wäre, den Job anständig zu erledigen. Aber bei einer Weichprinte … Da sie über kein Können verfügte, muss sie enorm viel Glück gehabt haben.

Der Kopf des Mannes wurde immer röter, sodass ich schon Angst hatte, er würde explodieren und mit seinen Überresten alles besudeln, aber schließlich brach er zusammen, noch bevor es dazu kommen konnte. Kurz wand er sich wie ein Wurm, die Beine zappelten, dann war Schluss.

Tja, das Gesundheitsministerium warnt schon lange: Printen können tödlich sein!

Das alles ist erst wenige Tage her. Mich hat der Bäcker vom Schimmel befreit, neu glasiert und in die Vitrine zurückgestellt. Mein Arm ist allerdings futsch. Und ich habe eine Mitbewohnerin bekommen. Weil die Polizei ermittelt hat, dass der Einbrecher an einer Weichprinte erstickt ist, steht aus Dank jetzt eine von denen neben mir. Mit weißer Schokolade und Mandeln. Der Untergang der aachenländischen Kultur, wenn Sie mich fragen. Es ist noch nicht mal die aus dem Hals des Einbrechers, sondern nur eine andere vom Tablett des Ausschusses.

Sie darf sich auch an ein Samtkissen lehnen. Sogar an ein ganz neues.

Alle haben nur noch Augen für sie. Sogar die Leuchtstrahler wurden verstellt, damit dieses kleine Miststück in noch hellerem Glanz erstrahlt. Und das für eine Weichprinte, die in ihrem Leben noch nie etwas geleistet hat!

Die anderen Hartprinten lachen mich seit dem Vorfall aus. Sie meinen, ich sei eine einarmige Alte, die nicht mal einen Einbrecher überwältigen kann. Dafür hätte es einer Weichprinte bedurft.

Mein Leben ist mir zur Qual geworden, weshalb ich Sie bitten möchte: Erlösen Sie mich! Kommen Sie nach Aachen und essen Sie mich. Ich verspreche auch, nicht zu schimmeln. Ich bin ganz köstlich, wirklich! Und dass ein Arm fehlt, schmeckt man überhaupt nicht.

Ilka Stitz

Mens sana in corpore sano

Feuer überall, Rauch, Gestank nach brennendem Holz, Gras, Fleisch. Sein Vater erschien vor ihm, statt der Augen nur rohes Fleisch. Hessi erwachte, schweißgebadet. Solche Erinnerungen überfielen ihn oft des Nachts: Das Frankenheer metzelte sein Volk nieder, zerstörte ihr Dorf, blendete und verstümmelte den Vater. Schon immer hatten die Sachsen gegen die Franken gekämpft. Und nach einem großen Sieg Karls Rache zu spüren bekommen. Ihre Fürsten hatte er am Ufer der Aller töten lassen, der Fluss ein einziger Strom aus Blut. Hessi hatte fast alle dabei verloren, Vater, Bruder, Schwester. Er war noch ein Kind gewesen, kaum fünf Jahre alt. Ein Kind des Krieges. Nur er und seine Mutter waren dem Blutgericht entronnen. Gerettet, um die Toten zu rächen.

Als seine Mutter im vergangenen Jahr gestorben war, war er zum Mann geworden. Seitdem suchte er den Mörder seiner Familie, seines Volkes. König Karl.

Er stopfte seine Sachen in den Beutel, nahm sein Messer zur Hand, strich mit dem Finger über die Klinge. Bald wird es das Blut des Tyrannen schmecken, dachte er, als er es obenauf in den Sack legte.

Er streckte sich. Endlich war er in Aachen, wo Karl sich aufhalten sollte. Bei Odins Eiche! Es wurde Zeit, dass er einen Plan fasste. Aber zunächst brauchte er eine Arbeit, das Geld ging ihm langsam aus.

Er machte sich auf den Weg. Über ihm ließen sich krächzend zwei Raben auf einem Baum nieder. Hugin und Munin? Waren die Gefährten Odins an seiner Seite? Sein schweres Herz wurde ein wenig leichter.

Ein Platz öffnete sich vor ihm, begrenzt von einer großen Halle. Ringsum große und kleinere Gebäude, die an die Gutshöfe erinnerten, die Hessi unterwegs passiert hatte. Dazwischen kleine Straßen und Gassen. Hier und da lag Baumaterial, das Geräusch von Hämmern und Sägen klang herüber.

Neben ihm eine Kapelle, größer als die, die die Franken in Hessis Dorf errichtet hatten. Die Tür ging auf, und heraus strebte ein Mann im Mönchsgewand, vertieft in einen Plan, wie es schien. Er hätte Hessi fast umgerannt.

»Oh!«, rief der Mann. »Verzeih, ich war in Gedanken.«

Hessi nickte ihm zu, mit zusammengepressten Zähnen. Vor einem dieser christlichen Prediger beugte er nur ungern sein Haupt. Doch er ließ sich nichts anmerken, die Kunst der Verstellung war eine der vielen Fähigkeiten, die Hessi im Krieg gelernt hatte.

Der Mönch ließ den Plan sinken und musterte Hessi nun mit wachem Blick. »Du scheinst fremd hier, mein Junge. Kann ich dir helfen?«

»Das kann ich mir nicht vorstellen.«

»So?«

Hessi schwieg.

»Nun denn, stiller Freund, Gottes Segen für deinen weiteren Weg.« Der Mönch nickte und ging weiter.

Gottes Segen, das fehlt gerade noch, dachte Hessi, als weitere Männer aus der Kapelle traten. Vorneweg ein Riese, sechs Fuß maß er leicht, eher mehr. Der Mann mochte so alt sein, wie Hessis Vater jetzt gewesen wäre. Ein Krieger Karls vielleicht. Er sah aus, als hätte er schon manchen Kampf ausgefochten, mit breiten Schultern, kräftigen Armen und massigem Nacken. Seine kurzen Haare lagen in geordneten Wellen, und unter der starken Nase hing ein prächtiger Schnurrbart fast bis zum Kinn. Gekleidet war er indes wie jedermann. Schließlich konnten auch Krieger nicht ständig gerüstet herumlaufen. Tunika und Hose waren zwar schlicht, doch aus gutem Leinen, die Wadenwickel fein gewebt. Arm war der Mann sicher nicht.

»Was muss ich hören? Du schlägst den Rat vom guten Fardulfus aus? Wie ungebührlich!«

Die Stimme des Mannes war wohlklingend, dennoch hätte Hessi angesichts dessen Größe und Beleibtheit – unter der weiten Tunika wölbte sich sein Bauch – ein kräftigeres Organ erwartet.

Seine Bemerkung aber hatte Hessis Neugierde geweckt. »Warum? Wer ist er denn?«, fragte er. Trotz der tadelnden Worte wirkte der Mann nicht unfreundlich, und wenn besagter Fardulfus so gut informiert war, wäre es vielleicht nützlich, mehr über ihn zu erfahren.

»Er ist der Kaplan hier.« Der Mann wies auf die Kapelle. »Und wer bist du?«

»Mein Name ist Hessi.«

»Sei gegrüßt, Hessi.« Der Riese neigte sich ein wenig zu ihm herunter. »Ich werde David genannt.«

Ein Jude! Wie man hörte, standen die unter Karls besonderem Schutz. Nun, als Fernhändler brachten sie ja auch Wohlstand ins Frankenreich. Anders als die armen Sachsen brauchte man die Juden offenbar nicht mit »eiserner Zunge« zu bekehren, wie Karls Mission im Osten nicht nur unter Hessis Leuten genannt wurde. Mit eiserner Zunge … das bedeutete eiserne Schwerter und fromme Worte, vor allem jedoch Schwerter.

»Was läufst du hier so allein herum? Suchst du deine Eltern?«

»Meine Eltern sind tot.«

»Das tut mir leid.« David neigte sich noch weiter zu Hessi herunter, legte ihm eine Hand auf die Schulter. »Die Familie ist unser teuerstes Gut!«

Hessi biss sich auf die Lippen. Was wusste so einer schon von dem Wert einer Familie?

»Aber du bist doch wohl nicht allein unterwegs?«

»Doch. Ich hörte, in Aachen werden tüchtige Leute gebraucht.« Hessi wies in die Richtung, aus der der Baulärm zu ihnen herüberschallte.

David nickte. »Ja. Dieser Ort wird bald nicht wiederzuerkennen sein. Hier«, er deutete auf den Platz vor ihnen, »wird demnächst eine große Kirche gebaut werden. Ein zweites Rom wird sich in neuer Blüte erheben, mit höchsten Dächern auf gewaltigen Mauermassen die Sterne berührend …« Die Augen des Riesen glänzten bei diesen Worten, als sähe er die Gebäude schon vor sich.

Woher wusste der Jude so gut über anstehende Bauvorhaben Bescheid? Eine gewaltige Kirche … Dass die Franken ihren

Gott in ein Haus sperrten, war Hessi zwar bekannt, aber immer noch fremd. Genauso wie alles andere, was der fränkische Pfaffe ihnen gepredigt hatte, der sie, die halsstarrigen Sachsen, wie er sie schimpfte, bekehren sollte. Die Sachsen verehrten ihre Götter seit ewigen Zeiten unter freiem Himmel. Dieser ganze Frankenglaube war doch nichts weiter als Weibergeschwätz. Ein Sohn Gottes, der hingerichtet werden konnte, man stelle sich das nur vor! Als Opfer. Warum sollte ein Gott so etwas tun? Wie schwach und hilflos musste er sein, wenn er von Menschen gerichtet werden konnte. Es ist nur eine Frage der Zeit, wann unsere Götter über derlei Unsinn obsiegen, dachte Hessi. Und er, Hessi, war ihr Werkzeug, ihre Waffe.

Bestimmt konnte es nicht schaden, den Redefluss des Riesen am Laufen zu halten. »Aber warum gerade hier?« Er sah sich um. Hinter den größeren Bauten am Platz reihten sich unscheinbare Fachwerkhäuser aneinander, nur in der Ferne erhob sich mächtiges Mauerwerk. »Der Ort ist nichts Besonderes.«

»Jeder soll sehen, wo der König sich niedergelassen hat.«

Das war mal eine Neuigkeit! Wenn sie denn stimmte. »Der König? In diesem verschlafenen Nest? Jedermann weiß doch, dass er von Pfalz zu Pfalz zieht, um sein gewaltiges Reich zu regieren. Gericht zu halten – und Aufstände niederzuschlagen. Von Aachen aus ist die Reise, zum Beispiel in den Osten des Reiches, beschwerlich und weit.« Hessi wusste, wovon er sprach, er hatte fast ein Jahr hierher gebraucht. Und ein König samt Tross war kaum schneller unterwegs als er zu Fuß. »Es gibt doch bestimmt Pfalzen mit günstigeren Voraussetzungen, besserer Lage.« Näher an den Sachsen, die er so fleißig schlachten ließ, dachte Hessi und rang die Erinnerung, den Zorn nieder. Er musste vorsichtig sein, offenbar gehörte dieser David zum Gefolge des Königs. Andererseits, vielleicht hatten ihm die Götter hier eine Gelegenheit geschickt. Unwillkürlich blickte Hessi gen Himmel, ob Hugin und Munin ihm noch beistanden, doch die Raben waren nicht mehr zu sehen. Sei es drum, es konnte nicht schaden, ein wenig leutseliger zu dem Mann zu sein. »Nun, wenn du es sagst. Du scheinst dich ja gut auszukennen.«

David lachte und neigte sich zu Hessi herunter. »Und du

scheinst die Belange eines Königs gut im Blick zu haben. Sicher hast du damit recht, dass es Orte geben mag, die deine Anforderungen erfüllen würden. Aber ein König muss vielerlei bedenken, was sich einem Außenstehenden nicht immer erschließt. Es geht um Sicherheit, Frieden, Eintracht ... Hier wird bald ein Palast stehen, aber auch ein Park wird angelegt werden, in dem wilde Tiere friedlich zusammenleben. Ganz so, wie es die Menschen im Fränkischen Reich tun sollen.«

Hessi hob die Brauen. Karl, der Sachsenschlächter, strebte nach Frieden, nach Eintracht!

Unbeirrt fuhr David fort: »Außerdem gibt es mehrere heiße Quellen. Schon die Römer bauten an diesem Ort Thermen, die bis heute überdauert haben.« Er wies auf die Mauern, die Hessi bereits aufgefallen waren. »Und die Römer, allen voran ihr berühmter Kaiser Augustus, sollten uns allen ein Vorbild sein. Aber auch Augustus wusste schon aus leidvoller Erfahrung, dass man Menschen manchmal zu ihrem Glück zwingen muss, was nicht immer ohne Blut und Tränen vonstattengeht. Und selbst ein König ist letztlich nur ein Mensch ...« Er sann einen Augenblick über seine Worte nach. »Wie auch immer«, fuhr er schließlich fort, »schwimmen ist gut für Körper und Seele, meinst du nicht? Oder kannst du nicht schwimmen?«

Was für eine Frage! Wie jeder Sachse schwamm Hessi wie ein Fisch. »Du meinst, der König hat Aachen gewählt, weil er hier schwimmen kann?«

»Oh, der König liebt das Schwimmen! Ebenso wie die Jagd. Thermen und dazu die ausgedehnten Wälder ringsum, mit zahllosen Hirschen, Rehen, Wildschweinen, ja sogar Bären und Wölfen. Was sollte ein Mensch sonst noch wollen?«

Da würde Hessi vieles einfallen, gerade was König Karl betraf, aber er beschränkte sich auf das nochmalige Heben der Brauen. Schwimmen hatte auch er immer geliebt. Oft hatten er und seine Freunde im nahe gelegenen Fluss getaucht, Fische gefangen oder sich mit Wasser bespritzt. Und welche Einfälle ihnen dabei gekommen waren ... Einen Staudamm hatten sie gebaut, voll guter Absicht, und damit fast ihr Dorf überschwemmt. Hessi lächelte bei der Erinnerung. »Ich verstehe. Und beim Baden kommt der

König auf solche Dinge wie diesen wunderbaren Kirchenbau, den du erwähntest. Denn fließt das Wasser, so fließen auch die Gedanken.«

»Du bist ein kluger Bursche«, stellte David fest.

»Und der König? Ist der auch klug? Du scheinst ja mit ihm bekannt zu sein. Unsereins weiß nur das, was die Leute sagen. Er ist doch hier, oder ist das nur Gerede?« Hessi sah zur Halle hinüber, wo er König Karl vermutete.

»Er strebt unaufhörlich nach Wissen. Und es stimmt, er hält sich hier auf und beabsichtigt, eine Weile zu bleiben. Er wird jagen und natürlich regelmäßig schwimmen. Gerade in der Winterzeit gibt es nichts Schöneres, als in den warmen Quellen zu verweilen und mit Freunden allerlei tiefsinnige Gedanken auszutauschen.« David hielt inne, schien nachzudenken. »Was hältst du davon, mich heute Abend dorthin zu begleiten und unsere Gesellschaft mit deinen Gedanken zu bereichern?«

Hessi musste zugeben, dass er durchaus Lust auf ein warmes Bad hatte. Das Wasser in Sachsen war selbst im Sommer eiskalt. Dennoch fragte er sich, was der Mann mit seiner Einladung bezweckte. »Was soll ich wohl zu euren klugen Gesprächen beitragen können? Ich bin nur ein Bursche vom Land.«

»Klugheit ist keine Frage von Bildung.«

»Hat Karl nicht überall Schulen eingerichtet, damit mehr Menschen lesen und schreiben lernen? Sogar seine Töchter sollen Unterricht erhalten, heißt es, aber das kann unmöglich wahr sein.«

»Doch, es stimmt. Bildung ist wichtig. Aber nicht jeder ist von Natur aus mit Klugheit gesegnet. Manch einer muss angeleitet werden. Wie eine Kletterpflanze, die eines Spaliers bedarf. Das Gerüst gibt ihr Halt, aber ranken muss sie selbst. Übertragen auf uns Menschen bedeutet das, dass jeder in der Lage sein sollte, sich eigene Gedanken über die leuchtende Wahrheit heiliger Schriften zu machen, wozu er Latein lernen muss. Richtiges Latein, nicht dieses Kauderwelsch, das in der Vergangenheit ins Kraut geschossen ist.«

»Siehst du, ich war in keiner Schule, spreche kein Latein und denke auch über derlei heilige Dinge nicht nach. Ich spreche ja nicht einmal die heimische Zunge wohlgefällig. Vor deinen gebildeten Freunden würde ich mich nur lächerlich machen. Außerdem würde man mich wohl kaum in die Thermen lassen.«

»Dass du über derlei heilige Dinge, wie du sie nennst, nicht nachdenkst, mag ich nicht glauben, vielmehr möchte ich mich gern weiter mit dir austauschen. – Dann ist es also abgemacht, wir sehen uns heute Abend bei Sonnenuntergang vor dem Eingang zu den Thermen.«

Es war noch hell, doch Hessi stand bereits vor dem alten Bauwerk. Er wollte sich in Ruhe einen Eindruck von den Gegebenheiten verschaffen. Die Anlage wirkte, als hätte sie bereits tausend Jahre auf dem Buckel. Was wahrscheinlich der Wirklichkeit entsprach, wenn die Thermen von den Römern stammten. Langsam schritt Hessi an der Mauer entlang. Das Bauwerk war wirklich eindrucksvoll! Allerdings war nicht alles an ihm alt. Hier und da hatte man Teile erneuert, auch gab es Anbauten, und auf der Rückseite des Gemäuers lagen Steine und Werkzeuge bereit, und Bauleute waren dabei, ein Gerüst zu errichten.

Als Hessi die Thermen umrundet hatte, warteten vor dem Portal einige Männer, darunter, nicht zu übersehen, auch David.

»Ah, Hessi! Darf ich dir meine Freunde vorstellen?« David legte den Arm um den Mann an seiner Seite, der eine lange Tunika und einen schlichten Wollmantel trug. »Dies hier ist Alkuin, der klügste Kopf weit und breit.«

Hessi nickte ihm zu. Unter dem durchdringenden Blick des Mannes fühlte er sich sofort unbehaglich.

»Den guten Fardulfus hast du ja bereits kennengelernt.«

»Unsere Begegnung verlief kurz, aber stürmisch.« Der Kirchenmann kam lächelnd auf Hessi zu und reichte ihm die Hand. Eine harte Hand, stellte Hessi überrascht fest, die zupacken konnte.

»Fardulfus, unser Capellanus, begutachtet die Pläne für den neuen Kirchenbau«, erklärte David.

»Die Säulen kommen aus Ravenna«, sagte Fardulfus.

David wandte sich an Hessi. »Die Frage ist, wie wir sie herschaffen.«

Dann stellte David ihm die weiteren Begleiter vor, einen Erzbischof, einen Grafen, einen Kanzler, einen Notar und weitere, deren Namen und Titel an Hessi vorbeirauschten. Ihm glühte der Kopf. Um ihn hatten sich anscheinend die wichtigsten Männer des Reiches versammelt, und darunter sollte ein Jude sein? Hessi konnte sich nicht genug wundern, da näherte sich schon eine größere Gruppe meist junger Männer, die ehrerbietig ihr Haupt neigten.

»Sei gegrüßt, Vater!«, sagten die Vordersten.

»Mein König! Wohlergehen für dich und das Reich!«, rief ein hagerer blonder Mann aus dem Hintergrund.

David hob die Arme. »Lasst gut sein, hier in unserer Runde bin ich David, das wisst ihr doch.«

Hessi stand da wie vom Donner gerührt. Bei Odin und seinem Ross! Wie dumm konnte ein Mensch sein? Aber wer hätte denn ahnen können, plötzlich dem König höchstselbst gegenüberzustehen?

»Du hast es nicht gewusst.« Fardulfus sah ihn prüfend an. »Karl liebt es, sich unerkannt unter das Volk zu mischen. Er meint, nur so könne er die Stimmung im Reich ausloten.« Er klopfte Hessi auf den Rücken. »Er scheint große Stücke auf dich zu halten, denn zum Baden lädt er nicht jeden Fremden ein. Und jetzt lass uns hineingehen.«

Karl und seine Freunde bildeten die Vorhut, während die jungen Leute noch vor dem Eingang verweilten. Hessi folgte zögernd, als Fardulfus sich nach ihm umsah.

Der Kaiser und seine Begleiter verschwanden gerade in einem Nebenraum, Hessi konnte noch ihre Stimmen hören, die in den hohen Räumen widerhallten. Die Luft war warm und feucht, Hessi schwitzte.

Nach wenigen Schritten blieb er überwältigt stehen. Eine unübersichtliche Flucht hintereinanderliegender Säle, überall schimmernder Marmor, prächtige Säulen und sprudelnde Brunnen. Vor den Wänden standen Flammenbecken, in Wandhaltern steckten Fackeln, die flackerndes Licht verbreiteten. Irgendwo plätscherte Wasser in das Becken, das er hinter einem Durchgang sah. »Was für ein gewaltiges Bad!«

»Nicht wahr?«, bestätigte Fardulfus, der an seiner Seite geblieben war. »Karls Vater Pippin hat die Thermen erneuern lassen, und Karl selbst ließ weitere Anbauten errichten, sodass sie heute alle Annehmlichkeiten bieten.« Er wies auf einen kleinen Raum zur Rechten. »Dort kannst du dich entkleiden. Du findest darin auch Lendenschurze, falls du nichts dabei hast. Wir treffen uns dann im Becken wieder.« Damit verabschiedete sich Fardulfus und ließ Hessi allein.

Wie angewurzelt blieb er zurück, ein Bauerntölpel, der durch Zufall in einen Hofstaat geraten war. Seine Gedanken überschlugen sich. So sollte es also sein, hier und jetzt! Hier und jetzt würde er ihn töten, und sollte er sein Vorhaben mit dem Leben bezahlen. Die Götter wollten es so. Was sollte er auf dieser Welt, ohne seine Eltern, ohne Familie, ohne Heimat? Alles war verloren, sein Volk wurde geknechtet, sein Glaube geschmäht. Doch plötzlich schlichen sich andere Gedanken in seinen Kopf, Gedanken, die ihm gar nicht gefielen. Konnte dieser Mann der Sachsenschlächter sein? Dieser Mann, der ihn behandelte wie seinesgleichen? Aber natürlich tat er das nur, weil er nicht wusste, dass er Sachse war. Es stand außer Frage, dass Karl die Verantwortung für die Bluttaten trug, deren Zeuge Hessi geworden war. *Auch ein König ist nur ein Mensch.* Warum musste er ausgerechnet jetzt daran denken?

Mit bleischweren Füßen schleppte Hessi sich in den kleinen Raum, schloss die Tür hinter sich und sank auf die Marmorbank. Sollte er es wagen? Das Bad war voller Menschen. Egal. Jetzt oder nie. Er zog einen der bereitliegenden Lendenschurze an, sein Messer steckte er in eine Falte. Als im Vorraum leise Stimmen erklangen, lugte Hessi durch die Tür und erblickte zwei Männer, die in Badekleidung neben einer Säule standen und miteinander tuschelten. Hessi hielt inne und beobachtete sie. Sie gehörten zu den jungen Leuten von vorhin. Ein Blonder und einer, dessen Gesicht dem des Königs auffallend ähnelte – und dies nicht nur, weil er den Bart in gleicher Weise gestutzt trug wie Karl. Bekleidet war Hessi der Buckel des jungen Mannes nicht aufgefallen, aber jetzt, halb nackt und neben dem wohlgestalteten Körper seines Begleiters, stach er ihm ins Auge.

Hessi war zu Ohren gekommen, dass Karls Sohn Pippin bucklig sein sollte. Vielleicht badete Karl gerade deswegen mit ihm, damit alle Welt dessen Missgestalt sah, die ihm das Recht der Königswürde absprach. Denn ein König, das wusste jeder, musste an Leib und Seele makellos sein.

Pippin flüsterte dem Blonden etwas zu: »Oh Nithard, ich kann es kaum erwarten, ihn sterben zu sehen.«

Hessi erstarrte. Das Blut in seinen Ohren rauschte so laut, dass er den Blonden kaum verstand.

»Du weißt, was du zu tun hast?«

Pippin nickte. »Ich werde meinen Vater allein in das hintere Kaltwasserbecken locken. Dort wartest du und schlägst zu.«

Verräter! Verräter, die Hessi um seine Rache bringen wollten!

Die Männer nickten sich noch einmal verschwörerisch zu, bevor sie in Richtung des Beckens schlenderten, wo schon reges Treiben herrschte. Hessi folgte ihnen in einigem Abstand.

Er schätzte, dass sich mittlerweile mehr als hundert Personen im Wasser tummelten.

Was tun? Einfach den Dingen ihren Lauf lassen? Hessi schluckte trocken. Das war keine Rache in seinem Sinne. Nein, er musste sein Wissen für seine Zwecke nutzen.

Vom Wasser stieg Dampf auf und hing wie Nebelschwaden im Raum. Neben den Stufen, die ins Wasser führten, saß Fardulfus am Beckenrand und ließ die Beine ins Wasser baumeln, während er aufmunternde Worte an die Vorbeischwimmenden richtete.

Hessi stieg neben ihm ins Wasser und mischte sich unter die Badenden.

Sie schwammen, und sie redeten. Hessi hörte nicht zu. Er fühlte sich in dieser Gesellschaft unbehaglich. Sei es drum, er sollte die Verräter im Auge behalten. Pippin stand im flachen Teil des Beckens, umringt von etlichen jungen Männern, darunter auch der blonde Nithard.

Nach einer Weile hielt Hessi die Zeit für günstig. Er stieg aus dem Wasser und ging an einer Nische vorbei, wo mit Getränken, Früchten und allerlei Gebäck aufgewartet wurde. Je weiter er in den Gebäudekomplex vordrang, desto weniger Menschen begegnete er. Im letzten Raum war es kühl, hier musste der besagte Ort sein. Hessi sah sich um. Vor ihm führten die Stufen hinunter ins Becken, aber auf der gegenüberliegenden Seite würde die Brunnenfigur einer Löwin ein gutes Versteck bieten. Das Plätschern des aus ihr heraussprudelnden Wassers hallte laut im marmornen Gemäuer wider. Wie erwartet hatte er von dieser Seite aus einen guten Blick auf den Eingang. Mit schwitzender Hand zückte Hessi sein Messer und wartete.

Seine Nerven waren zum Zerreißen gespannt, als er endlich Stimmen hörte. Es war so weit. Karl und sein Sohn betraten den Saal, stiegen Seite an Seite die Stufen hinab ins Becken.

Nur Hessi konnte Pippins Begleiter sehen, der im Durchgang wartete.

»Es ist an der Zeit, Vater, dass du mich als deinen Nachfolger anerkennst«, sagte Pippin, während er sich die Brust benetzte.

Karl strich sich schweigend das nasse Haar aus dem Gesicht. Wie sie so nebeneinander bis zum Bauch im Wasser standen, war es überdeutlich, wer der rechtmäßige König war.

Eine bessere Gelegenheit würde sich ihm nicht bieten. Hessi umfasste sein Messer fester und atmete ein.

»Du willst es nicht anders. Zur Tat, Nithard!« Pippin zog sich zurück, und der Blonde stürmte herbei.

Hessi spürte seinen Zorn stärker denn je, gleichzeitig erfüllte ihn Vorfreude. Endlich am Ziel! Jetzt würde er sein Gelübde erfüllen. Er musste nur dem Verräter zuvorkommen. Das Rauschen in seinen Ohren wurde lauter, alles verschwamm vor seinen Augen, einzig Karl erkannte er in aller Deutlichkeit. Die Rache ist mein!

Ein Sprung ins Wasser, drei kräftige Schwimmzüge und er befand sich vor Karl. Jemand rempelte ihn an. Hessi zögerte nicht, holte aus, stach zu.

Dann wurde es dunkel um ihn.

Als er wieder zu sich kam, dröhnte sein Kopf, im Becken wimmelte es von Menschen, das Wasser ringsum war blutrot. Jemand zog ihn heraus und legte ihn auf den Boden. Fardulfus beugte sich über ihn. Lächelte. »Der Verräter ist tot. Durch deine Hand.«

Auch Karl trat zu ihm, umringt von seiner gerüsteten Leibwache. Er musste von dem geplanten Anschlag gewusst haben, erkannte Hessi.

Karl beugte sich hinunter, griff Hessis Hand, drückte sie. »Fardulfus hatte Pippin schon länger in Verdacht und mich gewarnt. Aber du, ein Junge, hast dich vor mich gestellt und mich mit deinem Leben verteidigt. Ich danke dir.«

Peter Gerdes

Doppeltes Spiel

Das Knurren rollte bedrohlich durch den riesigen Raum, vom hohen Deckengewölbe noch verstärkt. Karl Grossmann krümmte sich über seine Tastatur. »Noch so viel Monat übrig am Ende des Geldes.« War das nicht einer der Sprüche seines Opas gewesen? Seines beleibten, üppig verrenteten Opas, Gott hab ihn selig. Für Opa war das nur eine wohlige Erinnerung an härtere Zeiten gewesen. Längst vergangene Zeiten.

Nicht so für Karl. Für ihn war der Spruch bittere Realität. Konto im Minus, Kreditkarten eingezogen und im Kühlschrank nicht einmal mehr eine Maus mit rot geweinten Augen. Und im Gegensatz zu seinem Opa konnte Karl nicht auf das Monatsende hoffen. Gehalt war keins zu erwarten, denn Karl war selbstständig.

Start-up-Unternehmer. Ha! Eine arme Sau war er, nichts anderes. Eine arme Sau mit Kohldampf.

Wieder rumorte sein Magen. Vorsichtig sah Karl sich um. Die Typen in den Verschlägen rechts und links von ihm trugen zum Glück fette Kopfhörer. Aber die blassblonde Tusse am Arbeitstisch gegenüber, deren Namen er immer noch nicht kannte, obwohl sie schon vier Wochen hier war, peilte ihn an, die Stirn in missbilligende Falten gelegt. Wohlgenährt sah sie aus. Die hatte gut glotzen!

Seine Hände schwebten über der Laptop-Tastatur, die Finger zuckten im Leerlauf wie zwei Bündel Würmer. Auf dem Bildschirm die Startseite von Customs Cleared, kurz CC, sein großes Projekt, sein Traum, sein Kind! Und seine Version von Opas Rente. So war mal der Plan gewesen. Zollabwicklung leicht gemacht, Komplettlösung im Paket: perfektes Programm, permanente Aktualisierung, persönliche Betreuung. Super Geschäftsidee, hatte er geglaubt und seinen festen Job an den Nagel gehängt. Natürlich nicht, ohne vorher den Markt sondiert zu haben. Alles gut, Bedarf war vorhanden gewesen.

Bloß dass die Briten so bescheuert sein würden, für den Brexit zu stimmen, das hatte er nicht einkalkuliert. Ebenso wenig wie die Idiotie der Amerikaner, einen streitlustigen Egomanen wie Trump ins Oval Office zu wählen. Plötzlich gab es wieder Handelsschranken und Handelskriege, Zölle wurden zur Waffe. Eigentlich gut für Karls kleines Start-up – nur dass jetzt auch alle Großen seiner Branche fette Profite witterten und in atemberaubendem Tempo eigene Programme auf den Markt warfen. Nicht unbedingt bessere als seins, aber bei solchen Dingen zählte auch der Name, und er hatte noch keinen. Ruckzuck waren alle Interessenten abgeworben. Innerhalb weniger Wochen hatte Karl vor dem Nichts gestanden.

Sein Magen knurrte wieder. Noch energischer diesmal.

»Karlchen, altes Gehäuse! Immer noch am Blähen in deiner Pressholzbox?« Eine Hand landete krachend auf seiner Schulter. »Und immer noch nichts als dein blödes Zollprogramm am Start? Mensch, Alter, du kommst aber auch gar nicht vom Fleck.«

Karl Grossmann fletschte die Zähne. Charly Manger! Konnte ihm nicht wenigstens der heute erspart bleiben? Wie der schon dastand in Edeljeans und Designershirt, die teure Lederjacke locker über dem gebräunten Arm. Selbstzufriedener Kotzbrocken! Am liebsten hätte er ihn weggebissen. Aber bis er sich zu ihm umgedreht hatte, war aus seinem Zähnefletschen doch ein bemühtes Lächeln geworden.

»Charly, guck an. Treibt es dich an den Ort deiner Schandtaten zurück?«

»Als ob! Weder Schande noch Taten, das weißt du ja wohl! Hab hier doch nur meine Gründungsförderung abgesessen!« Charlys Lachen dröhnte durch die gesamte Digital Church. Die blassblonde Kollegin von gegenüber schüttelte mürrisch den Kopf. Klingt ja auch unpassend an diesem Ort, dachte Karl. Wie in einer Bibliothek. Oder – na, wie in einer Kirche eben. War ja immerhin mal eine gewesen, St. Elisabeth in der Jülicher Straße. Jetzt hieß sie Digitales Zentrum Aachen und galt als »bundesweites Referenzprojekt für die Entwicklung neuer Co-Working-Konzepte«.

Tja, gut und schön. Das Co-Working in der Art, wie Charly

und er es betrieben hatten, war allerdings nicht sehr referenzmäßig gewesen. Multiplayer-Ballerspiele Box an Box, exzessives Online-Zocken, stundenlanges Kaffeetrinken und Quatschen auf der Empore in der Apsis, unterbrochen vom Kiffen vor dem Eingang. Stets war einer des anderen Ausrede gewesen. Wenn der sich das erlauben kann, kann ich das auch, hatte Karl sich immer eingeredet. Er hatte ja nicht gewusst, dass Charly längst seinen Absprung plante.

Jetzt war Charly angestellt. Fest, als Lohnsklave. Bei UTIMACO. Die expandierten gerade mächtig, da gab es eine Menge neuer Jobs. Für ein regelmäßiges Gehalt hatte Charly seine unternehmerische Freiheit aufgegeben wie einst Kain sein Erstgeburtsrecht für einen Teller Linsen! Aber das war nur Karls Meinung. Sein Magen knurrte bedrohlich. Mein Gott, was gäbe er jetzt für einen Teller Linsen!

»Rede du nur.« Karl Grossmann straffte sich. Seinem Nachnamen machte er zwar nicht wirklich Ehre, aber so groß wie Charly Manger war er allemal, wenn er sich gerade hielt. »Mag ja sein, dass du dich mit dem Spatz in der Hand begnügst, aber auf mich wartet immer noch die Taube auf dem Dach!«

»Nur nicht mehr lange, wenn du das arme Viech weiter so anknurrst.« Charly strubbelte Karl durch die dunklen Haare. »Du mit deinen ewigen Diäten. Aber Respekt, muss schon sagen, es hat was gebracht! Bist ja fast schon so schlank wie ich.«

Karl unterdrückte einen Seufzer der Erleichterung. Typisch Charly! Hören und sehen, aber nichts kapieren. Ein Glück, dass sein ungebetener Besucher den Ernst seiner prekären Finanz- und Ernährungslage nicht erkannte, sonst würde es noch mehr Häme hageln.

»Lass uns einen Kaffee trinken.« Charly zog Karl von seinem Stuhl hoch, schleifte ihn fast in Richtung Apsis. »Ich geb einen aus.«

»Großverdiener, was? Bitte, wie du meinst.« Karl bildete sich einiges auf sein Pokerface ein. Schade nur, dass ihm das beim Online-Poker nie geholfen hatte. Und bei den Fußballwetten schon gar nicht. So war er auch noch seine letzten Kröten losgeworden.

Charly war in Plauderlaune, merkte gar nicht, wie einsilbig Karl vor seinem Macchiato hockte. Seinen eigenen Kaffee ließ er kalt werden, während er seinen neuen Job in den schillerndsten Farben schilderte.

»Bei uns werden zurzeit dermaßen viele neue Kollegen eingestellt, dass die Geschäftsführung mit dem Verschicken von Welcome-Mails gar nicht nachkommt«, schwärmte er. »Manchmal sitzt du im Bistro neben Leuten, deren Gesichter du noch gar nicht kennst und von denen du nicht weißt, ob sie zur Firma gehören oder nur Besucher sind. Total krass! Man muss echt aufpassen, mit wem man redet und was man wem erzählt. Nicht, dass da einer kommt und mal eben im Gespräch wichtige Infos absaugt.«

Schon klar, weil du ja so ein Geheimnisträger bist, dachte Karl und nippte an seiner Tasse. Du bist doch nur eingestellt worden, weil der Arbeitsmarkt gerade total abgefischt ist. Du Sardine zwischen dicken Fischen. Beifang!

»Weißt du eigentlich, was UTIMACO bedeutet?«, fragte Charly wichtigtuerisch. Er hatte sich so in Hitze geredet, dass er seine Lederjacke ablegte. »*Utilisation des machines comptables!* Was so viel bedeutet wie: Maschinen für das Rechnungswesen, also Rechenmaschinen! Aber das ist pure Untertreibung. In Wahrheit sind wir nicht nur die wichtigste Adresse für Datensicherheit in Deutschland, sondern auch weltweit ganz vorne mit dabei.«

Karl hörte schon gar nicht mehr richtig hin, hatte genug mit seinen eigenen Gedanken zu tun, die beständig um seine Geldsorgen kreisten. Wie die Geier. Pleitegeier! Und nirgendwo ein Ausweg.

Dann aber drang doch ein Stichwort zu ihm durch. »Montieren?«, unterbrach er Charly. »Du montierst? Ich dachte, UTIMACO macht nur Software.«

»Nee, wir produzieren auch Hardware. Natürlich nur ein paar Spezialisten. Ich zum Beispiel.« Charly rollte mit den Schultern, als müsste er seine Muskeln aufwärmen, um gleich in den Boxring zu steigen. »Ganze Serverkomponenten. Komplette Racks, die man direkt in handelsübliche PCs reinschieben kann. Software ist schon installiert. Der Kunde bekommt sein Produkt aus einer Hand. *Made in Germany.*« Zur Illustration seiner Worte streckte er die Hände aus, und Karl sah schwarze Ränder unter Charlys Nägeln. Er stutzte. Seit wann war Hardware-Montage Drecksarbeit? Dann aber fesselte ein Gegenstand in Charlys Hand seine Aufmerksamkeit. Eine Chipkarte, offensichtlich ein Firmenausweis.

»Ich arbeite in einem absoluten Sicherheitsbereich«, prahlte Charly. »Höchstens ein Dutzend Leute haben da Zutritt, obwohl an die zweihundert im Aachener Werk arbeiten.« Er stürzte seinen mittlerweile kalten Kaffee hinunter. »Weltweit natürlich viel mehr.«

Karl musste jetzt kein Interesse mehr heucheln. »Na klar, Sicherheitsbereich. Datensicherheit ist ja auch euer Geschäft, sagtest du doch, stimmt's?«

Charly lachte spöttisch. »Oder das Gegenteil, wie man's nimmt! Du weißt ja«, sein Gesicht nahm einen verschwörerischen Ausdruck an, »wer Geldschränke baut, der kann auch welche knacken.«

»Ist das nicht viel zu analog?« Karl schüttelte den Kopf.

»Nun stell dich nicht blöder als du bist. Wir reden von Daten. Daten sind nicht nur das Geld, sondern auch das Gold von heute! Wer Daten hat, will sie schützen. Und wer die Daten, die er braucht, nicht hat, der will an sie rankommen. Kapiert so weit? Und der, an den man sich dann wenden muss, ist in beiden Fällen derselbe.«

Karl pfiff durch die Zähne. »Sag bloß, UTIMACO verkauft Programme und Systeme zum Schutz von Daten, aber wenn ich will, kriege ich bei euch auch welche zum Datenklauen?«

»Na, du wahrscheinlich nicht!« Charly steckte die Chipkarte zurück in seine Jacke, die er auf den freien Stuhl neben sich warf. Sein Grinsen wurde zusehends herablassender. »Das würde dir wohl gefallen, wenn du mit so 'ner Unit mal eben die Daten deiner Bank einsehen und manipulieren könntest, was? Oder die deines Online-Wetten-Anbieters.«

Verflucht ja, und ob ihm das gefallen würde! Letzte Woche erst hatte seine Bank die Miete nicht abbuchen können, gestern hatte sein Vermieter am Telefon gezetert und ihm mit Rausschmiss gedroht. Die Briefe des Energieversorgers machte er schon gar nicht mehr auf. Was würde er für einen kleinen kosmetischen Eingriff bezüglich seiner Kontodaten geben!

Und was den Wettanbieter betraf … Charly hatte da einen wunden Punkt berührt, einen sehr, sehr wunden. Karl sprach selten darüber und versuchte, jeden Gedanken daran zu verdrängen. Aber Charly, sein ehemaliger Digital-Church-Nachbar, wusste natürlich genau, warum Karls Konto so leer war, wie es war. Leerer als leer.

Verdammt, nur ein einziges Mal Zugriff auf die Daten dieser Online-Blutsauger haben! Ein Mal die Quoten korrigieren, wie es ihm beliebte! Oder noch besser: Fußballwetten direkt nach dem Schlusspfiff statt vor dem Anpfiff platzieren! Tja, das wär's.

Aber wieso nur ein Mal?

In Karl reifte eine Idee heran.

Charlys Lachen riss ihn aus seinen Tagträumen. Aber was immer sein Ex-Kumpel in der letzten Minute auch von sich gegeben hatte, es waren vermutlich sowieso nur Sprüche auf seine Kosten gewesen. Sei's drum, Karl würde sich revanchieren. Auf Charlys Kosten.

»Ich muss dann jetzt auch mal wieder los. Obwohl, eigentlich hab ich heute ja frei.« Charly stand auf und streckte sich genüsslich. »Die ganze Woche Urlaub, genauer gesagt. Das ist der Vorteil, wenn man angestellt ist, neben dem schönen Gehalt natürlich.« Gönnerhaft klopfte er Karl auf die Schulter. »Nimm dir doch auch mal ein bisschen Zeit für dich. Am besten erst mal für einen Friseurbesuch.« Wieder fuhr er durch Karls Haare, diesmal allerdings gezielter. »So! Sieht doch gleich viel besser aus. Fast so gut wie meine Frisur.«

Auch Karl erhob sich. »Eine Woche Urlaub, ja? Fährst du weg?«

»Wahrscheinlich nicht. War dieses Jahr schon zweimal weg, und in Aachen gibt's ja auch unheimlich viel zu gucken.« Charly schaute sich um. »Wo hab ich denn meine Jacke gelassen?«

»Hier.« Karl hielt das teure Stück schon in der Hand, strich es umständlich und behutsam glatt, bevor er es Charly reichte. »Dann mal noch viel Spaß!«

Nachdem er seinen Besucher zum Ausgang begleitet hatte, betrat er die Herrentoilette und betrachtete sich eingehend im Spiegel. Ja, das mit den Haaren kam halbwegs hin, da hatte Charly ganz recht. Ihre Brillen waren auch fast identisch und die dünnen Kinnbärtchen ebenfalls – ein paar Schnitte mit der Nagelschere, und die Ähnlichkeit wäre perfekt. Und wenn er den Rücken durchdrückte, würden auch Größe und Figur einigermaßen übereinstimmen.

Wenn bei UTIMACO sowieso nicht jeder jeden kannte …

Karl zog den Firmenausweis aus seiner Hosentasche. Charlys Ausweis. Die Chipkarte war sein Schlüssel zum Glück. Und zwar zum ganz großen.

Vor der Waschraumtür stieß er fast mit der Blassblonden zusammen.

Sie gab sich gar keine Mühe, so zu tun, als hätte sie dort nicht auf ihn gewartet. »Wir müssen reden«, sagte sie. Ihr Blick ruhte auf seiner rechten Hand.

Als er bemerkte, dass er darin immer noch Charlys Ausweis hielt, brach ihm der kalte Schweiß aus. »Äh … warum denn?«, stammelte er.

»Darum«, erwiderte sie. Dann erst hob sie den Blick. »Gehen wir was essen? Ich zahle.«

Damit hatte sie ihn.

Die letzten zwanzig Stunden waren wie im Fluge vergangen. Oder eher wie im Schleudergang einer Waschmaschine, so sehr schwirrte Karl der Kopf. Mit Hilly ging alles so schnell!

Eigentlich hieß sie Hillary, Hillary Grant. Tochter amerikanischer Eltern, in Aachen geboren und aufgewachsen. Start-up-Unternehmerin wie er selbst, wenn auch erst seit Kurzem. Und Ohren hatte sie anscheinend wie ein Luchs. Vieles von dem, was Charly ihm erzählt hatte, hatte sie aufgeschnappt, manches gezielt erlauscht, den Rest anscheinend clever kombiniert. Und schnell entschieden, dass diese Party nicht ohne sie steigen würde. Was sie Karl auch sagte, ganz ohne Umschweife.

Ihm war es nur recht. Ohne Hilly hätte er sich alleine um alles kümmern müssen, und Multitasking war nun wirklich nicht seine Stärke. Schon gar nicht unter Zeitdruck. Denn es musste schnell gehen, das war klar. Urlaub hin oder her, es konnte nicht lange dauern, bis Charly den Verlust seines Ausweises bemerkte. Bis dahin mussten sie alles über die Bühne gebracht haben.

Ohne Hilly hätte er das nie geschafft. Sie besorgte den Mietwagen, einen neutralen Kombi, total unauffällig. Sie spähte den Tatort aus, buchstäblich über Nacht, sie bekam die Kontrollzeiten des Wachdienstes heraus, Lage und Funktion der Fenstersensoren, Bewegungsmelder und PIN-Code-Schlösser, dazu die Schichtwechsel am Empfangstresen beim Haupteingang.

Karl hatte die meisten der letzten Stunden am PC verbracht und sich bemüht, an Details über die Hardware-Verschlüsselung von UTIMACO ranzukommen. Er versuchte es über deren diverse Kunden, die Hilly ihm genannt hatte. Einige vielversprechende Spuren erwiesen sich als Sackgassen; anscheinend kauften manche Abnehmer UTIMACO-Produkte nur, um dann ganz andere Hard- und Software zum Datenschutz einzusetzen. Karl hatte schon von dieser Honeypot-Ablenkungsstrategie gehört. Sie ergab Sinn, das musste er sich fluchend eingestehen.

Fündig war er schließlich bei Lotto Rheinland geworden, die keinen Honigtopf als Falle aufgebaut hatten. Damit hatte er, was er brauchte, um später mit der Beute auch etwas anfangen zu können.

Der Gedanke, ausgefuchste Software zu beschaffen, indem er ganz simpel die Hardware stahl, auf der man sie installiert hatte, war ihm anfangs total absurd vorgekommen. Steinzeit, Alter! Aber je länger er online sondierte, desto klarer wurde ihm, dass das der einzige Weg war. Jedenfalls für ihn. Er war eben kein begnadeter Hacker der ersten Garde. Aber er sah wie Charly Manger aus. Und er hatte dessen Chipkarte.

Hilly hatte ihm derweil Kleidung besorgt, die der von Charly zum Verwechseln ähnlich sah: Edeljeans, Designershirt, teure Lederjacke. Alles ein bisschen eng, aber wenn er sich gerade hielt, würde es schon gehen.

Als er sich im Spiegel betrachtete, wusste er selber nicht, wen er da sah: Karl oder Charly? Er hatte gelacht. Als ob das alles ein Spiel wäre. Ein doppeltes.

»Ich bin mir sicher, dass wir sehr schnell Abnehmer für die Beute finden werden«, raunte Hilly ihm jetzt zu. Sie waren schon zum UTIMACO-Gelände unterwegs. »Was meinst du, was können wir verlangen – zehn Millionen? Cash?«

Karl nickte automatisch. Dass er ganz andere Pläne mit seinem Anteil der Serverkomponenten samt fertig aufgespielter Datensicherungs- und Überwachungssoftware hatte, behielt er für sich. Ein paar kleine Änderungen und aus Überwachung wurde Manipulation. Ein weites Feld, das er mit Wonne beackern würde!

Ein Bild hielt sich hartnäckig in seinem Kopf, eines aus einem Hollywoodfilm. »Zurück in die Zukunft«, Teil II. Buford Tannen alias Biff, der Wettkönig. Mit seinem unglaublichen Händchen bei Sportwetten aller Art hatte er es zu einem riesigen Vermögen und gewaltiger Macht gebracht. Dass er dazu gar kein Glück benötigt, sondern all seine Daten aus der Zukunft bezogen hatte, ahnte niemand. Na ja, fast niemand. Dieses »fast« war ihm später zum Verhängnis geworden.

Aber das war ein Film. Pure Fiktion. Karls Daten lagen nicht in der Zukunft, sondern in der Gegenwart, und was er plante, würde bald Realität sein! Alle würden staunen und ihn bewundern, auch die, die ihn bisher verachtet hatten. Die Boulevardpresse würde ihm zu Füßen liegen. Er konnte es schon hören: »Herr Grossmann – dürfen wir Sie Karl der Große nennen?«

»Aber gewiss doch.«

»Wie, gewiss doch? Und warum grinst du so dämlich?« Hilly guckte ihn zweifelnd an.

»Ach, nichts.« Karl versuchte, sich den Kopf klar zu schütteln. »Alles easy. Bin noch etwas müde, so früh am Morgen. Viel Schlaf hatte ich nicht.«

»Reiß dich zusammen«, knurrte Hilly. »Und pass bloß auf mit deiner Frisur! War 'ne Menge Arbeit, dich so wie Charly zu stylen.«

Folgsam hielt Karl den Kopf still. Er wollte seine perfekte Maskerade nicht riskieren.

Natürlich fuhr Hilly nicht auf den Parkplatz von UTIMACO, sondern parkte gegenüber an der Germanusstraße. Das Gebäude des führenden deutschen Datenschutz-Anbieters hätte seiner Optik nach auch eine Privatklinik beherbergen können, fand Karl. Oder eine Außenstelle der Universität. Im ersten Licht des anbrechenden Tages wirkten die beiden von hier aus sichtbaren Flügel hell und freundlich: viel Fensterglas in blauen Rahmen. Der Clou aber waren das voll verglaste Treppenhaus und der Eingangsbereich, wo die beiden Gebäudeteile im Neunzig-Grad-Winkel aufeinandertrafen. Ein Stockwerk weniger und Karl hätte sich an einen transparenten Rubik's-Cube erinnert gefühlt. Welch passendes Symbol für solch eine digitale Denkfabrik!

Zugleich vermittelten die vielen Glasflächen den Eindruck vollkommener Offenheit. Als hätte man hier nichts zu verbergen. Und gäbe sich auch gar keine Mühe, das zu tun. Dass das ein Trugschluss war, davon war Karl überzeugt.

»So, los jetzt, es ist Zeit.« Hilly steckte ihr Handy weg. »Denk daran, was ich dir gesagt habe. Sei so natürlich wie möglich. Aber wie Charly, nicht wie Karl! Frechheit siegt. Vorwärts!«

Karls Knie zitterten, als er aus dem Auto stieg. Hilly hatte leicht reden! Sich wie Charly zu benehmen, war für Karl das Unnatürlichste von der Welt. Andererseits kannte er seinen früheren Kumpel gut genug. Wie oft hatte er sich über ihn und seine überhebliche Art geärgert! So etwas prägte sich ein. Eigentlich müsste er die Rolle aus dem Effeff beherrschen.

Karl straffte sich und stiefelte los, den Kopf in den Nacken geworfen, ein breites Grinsen im Gesicht.

Der Parkplatz war verwaist – noch keiner da, der hätte zurückgrinsen können. Höchstens die rote Plastik von Karl dem Großen, die im Foyer stand und auch von draußen gut zu erkennen war. Aber die grinste nicht.

Ebenso gut zu erkennen waren die Überwachungskameras. Karls Herz raste, als er auf den Eingang zuschritt, Charlys Chipkarte in der verschwitzten Hand.

Der Türöffner schnarrte unnatürlich laut in der morgendlichen Stille. Karl schluckte trocken und öffnete die Glastür.

Jetzt kam es drauf an! Würde man ihn für Charly halten? Würde man sich verwundert fragen, was ihn mitten in seinem Kurzurlaub an seinen Arbeitsplatz trieb? Und würde man ihm die zurechtgelegte Ausrede, nur sein vergessenes Ladegerät holen zu wollen, abkaufen?

Das Foyer wurde gerade gewischt; die beiden Putzfrauen sahen kaum hoch, als er ihnen im Vorbeigehen zunickte. Die Dame hinter dem Empfangstresen musterte ihn aufmerksam, schenkte ihm aber dann ein routiniertes Lächeln, aus dem weder Erkennen noch Misstrauen sprach. Im nächsten Augenblick war er auch schon an ihr vorbei.

Erdgeschoss, rechter Flügel. Hilly hatte ihm den Weg zu den Produktionsräumen genau beschrieben. Erstaunlich, was sie in der kurzen Zeit geleistet hatte! Wieder setzte Karl seine – vielmehr Charlys – Chipkarte ein, wieder ließ sich die Tür problemlos öffnen. Ebenso wie die nächste.

Dann war er auch schon an seinem Ziel, der Produktion. Da waren die Montageplätze, da die elektronischen Geräte und die Lötstationen. Und da war das Lager, unverkennbar mit seinen Hubwagen und Metallregalen, in denen die einbaubereiten Racks mit den wertvollen Serverkomponenten lagen. Fertig bespielt mit den kostbaren Programmen, die all seine Probleme lösen würden. Vor seinem geistigen Auge sah Karl sich schon die Racks zerlegen, die Hardwareverschlüsselung umgehen und die Komponenten voneinander lösen, um sie leicht modifiziert und neu kombiniert für seine eigenen Zwecke zu nutzen. Mit zitternden Händen zog er eins der Racks aus dem Regal.

Und erstarrte. Denn er sah schwarz. Statt blitzender Komponenten und Schnittstellen war da nur eine stumpfe schwarze Masse. Was zum Teufel …?

Als er den Kunstharzgeruch wahrnahm, begann er zu verstehen. Daher also Charlys schwarze Fingernägel! UTIMACO versiegelte seine fertigen Racks mit undurchsichtigem Zwei-Komponenten-Kleber, um genau das zu verhindern, was er vorhatte. Denn jeder Versuch, irgendetwas aus einem fertig montierten Computerrack herauszulösen, musste zu dessen unwiederbringlicher Zerstörung führen. Verflucht clever! Eigentlich hätte er sich so was schon vorher denken können.

Aber warum hatte Hilly davon nichts geahnt? Sie hatte doch sonst so viel gewusst.

Und was lag da im untersten Regal, unauffällig verpackt in einer Einkaufstasche? Konnten das die begehrten Komponenten sein, fertig bespielt, aber noch unverbaut und unversiegelt? Hatte sich jemand die zurechtgelegt?

Als Karl hinter sich ein Geräusch hörte, war er fest überzeugt, dass das nur Hilly sein konnte. Er drehte sich um.

Doch was er vor sich sah, war nicht Hilly. Sondern sein eigenes Spiegelbild, perfekt in Edeljeans, Designershirt und teurer Lederjacke.

Das Spiegelbild grinste breit. Dann schlug es zu.

Als er auf die Bühne trat, empfing ihn ein Blitzlichtgewitter. Er setzte sein breitestes Lächeln auf und trat einen Schritt beiseite, um seiner Begleiterin Platz zu machen. Gemeinsam genossen sie den Applaus der Menge.

»Meine Damen und Herren, begrüßen Sie mit mir unseren heutigen Gast, den ungekrönten Wettkönig von Aachen!«, rief der Showmaster ins Mikrofon. »Den Mann mit dem goldenen Händchen, den Multimillionär mit dem sagenhaften Glück! Und natürlich auch seine reizende Partnerin, Frau Hillary Grant!«

Hillary winkte ins Publikum und in die Kameras. Das gewagte Designerkleid schmeichelte ihrer Figur und ließ ihr blassblondes Haar wärmer leuchten.

Der Mann mit dem Mikro wandte sich an ihren Begleiter: »Meine Damen und Herren, das also ist der Mann, der vor wenigen Wochen einen dreisten Diebstahl bei UTIMACO, einem unserer bekanntesten Aachener Arbeitgeber, verhindert hat! Durch sein beherztes Eingreifen hat er dafür gesorgt, dass wertvolle Betriebsgeheimnisse erhalten geblieben sind und damit weiterhin die weltweite Sicherheit unserer Daten gewährleistet ist. Ebenso wie die Arbeitsplätze hier. Das ist doch wohl einen weiteren Applaus wert!«

Als auch dieser Beifall verklungen war, räusperte sich der Moderator: »Dass bei diesem Vorfall der Einbrecher, ein raffiniert verkleideter Industriespion, ums Leben gekommen ist – nun, wir alle wissen, dass das unter diesen Umständen unvermeidlich war. Der Fluch der bösen Tat. Aber nun zu Ihnen, Herr Charly Manger. Sagen Sie, darf ich Sie Karl der Große nennen?«

Charly Manger grinste breiter denn je. »Aber ja doch!«, rief er in den erneut aufbrandenden Applaus hinein. »Natürlich dürfen Sie das.«

Uli Aechtner

Spätlesen

Noch nach Ladenschluss in einer Buchhandlung stöbern? In Aachen kein Problem. In der Buchhandlung Backhaus können sich Kunden bis in die späten Abendstunden einschließen lassen. Buchen Sie unser »Spätlesen« gern auch als exklusives Geburtstagsereignis. Nur für sich und Ihre Gäste.

Annie befühlt den Zeitungsausschnitt, den sie seit sechs Wochen wie einen Talisman mit sich herumträgt, in ihrer Hosentasche. Als die Anzeige erschien, hat sie neuen Mut gefasst. Spätlesen, was für eine geniale Idee. Hinter ihr liegen sechs Wochen voller Vorbereitung und nervösen Wartens. Nun steht sie endlich mit ihren Gästen in der Buchhandlung unweit vom Dom und ist bereit. Wie aufgeregt sie ist. Sie nimmt ein Buch aus dem Regal, wiegt es in der Hand. Mit geschlossenen Augen schlägt sie es auf, starrt bangend auf die Seite. Auf welche Sätze fällt ihr Blick?

Lass dich nicht erwischen, steht da schwarz auf weiß. *Man sollte wissen, wann man verschwinden muss. Lege dir immer einen Plan B zurecht. Arbeite nie im heimischen Umfeld.*

Mit einem Lächeln stellt sie Garry Dishers »Leiser Tod« zurück. Wahr, wahr, denkt sie. Der Autor kennt mich. Sie greift nach Christian von Ditfurths »Zwei Sekunden«. Blättert auch in diesem Buch. Als sie zu lesen beginnt, formen ihre Lippen die Wörter lautlos mit.

Später würden die Leute die Zeit teilen. Vor dem Ereignis und nach dem Ereignis.

Das stimmte hoffentlich auch. Ein Zeichen musste gesetzt werden. Es musste etwas passieren, das die Presse veranlasste, über die begangenen Verbrechen zu berichten. Nicht ein Mal, sondern des Öfteren zu unerwarteten Zeitpunkten.

Annie mag sich kaum losreißen vom Krimiregal. Können Verbrechen zwischen Buchdeckeln es mit denen in der Realität aufnehmen? Im Hintergrund erklärt Buchhändler Theo dem bulligen Bob die Kaffeemaschine. Das System der Buchhandlung hat er Annie und ihren Gästen bereits gezeigt. Wo die Neuerscheinungen, Science-Fiction, Klassiker stehen. Sachbücher, Kochbücher. Und wo die Toilette ist.

Endlich wendet Annie sich von den Krimis ab, greift zu ihrer Einkaufstasche. Theo hat jetzt einen Tisch freigeräumt und arrangiert Wein, Gläser, Brot und Käse darauf. Mit einem Lächeln stellt sie ihren gekauften Reiskuchen dazu.

»Aachener Reiskuchen?«, fragt Theo, Betonung auf dem ersten Wort.

»Selbstredend.« Annie nickt. Der Aachener Reiskuchen wird nur mit aufgeschlagenem Eiweiß gebacken, im Gegensatz zum belgischen, in den auch das Eigelb hineinkommt, was ihm eine festere Konsistenz verleiht. Das hat ihr der Konditor hinter dem Dom verraten, bei dem sie den Kuchen gekauft hat. Ihr vertraut man gern dies und das an, sie hat sich schon oft gewundert, woran das liegt. Vielleicht ist es so, weil sie die Leute erzählen lässt und ihre eigene Meinung nicht gleich kundtut. Außerdem kann sie Dinge gut für sich behalten.

»Möchten Sie ein Stück Reiskuchen?« Sie schaut Theo an, greift zum mitgebrachten Messer. Solinger Stahl, frisch geschliffen. Bluffen ist die beste Verteidigung, sagt sie sich. Falls Theo bejaht, muss ihr halt rasch etwas einfallen.

Doch Theo ist viel zu sehr mit seinem Arrangement beschäftigt und geht auch schon dazu über, frisches Brot zu schneiden. »Es ist so zart, dass es nur von einem milden Streichkäse begleitet werden sollte«, erklärt er. In einem früheren Leben ist er mal Bäcker gewesen, das hat er Annie erzählt, als sie das Spätlesen vor vier Wochen bei ihm gebucht hat. Nur für sich und ihre Geburtstagsgäste. »Die eingeschweißten Bücher dürfen Sie übrigens gern auspacken«, redet Theo jetzt weiter. »Werfen Sie das Plastik einfach irgendwohin. Sie können lesen, was Sie wollen. Und vor allem: Genießen Sie die Stunden.«

»Danke, wir werden unseren Spaß haben.« Ihr prüfender Blick wandert von Bob zu Peter und weiter zu Justus. Ihre Geburtstagsgäste, alle drei Brieffreunde von ihr. Ihre Spitznamen sind im Laufe ihres Gedankenaustauschs entstanden. Jedem von ihnen hat sie erzählt, dass sie sich um die beiden anderen nur aus Mitleid kümmert. Dass *er* derjenige ist, den sie liebt.

»Wow, englische Bücher!« Justus zieht einzelne Bände aus dem Regal mit amerikanischer Literatur. Okay, fließend Ausländisch kann er, der fiese Schleimer. Versicherungen und Bausparverträge hat er verkauft, an alte Leutchen, die keine mehr brauchten. Und immer hat er ein offenes Ohr für die Senioren gehabt. Hat sich Geschichten über ihre Enkel angehört, ihre Kontonummern ausgehorcht. Stets hat er nur ihr Bestes gewollt: ihr Geld. Er erinnert Annie an Onkel Josef, den netten Nachbarn von nebenan, der ihre Mutter damals becirct, beschattet und ausgenommen hat.

»Ich überlasse Sie nun der Welt der Bücher«, sagt Theo. »Markus wird Sie gegen dreiundzwanzig Uhr wieder freilassen.«

»Der Schließer kommt?« In den Pupillen von Peter, dem alten Spanner und Heiratsschwindler, spiegelt sich Panik. Seine Augen haben zu vieles gesehen, was sie nicht hätten sehen sollen, denkt Annie. Privates. Nacktes. Jetzt guckt er so erschrocken wie Onkel Josef, als Annie nach Jahren doch noch zur Polizei gegangen ist und er verspätet weggesperrt wurde. Leider gab es nichts mehr, was Annie hätte erben können. Das Geld der Mutter war futsch. Und die Mutter für immer durch den Wind.

Trost hat Annie in Büchern gefunden. Bei all den Geschichten, in denen anderen so viel Schlimmeres als ihr zustieß. Eine Buchhandlung ist ein Kraftort für sie. Sie betrachtet die Buchrücken, legt den Kopf schief und liest die Titel. Glaubt, das Papier zu riechen. Die Druckerschwärze. Welch betörende Düfte.

»Wir *müssen* leider abschließen.« Theo lächelt beruhigend. »Es könnten Kunden reinkommen wollen, wenn sie das Licht sehen. Einen Schlüssel für Notfälle lege ich Ihnen neben die Kasse. Und falls es brennen sollte …«

»Türmen wir, darauf können Sie sich verlassen.« Bob befingert nun die Kinderbücher. Dieses Schwein. Was er Annie in seinen Briefen nicht alles gebeichtet hat. Fummeln und Föttches föhlen. Vom ersten Moment an hat auch er sie an den Onkel erinnert. Ihrer Mutter hat sie damals nichts zu sagen gewagt, die war dem Fiesling verfallen und wollte nichts Schlechtes über ihn hören. So konnte er Annie ungestört auf seinen Schoß ziehen, wenn er ihr ihre Bilderbücher vorlas, eine lebendige Schlange in seiner Hose. Sie spürt heute noch, wie seine nasse Zunge in ihr Ohr fährt.

»Na prima, dann wünsche ich Mordsspaß.« Theo lässt die Tür hinter sich ins Schloss fallen, dreht von außen den Schlüssel herum. Annie lauscht dem Geräusch mit einem Kribbeln im Nacken nach, Bob schnalzt verächtlich mit der Zunge.

Wenn Markus nach dem Spätlesen die Buchhandlung aufschließt, liegt sie meist in tiefem Frieden, weil die Kunden noch in virtuellen Bücherwelten verharren, an geheimen Orten zwischen Schläfrigkeit, Traum und Fiktion. Manche haben es sich, in die bereitgelegten Decken gewickelt, auf dem Balkon gemütlich gemacht. Andere sind eingedöst, ein aufgeschlagenes Buch im Schoß. Und in irgendeiner Ecke liest jemand verschlafenen Lauschern flüsternd vor. Markus' Aufgabe ist es dann, die Lesenden sachte ins Hier und Jetzt zurückzuholen.

Er steckt den Schlüssel ins Schloss und stutzt. Diesmal ist die Tür nicht abgeschlossen. Ist womöglich jemand vorzeitig heimgegangen?

»Hallo?«

Auf den ersten Blick ist niemand zu sehen, das Licht ist gedimmt. Langsam steigt Markus die Stufen zur zweiten Ebene des Ladens hinauf. Auch hier ist niemand zu finden. Die Tür zum Balkon steht offen. Kein Mensch, nirgends. Drei Kerzen flackern auf dem Balkontisch. Schnell leckt er Daumen und Zeigefinger an, löscht damit die Flämmchen. Irritiert geht er zum Eingang zurück, dann ins Souterrain, wo sich das Lager befindet. Hier unten ist es verdammt eng. Den Weg zur Toilette müssen sich seine Kunden erkämpfen, im Gang davor stapeln sich die Bücher, die er im Verkaufsraum noch einsortieren muss.

»'n Abend, Tommy!«, nickt er zu Jauds neuem Bestseller hin.

Er glaubt, das Katzenklo zu riechen, das hier einmal stand. Nach dem Ableben eines Vorbesitzers bewohnte dessen freundliche Perserkatze den Keller. Dass man sich um das Tier kümmerte, war man dem stadtbekannten enthusiastischen Buchhändler irgendwie schuldig. Ganze Kapitel konnte er aus seinen Lieblingsbüchern auswendig aufsagen. Und wenn er einen Roman für Schund hielt, führte er ihn einfach nicht. Schrie die Kunden an, wenn sie ihn bestellen wollten. »Nicht bei mir!«, schallte es dann durch den Laden. Sein entgangener Verdienst war ihm in solchen Fällen egal. Lesen fiel noch unter Bildung. Damals.

Aber der seltsame Geruch stammt nicht vom Katzenklo. Es riecht feiner, metallisch und süß. Hinter einer der Kisten, in denen die Bücher angeliefert werden, lugt ein Stück Schuh hervor. Markus lacht leise. Hier unten ist noch nie jemand über seiner Lektüre eingeschlafen, auf dem Balkon immerhin einmal. Er pirscht sich vorsichtig näher, um den Spätleser behutsam zu wecken.

Als er sich über ihn beugt, bleibt ihm beinah das Herz stehen. Dem Mann fehlt ein Auge. Wie es aussieht, hat man es ihm mit mehreren Stichen herausgestochen. An seiner Stelle ist nur noch ein blutiges dunkles Loch. Das andere Auge starrt Markus böse an. Der Kopf liegt in einer Blutlache. Und ja, tot ist der Kerl auch.

Zitternd richtet Markus sich wieder auf. Vier Spätleser sind es gewesen, hat Theo gesagt. Drei Männer und eine schmale rothaarige Frau. Wo stecken die anderen drei?

Er folgt dem Geruch, der schwach durch das Souterrain zieht. Der zweite Mann liegt in der Teeküche am Boden. Eine Blutspur führt auf das zu, was *ihm* abgeschnitten wurde. Ein Ohr.

Markus stöhnt auf.

Der Geruch des vielen Blutes lässt seinen Magen rebellieren, er schluckt und ringt um Fassung. Wo zum Henker ist der dritte Mann? Und wo die Frau? Markus strauchelt zurück in den Gang, zwängt sich an Bücherkisten, Bücherregalen und Bücherstapeln vorbei. Er schwankt benommen, seine Hände suchen an den Wänden Halt.

Den dritten Mann findet er über der Kloschüssel hängend. Anscheinend hat er noch etwas auskotzen wollen, bevor er die Welt verließ. Viel Blut. Erst als Markus den Kopf des Toten etwas dreht, sieht er, dass dem Mann die Zunge herausgeschnitten wurde. Er zieht sein Handy hervor, und die Zahlen auf seinem Telefon drohen vor seinen Augen zu verschwimmen.

Glücklicherweise besteht der Notruf nur aus drei Ziffern.

»Aachener Soers, Köln-Ossendorf, Rheinbach.« Hauptkommissar Arne Weiler zählt die Orte mit den Justizvollzugsanstalten an seinen Fingern ab. Er ist ein kleiner, drahtiger Mann, hat einen dunklen Teint und dunkle Haare, nur die Spitzen sind blond gefärbt. »Dort haben Ihre drei männlichen Spätleser bis vor wenigen Wochen noch eingesessen.«

Markus lacht bitter auf. Warum nur musste diese Truppe sich ausgerechnet seine Buchhandlung als Tatort aussuchen? »Gab's denn im Gefängnis keine Bücher?«

»Doch, klar. Hinter Gittern gibt es komplette Bibliotheken.« Weiler hat die Ironie in Markus' Worten überhört. Jetzt zwirbelt er eine Haarsträhne, die blonde Spitze leuchtet golden in der Mittagssonne. Sie sitzen auf dem Balkon der Buchhandlung, auf dem schon so viel gelesen wurde.

»Wollen Sie wissen, weswegen die drei eingefahren sind?« Weiler sticht mit dem Kuli auf sein aufgeschlagenes Notizbuch ein.

»Nein.« Markus' Antwort kommt schnell. Lieber will er wissen, was die junge Frau geritten hat, die Männer an diesem friedlichen Ort der Bücher abzuschlachten.

»Wie haben sich die Knastbrüder eigentlich bei Ihnen vorgestellt?« Weilers nächste Frage.

Markus überlegt. »Die junge Frau hat das Spätlesen bei uns als privaten Event gebucht. Die Dame hat – laut meinem Kollegen – gesagt, sie wolle ihren Geburtstag mit drei Männern feiern, deren Taten ihr Leben geprägt hätten.«

»Herrje. Kam Ihnen das nicht reichlich esoterisch vor?«

Markus zuckt gleichmütig die Schultern. »Wir führen auch esoterische Literatur. Und Bücher zur Lebensberatung. Wenn Sie mal dort drüben schauen wollen? ›Make Love‹, ›Make more Love‹, ›Think Love‹ …«

»Sie haben sich doch sicherlich alle Namen Ihrer Spätleser säuberlich notiert? Auch den der Gastgeberin?«

»*Nur* den der Gastgeberin. Mein Kollege meint, die junge Frau habe ihre Gäste mit ›Justus‹, ›Bob‹ und ›Peter‹ angesprochen. Wie in ›Die drei Fragezeichen‹, deshalb hat er es sich auch gemerkt.«

Weiler grinst. »Und der Name der jungen Frau ist …?«

»In unserem Terminkalender steht ›Julia Durant‹.«

»Eine Belgierin?«

»›Blutwette‹.« Markus schlägt sich mit der flachen Hand vor die Stirn. »Julia Durant ist die Ermittlerin des Krimiautors Andreas Franz. Sorry, aber das fällt mir gerade erst auf. Ich lese privat eher Sachbücher, keine Krimis.«

Der Kommissar beugt sich vertraulich zu ihm vor. »In den Wohnungen der Opfer oder besser gesagt in ihren Unterkünften, da haben wir Briefe einer Annie Schmitz aus Köln gefunden.«

»Briefe?«

Weiler nickt. »Justus, Bob und Peter haben ihr ausführlich von ihren Taten berichtet. Das geht aus den tröstenden Antworten dieser Annie hervor. Und wahrscheinlich haben alle drei gehofft, dass sie sich um sie kümmert, sobald sie keine gesiebte Luft mehr atmen müssen.«

»Alle drei?«

»Hm. Sie hat jedem von ihnen versichert, sie liebe nur ihn, einigen anderen Häftlingen schreibe sie allein aus Mitleid. Annie Schmitz war Mitglied einer Gruppe, die ehrenamtlich Gefängnisinsassen betreut und ihnen schreibt. Die Post lief über diesen Verein.«

»Aber wieso?«

»Es gibt viele Frauen, die Brieffreundschaften mit Männern hinter Gittern unterhalten. Manchmal entwickeln sich daraus Liebesbeziehungen, und gelegentlich kommt es sogar zu Hochzeiten im Knast. Strafgefangene gelten als böse, gewalttätige Typen, doch die Frauen fühlen sich vor ihnen sicher, solange sie eingebuchtet sind. Wilde Tiger im Käfig, an dieser Phantasie lässt sich so manches Trauma abarbeiten. Diese Annie hatte offenbar mit gut einem Dutzend Sträflingen Briefverkehr, das haben die Mitglieder der Knastschreibgruppe berichtet.«

»Und wonach hat sie die Männer, die beim Spätlesen dabei waren, ausgesucht?«

»Bis jetzt haben wir keine Ahnung, aber«, Weiler wischt sich über den Mund, »der Rechtsmediziner hat im Blut der Opfer dasselbe starke Sedativum gefunden wie in dem Reiskuchen, den die Dame laut Aussage Ihres Mitarbeiters zum Büfett beigetragen hat. Mit dem Abtrennen oder Herauslösen der einzelnen Organe muss sie begonnen haben, als die Männer noch nicht tot waren. Vermutlich hat sie die Körperteile als Trophäen mitgenommen. Aus tiefer persönlicher Rache, über solche Fälle habe ich in der Fachliteratur gelesen.«

»Danke, schon gut.« So genau will Markus sich das alles gar nicht ausmalen. »Wird die Polizei die Täterin finden?«

Weiler schlägt sein Notizbuch zu. »Ihre Buchhandlung liegt im Dreiländereck: Deutschland, Belgien, Niederlande ... Und eine Annie Schmitz aus Köln?« Er lässt die Frage kurz in der Luft hängen, dann schüttelt er bedauernd den Kopf. »Gar keine Chance. Nicht einmal dieser ehrenamtliche Verein kennt ihre wirkliche Identität.«

»Verstehe.« Markus überlegt und stellt dann doch die Frage: »Was hatten die drei Opfer denn auf dem Kerbholz?«

Wieder zählt Weiler an den Fingern ab: »Kindesmissbrauch, Stalking, Betrug.«

Monate später hat Markus das Gefühl, langsam über alles hinweg zu sein. Die Zeit heilt alle Wunden, denkt er dankbar, während er im Laden Wechselgeld in die Kasse füllt. Auf dem sonnenbeschienenen Balkon packt Theo gerade ein paar Bücherkisten aus. In der Buchhandlung ist es ruhig, nur in der Krimiecke sichtet eine Stammkundin das Angebot. Frau Fassbinder, eine Achtundsechzigerin mit schlohweißem Zopf und Nickelbrille, hat Germanistik studiert und steht, wie Markus weiß, auf anspruchsvolle Romane. Heute sucht sie ein Geburtstagsgeschenk für ihre Nichte.

»Schauen Sie mal bei Gillian Flynn!«, ruft Markus ihr zu. »Das ist Spannungsliteratur für junge Frauen.«

Frau Fassbinder grummelt, dass sie lieber Hermann Hesse verschenken würde. Oder wenigstens Lenz, Böll oder Grass. Plötzlich schreit sie laut auf. Sie hat einen der Kriminalromane aus dem Regal gezogen und aufgeschlagen und hält ihn zitternd in den Händen.

Beide Buchhändler hasten zu ihr. Markus kann ihr den Krimi gerade noch abnehmen und sie auffangen, als sie zusammenklappt.

Das Buch, das sie aus dem Regal genommen hat, sieht von außen ganz normal aus, doch sein Inneres ist verkrustet und braunschwarz angelaufen. Jemand hat mit einem scharfen Messer eine viereckige Vertiefung in die Buchseiten geschnitten. In dem so geschaffenen Raum liegt etwas Dünnes, Braunes. Es erinnert Markus an ein abgebrochenes Stück einer Aachener Printe. Einer Gewürzprinte, um genau zu sein, wie man sie gleich hinter dem Dom kaufen kann. Vorsichtig nimmt er das Printenstückchen aus der Vertiefung heraus. Er braucht einen Moment, um zu begreifen, dass er eine menschliche Zungenspitze zwischen Daumen und Zeigefinger hält. Sie scheint schon ein bisschen mumifiziert zu sein. Das Zungenblut ist ins Buch eingedrungen, wo es sich braun und schäbig festgesetzt hat. Offenbar ist durch die Buchseiten genügend Luft an den Organzipfel gedrungen, um ihn verdorren zu lassen.

Markus legt die Zungenspitze ins Buch zurück, klappt den Deckel zu. »Gone Girl«, steht in orangeroter Schrift auf nachtschwarzem Grund.

Neben ihm bemüht sich Theo um die verstörte Frau Fassbinder. Fächelt ihr Luft zu.

»Ich hätte doch besser in der Literaturecke stöbern sollen«, flüstert sie.

Markus sieht sich in seiner Buchhandlung um. In welchem der sechzehntausend Bände steckt das Ohr? Und welchen Leser wird demnächst ein Auge anstarren?

Peter Godazgar

Der Erlediger

Am Anfang – als er noch nicht ahnte, was sich aus der ganzen Sache entwickeln würde – hatte er den Namen natürlich toll gefunden.

Der Erlediger.

Sagte doch schon alles. Ich bin Ihr Erlediger. Ich erledige Sachen.

Und er war ja auch wirklich gut im Dinge-Erledigen. Zeit seines Lebens hatte er gerne gebastelt. Rumgefummelt. Sachen repariert. Gebaut und gebosselt. Und er konnte viel, eigentlich alles: Fliesen legen, Holz hacken, einen Wasserhahn austauschen, eine Waschmaschine anschließen, einen Zaun setzen, Regale aufbauen (sogar die eines schwedischen Möbelhauses), selbst an Strom wagte er sich heran. Einen richtigen Job hatte er trotzdem nicht. Stattdessen hangelte er sich von Maßnahme zu Maßnahme. Was aber eigentlich auch okay war, denn so blieb ihm genügend Zeit, sein Wochenendhaus auszubauen, das kurz hinter Vaals in Holland lag. Wochenendhaus – na ja, Wochenendschuppen war wohl treffender.

Das Ganze hatte sich eher zufällig entwickelt. Jemand hatte ihn gefragt: »Samma, du kannst doch auch …? Kannste nich mal bei mir gucken? Weil ich find einfach keinen Handwerker für so 'ne kleine Sache … Für dich is dat doch Pipifax.«

So hatte es angefangen und sich schnell herumgesprochen, dass Achim Schmitz aus Aachen kleine und kleinste Aufträge – Pipifax eben – schnell erledigte.

Schnell und zuverlässig.

Schnell und zuverlässig – und preiswert.

Ruf dä Achim an, der erledigt dat.

Irgendwann hatte er ein Gewerbe angemeldet, sich einen alten Kombi geleistet und einen Werbespruch drauflackiert: »Ihr Erlediger! Was immer Sie wollen – ich erledige es.« Dazu sein

Name – Vorname reichte – plus Heimatort sowie seine Mobilnummer. Achim aus Aachen. Achim, der Erlediger.

Und dann rief eines Tages diese alte Dame an.

»Tach auch, hier Achim, der Erlediger!«

»Ja … hallo, Kamps mein Name.« Schüchtern, zurückhaltend, vorsichtig.

»Tach, Frau Kamps.«

»Ich habe Ihr Auto gesehen. In der Heinrichsallee.«

»Ja?«

»Ich hätte da was, was jemand für mich erledigen müsste. Möglichst schnell.«

»Mach ich.«

»Ich hab da so ein Sofa.«

»Aha.«

»Ja, das ist verschmutzt.«

»Soll ich es reinigen?«

»Nein … nein … das … also … ich möchte es eigentlich lieber loswerden. Wenn's geht, sofort.«

»Soll ich es … entsorgen?«

»Das wäre schön.«

»Kein Problem.«

»Wann könnten Sie denn?«

»Wo wohnen Sie?

»In Laurensberg …«

Achim schaute auf seine Armbanduhr. In gut zwei Stunden sollte er bei einer Kundin in Stolberg sein, um deren Hecke zu verschneiden. Vorher könnte er locker das Sofa abholen und zum Recyclinghof nach Eilendorf bringen. Lag ja quasi auf dem Weg.

»Wenn Sie wollen, kann ich gleich vorbeikommen.«

»Jetzt?«

»Ja, oder passt es nicht?«

»Doch, das wäre sehr schön.« Frau Kamps machte eine Pause. »Und was würde das kosten?«

Achim schnaubte. »Och, Sofa wegbringen, das geht ja schnell. Dreißig Euro?«

»Das ist wirklich günstig. Also wenn das klappen könnte …«

Achim ließ sich die genaue Adresse nennen und fuhr los.

Eine halbe Stunde später stand er vor einem Einfamilienhäuschen, das reichlich Patina angesetzt hatte. Eine sehr kleine und sehr freundlich dreinblickende Frau um die siebzig öffnete die Tür.

»Frau Kamps?«

Die Frau nickte. »Das ist ja schön, dass Sie es so schnell einrichten konnten.«

»Unmögliches erledige ich sofort, Wunder dauern 'n bisschen länger«, sagte Achim. Seine nicht eben originelle Standardbegrüßung für Neukunden.

»Dann kommen Sie mal rein.«

»Wo steht denn das gute Stück?«, fragte Achim.

»Im Wohnzimmer, ich gehe vor.«

Achim folgte der Frau, die an der Wohnzimmertür stehen blieb. »Und Sie meinen, Sie können es einfach so abgeben?«

»Warum denn nicht?«

»Na ja, es ist schon sehr verschmutzt.«

»Dat is denen auf der Müllkippe egal, glauben Sie mir.«

Frau Kamps murmelte etwas Unverständliches und betrat das Wohnzimmer.

Achim folgte ihr, blickte sich kurz um – und blieb mit offenem Mund stehen.

»Da steht das ... gute Stück«, sagte Frau Kamps.

Achim starrte die Frau an, dann das Sofa, dann wieder die Frau.

Endlich fand er wenn schon nicht die Sprache, dann doch ein Wort wieder: »Aber ...«

»Ich erwähnte ja schon, dass es wirklich sehr verschmutzt ist.«

»Sagen Sie bitte, dat dat Kirschsaft is«, hauchte Achim.

»Ich fürchte, nein.«

»Blut?«

»Ich fürchte, ja.«

»Aber ... dat Sofa ... Ich meine ... dat is alles Blut?«

Frau Kamps wrang ihre Hände.

Langsam trat Achim an das Möbel. »Woher kommt dat denn?«

Er wirbelte herum und starrte die Frau an. »So kann ich dat Ding natürlich nich beim Wertstoffhof abgeben.«

Die Unterlippe der Frau begann zu zittern.

»Von wem ist dat Blut?«

»Von … meinem … Mann.«

»Von Ihrem Mann? Wat ist denn mit ihm passiert? Wo is er? Im Krankenhaus?«

Frau Kamps schüttelte den Kopf.

»Wo dann?«

Sie deutete mit einem Finger vage in eine Ecke des Zimmers.

Achim drehte seinen Kopf in die Richtung – und erstarrte erneut. War das ein Bein?

Um Himmels willen! Nicht nur ein Bein!

Er machte zwei schnelle Schritte und beugte sich vor.

»Au Banan!«, rief er.

Frau Kamps Unterlippe bebte immer stärker.

»Wir müssen einen Krankenwagen rufen! Wir müssen die Polizei holen!«

»Aber dann werde ich doch bestimmt verhaftet«, sagte Frau Kamps mit brechender Stimme.

»Verhaftet? Wieso …?« Achim machte noch einen Schritt auf den am Boden liegenden Körper zu. »Is er tot?«, hauchte er.

»Ich fürchte, ja.«

»Aber wie …? Wat …? Wieso …?«

Die Frau zeigte auf einen Tisch. Auf ihm lag eine blutverschmierte Bratpfanne.

Achim schloss die Augen. Erst ein Schluchzen holte ihn aus seiner Trance.

Frau Kamps weinte. »Et wor schrecklich. Einfach schrecklich. All die Jahre. Ich konnte nich mehr, verstehen Sie? Und dann isser eingeschlafen. Auf dem Sofa … Und dann isser wieder aufgewacht.«

Achim starrte auf die Leiche.

»Bitte helfen Sie mir. Sie sind doch … der Erlediger.«

Achim schnappte nach Luft. »Ich kann dat nich tun.«

»Ist es wegen der Bezahlung? Ich gebe Ihnen auch gerne mehr.«

Achim hob die Hände in die Höhe. »Nein!«, rief er. »Natürlich ist es nicht wegen der Bezahlung! Sondern weil da ein toter Mensch liegt. Und weil es verboten ist, tote Menschen … wegzuschaffen. So wie es auch verboten ist, Menschen umzubringen. Dafür kommt man ins Gefängnis!«

Frau Kamps schluchzte lauter. »Meinen Sie, ich muss wirklich hinter Gitter? Sie können sich nicht vorstellen, was mein Mann … also, was er getan hat. Er war Unternehmer, hat sein ganzes Leben Leute rumkommandiert. Also … vermutlich konnte er gar nicht anders … aber …«

Achim ließ sich in einen Sessel plumpsen. »Au huur«, murmelte er. »Dat jibbet doch nich.« Dann war Stille, nur unterbrochen vom leisen Schluchzen der Frau.

Achim glotzte eine Weile auf das Sofa, dann sagte er: »Haben Sie mal 'nen Schnaps?«

Er hatte eine Weile gebraucht, um sich von dem Schock zu erholen. Hatte lange mit sich gerungen.

Hatte er das Richtige getan? Was die … nun ja, die frischgebackene Unternehmerwitwe ihm später über ihr Schicksal erzählt hatte, war schlimm, keine Frage. Hätte sie für ihre Tat ins Gefängnis gehen sollen? Wäre das gerecht gewesen? Achim wusste es nicht. Obwohl – das stimmte nicht ganz. Sein Herz wusste es. Und es sagte: Es wäre nicht gerecht gewesen.

Danach hatte Achim nachts manchmal unruhig geträumt. Dann fand er sich in dem Wäldchen bei seinem Wochenendschuppen wieder, mitten in der Nacht, um ein Sofa zu zerteilen und im Kamin zu verbrennen und um einen großen Plastiksack zu verbuddeln. Und dann bewegte sich der Sack plötzlich. Manchmal war es auch noch schlimmer, dann stieß eine Hand aus dem Plastiksack und legte sich um Achims Kehle. Manchmal befreite sich ein fremder Mann aus dem Sack und rief um Hilfe. In anderen Träumen lag Achim selbst in solch einem Sack, wurde in ein Loch geworfen und spürte, wie Erde auf ihn niederprasselte, wie sie schwerer und schwerer wurde, wie sie auf seinen Brustkorb drückte. Dann hielt er die Luft an, bis es nicht mehr ging, bis er einatmen musste, aber es nicht konnte, weil die Erde so schwer war …

All das war nur in seinen Träumen geschehen. Tatsächlich

war der Sack mit einem dumpfen Platschen ins Erdloch gefallen. Und nichts hatte sich darin bewegt.

Achim hatte weitergearbeitet und Menschen froh gemacht, indem er Dinge erledigte.

Als jetzt, etwa zwei Monate später, wieder mal sein Handy klingelte, meldete sich am anderen Ende der Leitung eine brüchige Frauenstimme: »Guten Tach … Sie sind mir empfohlen worden.«

»Dat is schön.« So funktionierte es. Mundpropaganda. Wirkungsvoller als ein Werbespot in der Halbzeitpause der Fußballweltmeisterschaft.

»Ja, von der Frau Kamps.«

Achim schoss das Blut in den Kopf. Die Unternehmerwitwe aus Laurensberg.

»Sie hätten das bei ihr so schön erledigt, hat sie gesagt.«

Achim schluckte.

»Damals.«

Das Blut rauschte in seinen Ohren.

»Hallo?«

»Ja«, schnaufte Achim. »Hallo.«

»Ich habe da so ein ähnliches Problem.«

»Tatsächlich?«

»Meinen Sie, Sie könnten mal bei mir vorbeikommen und sich das anschauen?«

Es sprach sich also herum, dass Achim Schmitz seine … Angebotspalette erweitert hatte.

Er konnte sich nicht wehren, und die Anruferinnen taten ihm ja auch leid. Was hätte er denn tun sollen? Die Männer waren doch schon tot. Was half es, wenn eine alte Dame ihre letzten Tage im Gefängnis verbrachte, um für den Mord an einem Kerl zu büßen, den niemand vermisste?

Also kurvte Achim zwischen Rothe Erde und Melaten hin und her, griff helfend in Würselen und Kornelimünster ein und hievte schwere Säcke erst diskret in seinen Kombi, bevor er sie in Erdlöcher in einem Waldstück hinter Vaals fallen ließ.

Wenn nichts zu tun war, bosselte er an seinem Häuschen oder unternahm Spaziergänge im Dreiländereck.

Von nächtlichen Aushubarbeiten oder zuckenden Säcken träumte er nicht mehr.

Schließlich begann ein neues Jahr, und im darauffolgenden Sommer machte Achim sein erstes Dutzend voll.

Dann kam der Herbst. Und Ingrid Otten. Ihr Anruf änderte noch einmal alles.

Achim machte einen Termin mit ihr aus und verfuhr sich auf dem Weg in das kleine Dorf in der Nähe von Herzogenrath zwei Mal.

Ingrid Otten empfing ihn an der Haustür und ging dann den Flur entlang.

Achim stapfte hinter ihr her.

»Im Schlafzimmer«, flüsterte sie.

Hoffentlich ist nicht wieder alles voller Blut, dachte Achim. Die Entsorgung der verschmutzten Möbelstücke war eine fast genauso große Herausforderung wie die der Männer.

Vorsichtig öffnete die alte Dame die Schlafzimmertür, Achim lugte hinein – und atmete erleichtert auf. Herr Otten lag im Bett und sah aus, als schliefe er. Na bitte, dachte Achim, Gift ist eben doch die bessere Alternative.

Er trat an den Gatten heran und stutzte, als sich ein Grunzen der Tiefe des massigen Körpers entwand. Entsetzt blickte er zu Ingrid Otten, die in der Tür stand.

Ein erneutes Grunzen, dann, nach kurzer Pause, ein gleichmäßiges Schnarchen.

Achim hastete aus dem Schlafzimmer und zog die Frau ins Wohnzimmer.

»Ihr Mann lebt ja noch«, zischte er.

»Natürlich lebt er«, sagte Ingrid Otten.

»Aber … ich dachte … ich dachte, Sie hätten … Also, ich dachte, er wäre schon …« Achim stockte.

Ingrid Otten starrte ihn mit großen Augen an. »Ja, aber ich kann doch nicht …«

Achim nickte zur Schlafzimmertür. »Ja, aber *ich* kann doch auch nicht.«

»Die Frau Kamps hat gesagt, Sie hätten das so schön gemacht. Bei ihr. Letztes Jahr.«

»Ja, aber der Herr Kamps war doch schon tot!«

Achim Schmitz verwandelte seinen Gefühlsüberschwang in Bewegung, stapfte im Wohnzimmer hin und her und schnappte nach Luft. Ingrid Otten folgte ihm auf dem Fuß.

»Es ist ganz furchtbar mit meinem Mann. Glauben Sie mir. Diese schrecklichen Filme, die er immer anschaut …« Sie hielt inne.

Geräusche. Achim lauschte. War das ein Stöhnen?

Die Frau sah nach unten. »Er ist aufgewacht. Jetzt schaut er sie wieder.«

Achim starrte Ingrid Otten an, deren Blick auf den Boden geheftet war.

Im nächsten Moment ertönte eine tiefe Stimme: »Ingrid!« Nach zwei Sekunden erneut, nur lauter: »Ingrid!«

Ingrid Otten ging zum Schlafzimmer. Das Stöhnen war nun nicht mehr zu überhören. Achim schaute über Frau Ottens Schulter ins Zimmer. Herr Otten lag immer noch im Bett.

»Ja?«, fragte Ingrid zaghaft.

»Hunger«, sagte der Mann nur. Dann erblickte er Achim und knurrte: »Wer bist du denn?«

»Ich, äh …«, begann Achim, doch das andauernde Stöhnen irritierte ihn zu sehr, als dass er einen vollständigen Satz zustande gebracht hätte. Auf dem Flachbildfernseher, der an der Wand hing, waren mehrere nackte Körper ineinander verkeilt. Achim hatte die Quelle des Stöhnens gefunden.

Ingrid Ottens Gatte kam nicht auf die Idee, das Gerät auszuschalten. Oder wenigstens den Ton leiser zu drehen. Im Gegenteil. »Willste mitgucken, oder wat?«, fragte der Alte und lachte. Als er sich wieder beruhigt hatte, rief er: »Ingrid! Hunger!« Dann verschwand seine Hand unter der Bettdecke, und Achim wollte gar nicht wissen, was sie dort tat.

Ingrid Otten verließ das Zimmer, Achim folgte ihr. Er sah zu, wie sie in der Küche stumm zwei Plastikdosen aus dem Kühlschrank holte, deren Inhalt in Töpfe füllte und diese auf den Herd stellte. Sie vermied es, Achim anzusehen.

Achim schaute sich hilflos um. In was für eine Situation war er da nur geraten? Waren hier irgendwo Kameras versteckt?

»Ja, also ... ähm, ich geh dann jetzt mal besser«, murmelte er.

Ingrid Otten schniefte.

»Wat soll ich denn tun?«, zischte Achim.

Sie rührte in den Töpfen.

»Ich meine ... ich kann doch nicht ...« Er erschrak, als er eine Stimme hinter sich hörte.

»Wie lange dauert dat denn noch?«

Der Alte stand in der Küchentür, fleckiges Unterhemd, ebenso fleckige, ausgeleierte Jogginghose. Dazu Schweißgeruch. »Und du? Du bist ja immer noch hier. Wat willst du überhaupt?«

»Der Herr ist wegen des Abflusses hier.« Ingrid Otten flüsterte fast.

»Wieso bestellst du einen teuren Handwerker für den Scheißabfluss? Da schütte ich 'ne Flasche Rohrfrei rein und fertig.« Otten starrte seine Frau angriffslustig an. »Apropos: Meins ist jetzt auch wieder frei.« Er lachte laut und dreckig. Dann wandte er sich Achim zu: »Und jetzt Abflug.«

Achim nickte langsam. An der Küchentür drehte er sich noch einmal zu Ingrid Otten um, aber sie starrte in die Töpfe. Schon im Flur, hörte er erneut die Stimme des Gatten. »Wat sollte denn das mit dem Handwerker?« Das Geräusch von fließendem Wasser. Dann wieder die Stimme des Alten: »Verstopft! Wo ist denn da was verstopft? Läuft doch tadellos.«

Achim hatte die Wohnungstür erreicht, als er ein Klatschen hörte.

Erneut der Alte: »Und wat ist das für ein Fraß in den Töpfen? He?«

Achim legte die Hand auf die Türklinke.

Ein weiteres Klatschen.

Achim atmete tief ein und aus. »Sorry«, murmelte er.

Willi Otten stand vor seiner Frau und schlug zum dritten Mal zu. Mit der flachen Hand. Erneut auf die Wange. Ingrid Otten wimmerte. Einer der Töpfe war vom Herd gerutscht, er und die Kartoffeln lagen auf dem Boden.

»Und jetzt räum den Mist weg und mach mir was Vernünftiges«, knurrte Otten, drehte sich um und wollte die Küche verlassen. »Blöde K…«, das waren seine letzten eineindrittel Worte, dann knallte ihm ein metallener Regenschirmständer mit voller Wucht gegen die Nase.

Otten stöhnte und wankte zurück in Richtung seiner Frau. Achim folgte ihm, holte erneut aus und rammte dem Alten den Schirmständer mit der Unterseite gegen das Kinn. Otten stolperte weiter zurück, dann ächzte er, ruderte seltsam mit den Armen, starrte Achim einige Sekunden stumm an, sackte nach vorn und knallte auf den Boden. Ein langes Messer steckte in seinem Rücken.

Vor Achim stand Ingrid Otten, die Hände vor den Mund gepresst.

Schnaufend beugte sich Achim zu dem Toten hinab, zog das Messer aus dessen Rücken und betrachtete es. »Oha, dat ist so eins aus Japan, oder?«, murmelte er zerstreut.

Ingrid Otten nickte.

»Die sollen unheimlich scharf sein, wa?«

Die Frau nickte erneut.

Achim fixierte die Klinge. »Na ja, sieht man ja auch.« Er gab sich einen Ruck und reichte ihr das Messer.

Was er nicht spürte, war: Panik. Im Gegenteil. Auf einmal empfand er fast so etwas wie … Ruhe? Er war Achim, der Erlediger. Er erledigte Sachen. Und nun würde er diese Sache hier erledigen. Alles, was jetzt noch kam, hatte er schon mehrmals erledigt. Und er würde es wieder tun. Vielleicht würde er danach wieder seltsame Träume haben, aber auch das würde sich nach einer Weile geben. Er war Achim, der Erlediger.

»So«, sagte Achim. »Tja … dann müssen wir jetzt mal sehen, wie wir …« Er registrierte, dass irgendwo ein Telefon klingelte.

Ingrid Otten legte das Messer auf den Küchentisch und wankte aus dem Raum.

Achim folgte ihr langsam und hörte, wie sie im Wohnzimmer mit leicht zitternder Stimme das Gespräch annahm.

»Otten?«

Er blieb im Türrahmen stehen.

»Ach, guten Morgen«, sagte sie jetzt, und ihre Stimme klang

schon nicht mehr ganz so betrübt. Achim meinte sogar, eine gewisse Erleichterung herauszuhören.

»Ja. – Ja«, sagte Frau Otten. »Ja, er ist gerade da. – Ja, ein sehr netter Mann.« Sie lauschte. Dann: »Danke noch mal für den Tipp, Frau Kamps.«

»Grüße bitte«, flüsterte Achim.

»Ich soll Sie auch schön grüßen«, sagte Ingrid Otten. »Was, die Frau Schophoven würde gerne einen Termin mit dem Herrn Erlediger machen? – Stimmt, die hat es auch nicht leicht.«

Achim hörte aufmerksam zu.

»Die Frau Wolters auch?«, fragte Ingrid Otten. »Und die Frau Esser? – Ja, die kenne ich. – *Herr* Hansen sucht ebenfalls? Nicht *Frau* Hansen? – Ja, stimmt natürlich, seine Frau mag ich auch nicht ...«

Achim stand mit offenem Mund da.

»Ja, ich werde ihn natürlich gerne fragen. Aber momentan sind wir hier noch ... beschäftigt.«

Achim ging in die Küche zurück, nahm das Messer und betrachtete es nachdenklich.

Ingrid Otten kam hinterher, das Telefon immer noch am Ohr. Sie lachte und sah Achim dabei fast schon liebevoll an. »Ja, er wirkt tatsächlich ein bisschen erledigt. Der Erlediger ist ... haha, genau ... erledigt!«

Achim legte das Messer in die Spüle und schüttelte matt den Kopf, aber Ingrid Otten verzog beruhigend ihr Gesicht und machte eine entsprechende Geste. »Ja, natürlich schaffen wir das. – Wir erledigen das hier jetzt erst mal, und dann muss sich der Herr Schmitz ein bisschen ausruhen. – Genau, wir melden uns.« Damit beendete sie das Gespräch.

Achim wollte etwas sagen, aber Ingrid Otten ließ ihn nicht zu Wort kommen. Sie legte die Hände vor ihrem Bauch auf eine Weise aneinander, die Achim Schmitz schon mal irgendwo gesehen hatte, dann sagte sie lächelnd: »Machen Sie sich keine Sorgen, Herr Schmitz. Sie sind ein starker Mann. Die Einstellung, mit der Sie an diese Dinge herangehen, muss sein: Ich habe so vieles geschafft. Ich schaffe das.«

Tatjana Kruse

Ja, wo laufen sie denn, wo laufen sie denn hin?

Es gibt Menschen, die Pferde essen, und es gibt Menschen, die sie reiten.

Der Kleine neben mir gehörte zur letzteren Kategorie.

Zwischen diesen beiden Extremen tummeln sich natürlich noch jede Menge Leute, denen Pferde egal sind. So wie mir.

»Das ist die Sicherheitschefin«, zischelte er jetzt, weil eine rothaarige Frau in einer gelben Warnweste auf uns zukam.

Wir liefen durch die Soers. Es war Ende Juli. CHIO-Time. Aber wo vor wenigen Stunden noch fast vierzigtausend Pferdeliebhaber und -innen ihrer Passion für den Reitsport gefrönt hatten, spazierten jetzt nur der Kleine, ich, die Sicherheitschefin und noch ein paar Dutzend Versprengte vom Reinigungs- und Sicherheitsdienst herum.

Es war zwei Uhr dreißig nachts.

»'n Abend!«, rief er der Frau übertrieben fröhlich zu. Typisch Laie.

Ich nickte nur und vermied jeden Blickkontakt.

Sie murmelte etwas, war aber viel zu sehr damit beschäftigt, Häkchen auf ein Papier auf einem Klemmbrett zu kritzeln, um groß auf uns zu achten.

Der Kleine hatte mir eine Warnweste der Reinigungscrew besorgt. Wir gingen schnell, aber nicht übertrieben zügig durch die Zeltstadt, wo tagsüber unzählige Anbieter ihre Waren feilgeboten hatten, jetzt aber nur die weißen Edel-Jurten ihr wohlverdientes Nickerchen hielten.

Am Bereithaltungsplatz waren wir schon gewesen, auch in der Riders Corner und natürlich davor bei den Ställen, die wie eine putzige weiße Stallstadt wirkten. Weil beim Stallmeister noch Licht brannte, hatten wir uns dort nicht länger aufgehalten. Ich hatte mir ausbedungen, das komplette Gelände in Augenschein zu nehmen.

»Hier geht's zum Hauptstadion.«

»Was?«

Zum einen flüsterte der Kleine unglaublich leise, wie es Amateur-Kriminelle zu tun pflegen, zum anderen kam seine Stimme von ziemlich weit unten. Gefühlt ungefähr aus Knöchelhöhe. Ich bin eins achtundachtzig und überragte ihn damit um fast dreißig Zentimeter.

Die Location war mir fremd. Will heißen, Aachen im Allgemeinen und das Turniergelände in der Aachener Soers im Besonderen. War noch nie hier gewesen und hatte mich auch nicht richtig vorbereiten können, weil es sich um einen Eilauftrag handelte, der erst am Nachmittag hereingekommen war. Deswegen führte mich mein Auftraggeber ja auch mitten in der Nacht über das Areal – und damit ich mir den optimalen Einsatzort aussuchen konnte. Wobei ihm, wie er meinte, etwas Spektakuläres am liebsten wäre. Weshalb er den Einsatz von Gift auch grundsätzlich ablehnte und auf der Verwendung einer Schusswaffe bestand.

»Warum ist es da noch taghell?«

»Der Parcours-Chef legt letzte Hand an.«

Ich sagte nichts, nickte nur. Es nötigt mir immer Respekt ab, wenn andere bei der Arbeit ebenso viel Einsatz zeigen wie ich.

Zwei junge Männer in Warnwesten gingen an uns vorüber und musterten mich. Mein Auftraggeber neben mir wurde spürbar nervös. Er hatte wohl Angst, sie könnten in uns lesen wie in einem aufgeschlagenen Buch, hätten unseren Plan durchschaut und würden uns sekündlich überwältigen. Ich blieb ganz ruhig. Als sehr große, sehr blonde Frau mit Idealmaßen kannte ich diese Art von Blicken: Das war kein Misstrauen – das war lüsterne Begierde.

Ich zwinkerte den beiden keck zu. Frechheit siegt!

Sie wurden rot und gingen weiter. Weil sonst keine Helden der Nacht mehr zu sehen waren, die unermüdlich wie Heinzelmännchen dafür sorgten, dass der CHIO morgen früh reibungslos weitergehen konnte, sagte ich zu meinem Auftraggeber: »Ich brauche natürlich etwas Höhergelegenes.«

»Äh … ja, natürlich … Wie wäre es mit dem Richterturm?«

Er zeigte auf etwas, das wie ein gestrandetes, gepfähltes Ufo mit Panoramafenstern aussah.

»Etwas Höhergelegenes *ohne* Leute drin.«

»Äh … klar.«

Er war nicht dumm, nur angespannt. Offenbar vergab er zum ersten Mal einen solchen Auftrag.

Der Wind wehte uns Sprühtropfen der Sprinkleranlagen ins Gesicht. Morgen sollte hier das Rolex-Turnier stattfinden, da musste der »heilige« Rasen schön grün sein. Es ging um Ruhm und Ehre, eine goldene Rolex und eine Million Preisgeld.

»Oben auf der Tribüne vielleicht?« Er deutete in die entsprechende Richtung. »Ich weiß, dass die letzten Sitzreihen abgesperrter Bereich sind.«

Wir stiegen die Stufen betont lässig hinauf. Die Männer von der Reinigungscrew – es waren so gut wie ausschließlich Männer – hatten diesen Teil bereits durchkämmt. An einem einzigen CHIO-Tag blieb zweifelsohne tonnenweise Müll zurück. Jetzt konnte man hier oben zwar nicht am offenen Herzen operieren, aber es war unratfrei und sauber. Bereit für den Besucheransturm des letzten Turniertages.

Ganz oben angekommen, sah ich mich um. Erst nach der idealen Schussposition, dann nach einem Fluchtweg. Ich nickte. »Könnte gehen.«

Von hier aus hatte ich zwar freies Schussfeld, musste aber definitiv damit rechnen, dass jemand mitbekommen würde, was ich tat. Auch wenn ich selbstverständlich einen Schalldämpfer verwenden würde. Also musste mein Abgang zügig erfolgen, solange alle noch vor Schreck verharrten. Was natürlich einen Honoraraufschlag erforderlich machte. Aber der Kleine hatte mir bereits mehrfach versichert, dass Geld für ihn kein Thema sei.

Ich hatte ihn selbstverständlich gegoogelt. Stammte aus reicher, sehr reicher Familie. Lauter hochgewachsene Hanseaten. Keine Ahnung, warum er so ein Knirps geblieben war. Und wieso er sich bei seiner Statur nicht für den Galoppsport, sondern fürs Springreiten entschieden hatte. Vermutlich weil er in dritter Generation sein eigenes Gestüt erben würde – *noblesse oblige*. Es gab sicher nicht viele Reiter, die aus einem besseren

Stall stammten als die Pferde, die sie ritten. Er hier schon. Womit ich aber nur seine Herkunft meine, nicht seinen Charakter – er schien mir ganz der Typ, der beim Untergang der Titanic als Erster ins Rettungsboot gesprungen wäre.

Ich sah zur Feuertreppe. Sie lag entgegenkommenderweise in der Nähe. »Ja, hier passt es wirklich gut«, resümierte ich.

Er strahlte glühbirnenreif auf. »Ich kann Ihnen auch dabei behilflich sein, das Gewehr ins Stadion zu schmuggeln. Es ist sicher ziemlich wuchtig.«

»Aber nein. Nur eine lange, schmale Waffe, die ich mit wenigen Handgriffen zusammensetzen kann.« Ich lächelte. »Und wie ich sie durch die Sicherheitskontrollen bekomme, weiß ich auch schon. Ich bin schließlich Profi.«

»Natürlich. Deswegen habe ich ja auch Sie verlangt. Also … nicht Sie persönlich, aber ich sagte, ich will den absolut Besten. Niemanden der zweiten Garde.«

Keine Ahnung, wie er an die Adresse meines Handlers gekommen war. Vermutlich kannte er jemanden, der jemanden kannte. Mit Geld kann man ja alles. Sogar die weltbeste Auftragskillerin anheuern. Wenn ich mich mal selbst loben darf.

Unten im Stadion sah sich jemand, der wie der Facility-Manager wirkte – nicht vom Aussehen, sondern vom Habitus –, inspizierend um. Ich legte die Warnweste ab. Eine Störung konnten wir jetzt nicht gebrauchen. Dunkel gekleidet, wie wir beide nun waren, verschmolzen wir mit dem Hintergrund.

Wir setzten uns auf zwei der blauen Plastikschalensitze neben dem Tribünenaufgang.

Ich pustete mir eine Strähne der blonden Perücke aus dem Gesicht. »Also gut, ich nehme an, ich soll Sie von der Konkurrenz befreien?«

Der Kleine nickte. »Genau. Zum Ablauf: Vor dem Rennen werden wir morgen alle auf unseren Pferden ins Stadion reiten.«

»Verstehe.«

Als ich meinen Auftraggeber gegoogelt hatte, war unweigerlich auch immer der Name seines größten Konkurrenten aufgetaucht: Gregori Poljakoff. Trotz des Namens ein Rheinländer. Lange Zeit schienen die beiden alle bedeutenden Turniere abwechselnd gewonnen zu haben, mal Poljakoff, mal er. Aber dann hatte sich das Blatt gewendet, und in den beiden letzten Jahren hatte sein Konkurrent vorn gelegen. Deutlich vorn. Quasi ausnahmslos immer. Ich konnte mir gut vorstellen, wie sehr das an dem Kleinen nagte.

Mein Auftraggeber hatte die Anzahlung – zwei Drittel der Endsumme – bereits auf mein Offshore-Konto überwiesen. Das Geld konnte ich behalten, ob ich den Auftrag annahm oder nicht. Aber ich lehnte niemals ab, egal wie schwierig. Auftragskiller ist immer noch ein Männerberuf, da muss ich als Frau ständig nach dem Toyota-Motto »Nichts ist unmöglich« handeln, um in der Oberliga mitspielen zu können. Kratzt mich aber nicht weiter – es ist mein Traumjob, und ich mache ihn gern.

»Es muss wie ein Unfall aussehen«, verlangte mein Auftraggeber jetzt. Seine Stirn hatte sich gefältelt, sein Mund war fest entschlossen zu einer Linie zusammengepresst.

Beinahe hätte ich laut aufgelacht, riss mich aber im letzten Moment zusammen. »Entschuldigung, aber wenn man mit einem Scharfschützengewehr erschossen wird, sieht das *nie* nach einem Unfall aus.«

Er wedelte meinen Einwand mit seiner relativ zierlichen, aber schwieligen rechten Hand beiseite. Für so einen kleinen Körper waren seine Springreiterarme ziemlich durchtrainiert. Erinnerte mich ein klitzekleines bisschen an Popeye. »Nein, nein, ich meine, es muss so *aussehen*, als hätten Sie Gregori erschießen wollen. Der schläft mit verheirateten Frauen, hat Spielschulden in sechsstelliger Höhe, verprügelt auch schon mal seine Stallhelfer … Es muss Dutzende Leute geben, die ihn gern tot sehen würden.«

»Also soll er gar nicht sterben, sondern nur verwundet werden?« Ich konnte ihm nicht ganz folgen. Der ganze Aufwand und all die Kohle nur für einen Streifschuss? Ich fand es tendenziell unbefriedigend, dass ich keine weitere Kerbe in den Lauf meines Gewehrs ritzen sollte.

»Was?« Der Kleine schreckte auf.

»Die Kugel soll diesen Gregori nur streifen?«, wiederholte ich.

»Nein!« Mein Auftraggeber wurde rot im Gesicht. Besonders

dezidiert, als müsste er es einem begriffsstutzigen Kleinkind beibringen, erklärte er: »Gregori soll überhaupt nichts passieren! Es muss nur so aussehen, als hätten Sie es auf ihn abgesehen. Aber in Wirklichkeit erschießen Sie das Pferd.«

»Wie bitte?« Ich musste mich verhört haben.

»Sie sollen Gregorius töten. Den Wallach. Gregori hat das Tier nach sich benannt, als er ihn damals als Jährling kaufte – wie albern ist das denn bitte?« Er schaute erst verächtlich, dann bitter. »Gregori ist keinen Deut besser als ich, aber auf Gregorius unschlagbar. Als ob schwarze Magie im Spiel wäre. Absolut unschlagbar. Kurzum, das Pferd muss weg.« Der Kleine redete sich in Fahrt. Ein Spuckebläschen bildete sich in seinem Mundwinkel. »Ich habe alles genau durchdacht. Natürlich ist es vorstellbar, vielleicht sogar wahrscheinlich, dass das Turnier danach abgesagt wird. Aber ab nächstem Jahr – wenn er kein Wunderpferd mehr hat – habe *ich* dann die besseren Karten. Gregori kann einpacken!« Er grinste breit und sah zu mir auf. »Sie werden vermutlich größere Kugeln brauchen, damit der Klepper auch wirklich stirbt? Oder feuern Sie einfach mehrere Kugeln ab?« Er formte sein muskulöses Patschehändchen zur Waffe und machte »Ratterratterratter«-Geräusche wie von einer Maschinengewehrsalve. Weil ich nicht gleich antwortete, hakte er nach: »Kriegen Sie das hin? Was sagen Sie?«

Ich sagte nichts.

Ich zog nur meine Beretta mit Schalldämpfer heraus und schoss ihm mitten in die Stirn.

Er rutschte vom Plastikschalensitz – schaute dabei nicht einmal überrascht, weil alles so schnell ging –, kullerte ein paar der Stufen hinunter und blieb dann mit verrenkten Gliedmaßen liegen. Eine Blutlache bildete sich unter seinem Kopf, aber die blieb so klein wie der ganze Mann.

Wissen Sie, ich mag keine Menschen. Um sie tut es mir nie leid, deshalb bin ich auch so gut in meinem Job. Noch bei keiner einzigen Zielperson habe ich je auch nur eine Sekunde gezögert.

Aber bei Tieren …

… bei Tieren ziehe ich die Grenze!

Richard Lifka

Die Beichte

Liebe Leser, nach sieben Wochen sehe ich mich erstmals in der Lage, Ihnen über meinen Aufenthalt in der Domstadt Aachen zu berichten. Zu grausam war die Geschichte, von der ich während der drei Tage, die es mich in diese Großstadt verschlagen hatte, erfahren musste. Zweck der Reise war es, in einem Museum nach Originalbesteckteilen aus dem ehemaligen Café Orient in Wiesbaden zu suchen, da ich gerade an einer Geschichte arbeitete, die eben in diesem Café Orient spielen sollte. Meine Idee war, dass sich die schon längst verstorbenen Gebrüder Grimm, Wilhelm Hauff und Hans Christian Andersen in einer stillen Nacht unserer Tage in diesem nicht mehr existierenden Café treffen, um die Geburtstagsfeier für Scheherazade vorzubereiten. Da dieses Treffen der »Märchendichter« natürlich nur meiner Phantasie entsprang, wollte ich sie einen heftigen Streit austragen und Jacob Grimm dabei aus Wut eine Gabel dermaßen verbiegen lassen, dass diese schließlich auseinanderbrechen würde. Um das Besteck des Cafés in meiner Geschichte beschreiben zu können, musste ich in Erfahrung bringen, wie es ausgesehen hatte, und wollte mir Beispiele davon mit eigenen Augen ansehen. Da ich wusste, dass nach der Schließung des Cafés alles an Sammler verkauft worden war, bot sich für eine erfolgversprechende Recherche die über die Grenzen Deutschlands bekannte Bestecksammlung des Aachener Suermondt-Ludwig-Museums an. Dass ich dabei auf eine erschütternde Beichte stoßen würde, war nicht vorauszusehen.

Im September traf ich mich also mit dem stellvertretenden Direktor des oben genannten Museums. Außerordentlich freundlich zeigte und erklärte er mir das gesamte Museum und quasi in einer privaten Führung dessen Schätze. Wir schlenderten von Ausstellungsraum zu Ausstellungsraum, und mein Führer, der Kustos, betonte stolz, dass alle Objekte aus privaten Sammlungen und nicht, wie so oft, aus einem staatlichen Fundus stammten. Besonders taten es mir die niederländischen Skulpturen aus dem Mittelalter und die weibliche Mumie der altägyptischen Sammlung an. Sprachlos vor Staunen stand ich in der Bürgerlichen Kunstkammer vor dem Lobkowitzer Kaiserpokal mit hundertvierundvierzig Mikroschnitzereien aus Speckstein und vor der filigran aus Elfenbein gearbeiteten chinesischen Wunderkugel, die hinter Glas lag.

Wie ich später erfuhr, befand sich ein Großteil der Bestecksammlung noch im Untergeschoss, im Depot. Auf dem Weg dorthin kamen wir an einem schrankartigen hölzernen, mit kunstvollem Schnitzwerk verzierten Möbelstück vorbei. Ein Beichtstuhl, der mich an die schlimmen Stunden meiner Kindheit erinnerte. Ich fragte, ob ich mich für kurze Zeit in dieses Folterinstrument setzen könne. Aus reiner Sentimentalität, wie ich betonte.

Kaum hatte ich Platz genommen, überkam mich mit heftigem Herzklopfen ein gruseliger Schauer. Ich musste mich zurücklehnen, um meine Atmung wieder zu beruhigen. Dabei strich meine Hand geistesabwesend über die Holzwand rechts von mir. Plötzlich ertastete ich in einer Fuge zwischen zwei Brettern einen Widerstand, in dem ein flaches Etwas steckte. Ich nahm es an mich und verließ damit den Beichtstuhl. Im Licht erkannte ich, dass es sich bei dem Fund um eine SD-Karte handelte. Ich übergab sie meinem Begleiter: »Schauen Sie, was ich gefunden habe.«

»Wie kommt das denn dort hinein?«, wunderte er sich, dann gingen wir weiter.

Im Depot zeigte er mir zwei Transportkisten, in denen sich weitere Teile der Sammlung befanden. »Vielleicht finden Sie ja darin das Gesuchte. Wenn Sie bitte vorsichtig vorgehen würden.«

Das musste er mir nicht zweimal sagen. Ich beugte mich hinunter und nahm behutsam das Verpackungsmaterial heraus, sodass ich die ordentlich eingelegten Besteckteile betrachten konnte. Schicht für Schicht arbeitete ich mich so durch den Inhalt der Holzboxen.

Am Abend verabschiedete ich mich von meinem Gastgeber. Wir verabredeten uns für den nächsten Morgen vor dem Museum, wo ich ihn erwartete, um Fotos von den entdeckten Besteckteilen aus dem Café Orient zu machen. Er kam mit einer Mappe in der Hand die Straße hinaufgeeilt und machte einen verstörten Eindruck.

»Gut, dass Sie schon da sind«, begrüßte er mich. »Sie glauben ja nicht, was ich auf der Speicherkarte von gestern gefunden habe! Eine Audiodatei, gesprochen von einem jungen Mann! Ich habe mir alles angehört und aufgeschrieben. Und da Sie ja, wie ich weiß, auch Kriminalgeschichten schreiben, habe ich gedacht, ich stelle Ihnen den Text zur Verfügung. Durch den Fund der SD-Karte haben Sie zur Klärung eines Vorfalles beigetragen, der sich schon vor Monaten hier im Museum ereignet hat – und im Interesse des Hauses nicht an die große Glocke gehängt wurde.«

Zurück in meinem Hotelzimmer, las ich am Nachmittag, was der Museumsdirektor niedergeschrieben hatte:

Die Beichte

Leider kann ich Ihnen die folgende drastische Beschreibung des Hinscheidens der braven Eline van der Velde nicht ersparen. Als das Messer Elines Schlagader durchtrennte, lief Blut über meine Hand und tropfte auf den Steinfußboden des Depots. Die heilige Dorothea, die keine zwei Meter entfernt stand, schaute dem Ganzen mit hölzerner Miene zu. Immer mehr Lebenssaft floss aus Eline heraus, bildete um unsere Schuhe herum eine dunkelrote Pfütze. Sie hatte reflexartig nach der Schneide des Messers gegriffen und sich dabei zusätzlich noch einen tiefen Schnitt in der Handfläche zugezogen, weshalb sie noch mehr Blut verlor.

Wenn morgen früh Museumsmitarbeiterinnen Elines erstarrten Körper neben den Kisten finden werden, wird sich garantiert eine von ihnen in die Blutpfütze übergeben und damit den Tatort »verunreinigen«, wie die Spurensicherung sich später ausdrücken wird. Das Bild von Elines Leiche, das sich dem Hauspersonal, wenn es sie neben der ihres Mörders entdeckt, darbieten wird, lässt keinen Spielraum für eine sanfte, erquickliche, poetische oder gar herzergreifende Wortwahl für die brutale und überflüssige Tötung dieser liebenswerten Frau.

Wie seltsam, mitten in einer Ausstellung im Beichtstuhl zu knien und niemanden zu haben, der zuhört, während ich dies alles mit der Diktierfunktion meines Mobiltelefons aufnehme.

Eine Frage, die ich mir schon von klein auf gestellt habe, kommt mir gerade in den Sinn: Muss man beim Beichten alles sagen? Wirklich alles? Sie werden sie aus reiner Neugier, weil Sie die ganze Geschichte hören wollen, wahrscheinlich bejahen.

Um Ihnen ein wenig Erleuchtung zu verschaffen, verrate ich Ihnen, dass der Beichtstuhl, in dem ich momentan sitze, sich nicht in einer Kirche, geschweige denn im Aachener Dom befindet, wo der Große Karl sich die Kaiserkrone aufsetzen und sein Skelett hinlegen ließ und der berühmte und wertvolle Schatz vor sich hin gammelt. Nein, dieser Beichtstuhl steht im Suermondt-Ludwig-Museum.

Ob der besagte Schatz Geld, Gold oder Schmuck enthielt, konnte ich bis jetzt nicht eruieren. Um das zu wissen, braucht es eine sagenhafte Vorbereitung, wie bei »Ocean's Eleven« beispielsweise, und natürlich viel Zaster, den ich mir durch diesen kleinen Drogen-Coup hier im Museum beschaffen wollte. Sozusagen als Startkapital. Ganz schön gruselig hier, allein in diesem ehemaligen Stadtpalais mit seinen dicken Mauern, verschachtelten Gängen, Fluren und Terrassen. Das reinste Labyrinth! Fast so kniffelig wie das im Dreiländereck oben in Vaals. Und dunkel ist es hier. Nur gut, dass ich mir tagsüber, als noch die Beleuchtung eingeschaltet war, zusammen mit Eline alles angesehen habe. Da kam mir meine Erfahrung als dreifacher Bankräuber zugute, auch wenn ich dafür fünf Jahre in einem JVA-Doppelzimmer in der Krefelder Straße verbringen musste.

Nachdem das Aufsichtspersonal seine Kontrollrunden gedreht hatte, konnten wir beide uns in den mittelalterlichen Holztruhen verstecken, die auf den Stockwerken verteilt herumstehen. Das zeigt doch, dass ich das Ding clever ausbaldowert hatte. Fast so clever wie Danny Ocean. Deshalb hab ich auch die Alarmanlage manipuliert, nur so ein bisschen, damit kein noch so winzig kleines Infrarot-Lichtchen heute Nacht irgendwelche Signale an Polizei oder Sicherheitsdienst senden wird.

Das Museum ist mittlerweile in die Jahre gekommen. Natür-

lich habe ich mit einkalkuliert, dass die veraltete Technik immer wieder mal ausfällt. Das ist auch der Grund dafür, warum sich bis jetzt noch niemand Gedanken darüber gemacht hat, dass das Alarmsystem seit Stunden im Stand-by-Modus vor sich hin döst.

Und da ich jetzt schon mit schwerem Herzen beim Beichten bin, wie ich es meinen streng katholischen Eltern zuliebe bereits als kleiner Knirps getan habe, muss ich, um mein Gewissen zu erleichtern, eins noch hinzufügen: Mein Plan hat bis vor einer halben Stunde super funktioniert – bis Eline versuchte, ihr eigenes Ding zu drehen. Stellen Sie sich nur einmal vor, es war uns wirklich gelungen, drei Kilogramm von dem glückversprechenden Schnee in den Kisten mit der Besteckssammlung, die im Museum in Amsterdam gepackt worden waren, hierherzuschmuggeln.

Ich merke schon, dass ich, damit Sie die Schwere meiner Schuld verstehen können, meinen genialen Plan detaillierter schildern muss. »Dann fangen wir mal ganz von vorne an«, zitiere ich den Lehrer Bömmel aus der »Feuerzangenbowle«. »Wat is en Dampfmaschin? Da stelle mer uns janz dumm, und da sage mer so: En Dampfmaschin, dat ise 'ne jroße schwarze Raum. Der hat hinten un vorn e Loch. Dat eine Loch, dat is de Feuerung. Und dat andere Loch, dat krieje mer später.«

Eines Tages starrte ich in ein ähnlich schwarzes Loch, das zu einer Knarre gehörte, die Hans-Werner, mein Lehrer auf dem weiteren Weg zum Verbrecher, in seiner rechten Hand hielt. Die Möglichkeit bestand, dass dort bald ein Feuerchen rausschießen würde, um in meinem Schädel ein weiteres schwarzes Loch zu erzeugen. Mit dieser wenig pädagogischen Maßnahme wollte mein ehemaliger Zellengenosse, dem ich blöderweise in einer einsamen Nacht von meinen Beutezügen erzählt hatte, mich zwingen, für ihn drei Kilogramm Koks seiner russischen »Geschäftspartner« von Holland nach Deutschland zu schaffen. Wie, das sei meine Sache, sagte er. Würde ich mich weigern, werde er das Versteck der Beute aus den Überfällen verraten. Damit knallte er Scheine in einem Wert von zweihunderttausend Euro auf den Tisch. »Dein Anteil! Nimm ihn, oder du kannst den Radieschen gleich von unten beim Wachsen zusehen.« Was blieb mir anderes übrig? Radieschen hatte ich noch nie gemocht und mir genauso häufig gewünscht, das dazugehörige Wurzelwerk anzusehen. Und natürlich wollte ich auch nicht, dass meine mühsam zusammengeraubte Kohle von den Bullen einkassiert würde.

Die zündende Idee kam mir, als ich eines Märznachmittages in Amsterdam vor den geschlossenen Türen des Rijksmuseums stand und die Öffnungszeiten studierte. Mann, die hatten schon zu und öffneten erst wieder am nächsten Morgen. Was war wohl nachts in diesem wunderbaren Haus los?

Während ich darüber sinnierte, kamen aus einem Nebeneingang mehrere Personen gut gelaunt plaudernd – Angestellte offenbar. Der Einfall kam mir spontan. Unglaublich, was der für Folgen haben sollte!

Die Letzte der Gruppe war eine junge Frau mit langen blonden Haaren. In einer Hand trug sie eine vollgestopfte Henkeltasche, aus der, als sie sich zur Seite drehte, um sich von einem Kollegen zu verabschieden, etwas zu Boden flatterte. Es war ein Seidenschal. Da sie nichts bemerkt hatte, hob ich ihn auf und stapfte der Blonden schnell hinterher. »Hallo, Sie haben etwas verloren!«

Sie drehte sich um, guckte erst erstaunt und dann erfreut, als ihr Blick auf meine Hand fiel. Auf genau die, die nur ein paar Tage später mit dem Messer ihre Schlag- und dann meine Pulsader öffnen würde.

Flugs zeigte sich ein offenes, warmes, bezauberndes Lächeln in ihrem Gesicht. »Wie freundlich! Vielen Dank«, sagte sie in fast perfektem Deutsch, in dem ein leichter flämischer Akzent mitschwang, und wollte davongehen.

Langsam beginnen mir beide Knie wehzutun, und auch mein Rücken schmerzt schon höllisch wegen der ungewohnten Körperhaltung in diesem unkomfortablen Holzstuhl. Sind die Schmerzen vielleicht die gerechte Strafe für meine schreckliche Tat? Aber wäre diese dann nicht viel zu gering?

Ich beeilte mich also, zu der blonden Frau aufzuschließen. Einem Impuls folgend, hatte ich entschieden, sie nicht mehr aus den Augen zu lassen, sie vielleicht für mein Vorhaben zu nutzen. Also positionierte ich mich an ihrer rechten Seite und begleitete sie durch den Amsterdamer Feierabendverkehr, was sie schweigend zuließ.

Es dauerte nicht lange, bis wir nebeneinander zwischen zwei Eisenpollern auf der Ufermauer an der Amstel saßen. Sie hieß Eline, die niederländische Form für Helene, was »die Glänzende« oder »die Strahlende« bedeutet, und plapperte leichtherzig und munter über sich, ihr Leben und ihre Aushilfsstellung als Aufseherin im Museum. Genau diese Vertrauensseligkeit war es, die mich schließlich bewog, Eline schamlos auszubeuten. Ich erzählte ihr von meinem Vorhaben, das sich in meinem Hirn inzwischen von einer nebulösen Idee in einen Plan verwandelt hatte.

Eine Stunde später ging die Sonne hinter den Amsterdamer Häusern unter, und wir waren uns einig.

Als sie erfuhr, dass ich aus Aachen komme, betrachtete sie es als ein Zeichen, dass erst in den letzten Wochen in ihrem Museum eine Sonderausstellung von historischen Koch- und Essbestecken vieler Jahrhunderte aus fast allen europäischen Ländern stattgefunden hatte. Unter den Exponaten waren als Leihgaben auch einige aus dem Aachener Suermondt-Ludwig-Museum gewesen, die bald in großen, gepolsterten Holzkisten nun wieder zurücktransportiert werden mussten.

Am darauffolgenden Sonntag saß ich wie vereinbart auf einer Bank am Gleis 13 des Amsterdamer Centralbahnhofs in einer geschützten Ecke und wartete auf Hans-Werner. Neben mir stand eine mit alten Zeitungen gefüllte Sporttasche. Unter meiner Kleidung trug ich bereits den neuen maßgeschneiderten Rucksack aus Fallschirmseide, den ich kurz zuvor bei einem indischen Schneider in der Amsterdamer Altstadt abgeholt hatte. Er war genial leicht und dünn und ließ sich wie Unterwäsche am Körper tragen, sodass man ihn ungesehen in jedes Museum der Welt schmuggeln konnte. Wenig später stieg Hans-Werner gemächlich aus dem gerade eingefahrenen, aus London kommenden Eurostar. Auch er hatte eine Sporttasche dabei, die meiner zum Verwechseln ähnelte. Doch in seiner befand sich das Kokain. Der Austausch der Taschen ging so profimäßig vonstatten, dass Danny Ocean und Linus Caldwell ihre Freude an uns gehabt hätten.

Eline übernahm es anschließend, die sechs Päckchen à fünfhundert Gramm, die sich in Hans-Werners Tasche befunden hatten, in den Retour-Kisten mit den Bestecksammlungen für Aachen zu verstecken.

Jetzt muss ich aber aufpassen, dass ich über das Erzählen nicht die Zeit vergesse. Gerade habe ich bemerkt, dass eine der Infrarot-Leuchten angegangen ist, was bedeutet, dass ich hier nicht mehr unbemerkt rauskomme. Wenn man die tote Eline findet, ganz zu schweigen von dem Koks in der Kiste, werden sie mich sicherlich verhaften. Nein, nur das nicht! Nochmals gehe ich nicht in den Knast. Keinesfalls. Zum Glück habe ich das scharfe Messer dabei, an dessen Schneide noch Elines Blut klebt.

Mit Hans-Werner habe ich mich für heute Vormittag um elf Uhr zur Übergabe des Stoffs im Dom verabredet. Wie es aussieht, wird es dazu jetzt nicht mehr kommen.

Also weiter. Wie schon dargelegt, funktionierte mein Plan anfangs wunderbar. Pünktlich um neun Uhr fünfzig standen Eline und ich gestern am Haupteingang des Suermondt-Ludwig-Museums, natürlich mit unseren Spezial-Rucksäcken unter unseren Klamotten, um später darin das Koks zu verstauen. Wir lösten unsere Tagestickets und schlenderten dann durch alle Abteilungen. Wann immer sich uns eine der Aufseherinnen näherte, heuchelten wir Interesse für das eine oder andere Exponat. Irgendwann waren wir dann im ersten Stock, wo unter diversen Bildern mannsgroße Holztruhen an den Wänden stehen. Ich stellte mich vor eine und warf Kontrollblicke nach allen Seiten, bevor ich vorsichtig den Truhendeckel hob. Ein letztes Mal sah ich mich um, dann stieg ich hinein. Eline verfuhr ebenso im anderen Raum.

Anschließend lag ich ein paar Stunden im Dunkeln und beobachtete die Uhr auf dem Mobiltelefon. Ich hatte die Elektroanlage so manipuliert, dass um zweiundzwanzig Uhr der Strom ausfallen würde und somit die Infrarotmelder der Alarmanlage abgeschaltet waren. Als die digitale Anzeige des Handys auf zweiundzwanzig Uhr sprang, kroch ich aus meinem Sarkophag und spurtete los, um möglichst schnell ins Depot zu kommen, wo die Versandkisten mit der Besteckssammlung stehen sollten. Als ich im Keller ankam, hörte ich ein Geräusch. Ich leuchtete mit der Taschenlampe meines Telefons in die Richtung, schlich vorsichtig hin.

Eline stand bereits neben den Kisten aus Amsterdam!

Ich stürzte zu ihr, wühlte im Verpackungsmaterial und fand fünf der Päckchen. »Wo ist das sechste?«, fauchte ich Eline an.

Sie erstarrte, begann zu stammeln: »Weißt du, mein Bruder … der ist süchtig und dreht durch, wenn er keinen neuen Stoff bekommt. Er hat kein Geld! Das musst du doch verstehen, Michael!«

So? Musste ich das? Während ich mich kochend vor Wut umschaute, fiel mein Blick auf die Kiste mit den historischen Küchenwerkzeugen. Was lag obenauf?

Es war ein scharf geschliffenes Tranchiermesser aus Sterlingsilber.

Ich grapschte danach, holte, ohne zu überlegen, mit voller Wucht aus. Mein Arm schnellte nach vorne. Die Klinge versank in Elines Hals. Sie versuchte, das Messer abzuwehren, und schnitt sich dabei in die Handfläche. Blut schoss aus der Halswunde, als hätte jemand ein Ventil geöffnet. Sie stöhnte, klappte mit weit aufgerissenen Augen zusammen.

Ich sah, was geschehen war, und war völlig fertig. Wie hatte ich nur so etwas tun können?

Sofort tastete ich die leblose Eline nach dem fehlenden Koks ab … und fand ihre Handtasche. Als ich sie durchwühlte, stieß ich auf eine kleine Tüte mit etwa zehn Gramm Koks. Erst anschließend entdeckte ich in der Kiste, in der ich zuerst gesucht hatte, das sechste Päckchen. Musste ich in der Aufregung übersehen haben. Verdammt, ich hatte Eline also wegen zehn Gramm getötet! Ich nahm das Messer und ging Richtung Beichtstuhl.

Damit ist meine Beichte zu Ende. Ich habe mein Leben verwirkt, kann so nicht weitermachen. Ich bin ein Mörder. Es muss ein Ende haben. Ich hoffe, es wird unter Ihnen jemanden geben, der mir Absolution erteilt.

Mir wird ganz schwindelig und schwarz vor Augen. Ich glaube, ich kann nicht mehr. Das Tranchiermesser hat ganze

Arbeit geleistet, und aus der geöffneten Pulsader tropft mein Blut auf die Kniebank.

Ich habe alles erzählt. Das muss genügen. Gleich speichere ich die Datei auf der SD-Karte, die ich noch verstecken muss, dann werde ich mich ins Depot hinunterschleppen, mich neben Eline stellen und zusammenbrechen. Auf dass unser Blut sich vermischt.

An meinem dritten Tag in Aachen saß ich mittags im Polizeipräsidium mit Kriminalhauptkommissar Klaus-Dieter Ballab und seiner Assistentin Julia Schenkel zusammen. Ich erzählte ihnen, wie ich die SD-Karte gefunden hatte, die ihnen mittlerweile der Kustos des Suermondt-Ludwig-Museums überlassen hatte.

»Dann hat es im Museum also zwei Tote gegeben?«, fragte ich Julia Schenkel.

»Die Ermittlungen sind noch nicht abgeschlossen«, brummte Ballab. »Wir müssen mit der Spusi noch mal ein ernstes Wörtchen reden.«

Bevor ich mich verabschiedete, unterschrieb ich noch ein Protokoll.

Neugierig, wie ich nun mal bin, stöberte ich anschließend sofort im Online-Archiv der »Aachener Zeitung«. Und stieß auf einen Artikel, in dem es hieß, dass am Morgen des 2. April im Depot des Suermondt-Ludwig-Museums zwei Leichen gefunden worden waren. Die einer achtunddreißigjährigen Holländerin und eines polizeibekannten Mannes aus Aachen. Die Zeitung berichtete weiter, dass bei der von Staatsanwalt Müller anberaumten Pressekonferenz keine weiteren Informationen an die Öffentlichkeit gegeben worden waren.

Allerdings wollte der Journalist aus gut informierter Quelle erfahren haben, dass die Tote anscheinend ermordet worden war und der Mann Suizid begangen hatte. Überdies sei nahe ihres Auffindeortes eine große Menge Kokain sichergestellt worden. Da die Alarmanlage des Museums wie so oft nicht funktioniert hatte, hätten sich die beiden Personen ungehindert in der vorangegangenen Nacht im Museum einschließen lassen können. Der Hausmeister habe den Ausfall der Anlage erst spätabends bemerkt, sie aber gegen dreiundzwanzig Uhr wieder repariert, woraufhin ein entsprechendes Signal bei der zuständigen Sicherheitsfirma eingegangen sei, die die Polizei alarmierte. Zwei Streifenbeamte seien losgeschickt worden, die kurz darauf im Depot den grausigen Fund gemacht hatten.

Nach der Gabel von Jacob Grimm aus dem Wiesbadener Café Orient zu recherchieren, dazu bin ich in den drei Tagen in Aachen nicht gekommen. Unverrichteter Dinge, aber mit blutigen Bildern im Kopf kehrte ich in die hessische Landeshauptstadt zurück.

Barbara Saladin

Geld stinkt nicht

Ach, ach, Aachen. Als ich das Ortsschild passierte, schien auch mein alter VW Diesel seinen Widerwillen gegen das Ziel meiner Reise ausdrücken zu wollen. Der Motor gab ein paar sehr eigenartige und unrhythmische Geräusche von sich, bevor er sich doch noch dazu entschloss, weiterzufunktionieren. Der Schweiß trat mir auf die Stirn und lief mir kurz darauf übers Gesicht, bevor er die Bartstoppeln tränkte. Brauchte ich gar nicht erst abzuwischen, den Schweiß, es würde ja eh gleich neuer nachlaufen.

Ich verfluchte mich. Aber es war zu spät. Wieso nur war ich Theos Befehl gefolgt und hatte die lange Fahrt unter den Hintern genommen? Was sollte ich hier? Na ja, vielleicht traf mich schon auch ein bisschen Mitschuld daran, dass ich nun dort, wo sich die Bundesautobahn 544 beim Springbrunnen am Europaplatz in eine zähflüssige Autoschlange verwandelte, in Richtung Innenstadt stotterte. Ich hatte ihm gehorcht, blödsinnigerweise. Jetzt also Aachen. Als ich hier gelebt hatte, war ich noch nicht einmal in der Grundschule gewesen. Und später, als Oma gestorben war, mit Mutter und Schwester weit weggezogen.

Theo war in Aachen geblieben, die ganze Zeit. Und hatte mich jetzt wieder hergeholt.

Nach einer – staubedingt – gefühlt fünfeinhalb Stunden langen Reise erreichte ich die Aachener Innenstadt. Ach, Aachen. Nichts kam mir mehr bekannt vor. Ich glaube, ich war wirklich noch ein zu kleiner Knirps gewesen, als ich weggegangen war, um mich jetzt an irgendwas erinnern zu können. In meinem Hirn flirrten nur ein paar Bruchstücke rum, die ich nicht richtig einordnen konnte. Aber Theo im Kindergarten, den hatte ich noch glasklar vor Augen. Er war größer und stärker gewesen als alle anderen, von ihm war rohe Gewalt ausgegangen.

Vor bald zwei Wochen hatten wir uns zufällig wiedergetroffen. In einer Kneipe in der Nähe des Untersuchungsgefängnisses einer deutschen Großstadt, deren Namen ich für den Rest meines Lebens aus meinem Gedächtnis und meinem Wortschatz streichen werde. Wir waren quasi zeitgleich entlassen worden, und der Zufall hatte uns beide in dieselbe Kneipe gespült. Wahrscheinlich wäre ich an sämtlichen anderen meiner ehemaligen Mit-Kindergartenkinder vorbeigegangen, ohne sie zu erkennen, aber Theo sah irgendwie immer noch so aus wie damals. Nur dass er nun einen Dreitagebart trug und nicht mehr die Größe und Form eines Nachttischs hatte, sondern die eines Kleiderschranks.

In der Kneipe jener Großstadt hatte er mich gekrallt, und wir hatten uns entschlossen, wegen ähnlicher Berufskarriere ein Gespann zu bilden. Genauer gesagt: Theo hatte beschlossen, dass er meine Assistenz benötigte. Obwohl wir uns seit damals bei Fräulein Krause im Kindergarten nicht mehr gesehen hatten, waren wir nämlich fast das Gleiche geworden. Er Trickdieb, ich Taschendieb. Fängt beides mit »T« an und hört mit »-dieb« auf.

Bei dem Gedanken musste ich unvermittelt lachen, obwohl es eigentlich wirklich nicht zum Lachen war: erstens mit Theo verabredet zu sein und zweitens in der Aachener Innenstadt einen Parkplatz finden zu müssen.

Theo war im Kindergarten meistens fies zu mir gewesen, das hatte sich in mein Gedächtnis eingebrannt – und war eigentlich keine gute Voraussetzung für eine Zusammenarbeit, dessen war ich mir durchaus bewusst. Als wir in der Kneipe miteinander geredet hatten, war ich mir gleich wieder so klein und hilflos wie damals vorgekommen; ihm völlig ausgeliefert. Aber ich war schon zu betrunken gewesen, um Widerstand auch nur in Betracht zu ziehen.

Jetzt, da ich endlich einen Platz gefunden hatte, wo mein alter Diesel nicht sofort auffiel und auch keine Parkbuße einfahren würde, ließ ich ihn stehen. Und dachte an früher. Wie das noch mal mit Theos wiederholten Angriffen im Kindergarten gewesen war, mit den Ohrfeigen und Kinnhaken und mit dem Sekundenkleber an meiner Hose, die Fräulein Krause schließlich mit dem Spachtel von der Sitzbank gekratzt hatte, während ich in Unterhosen heimgerannt war. Theo hatte mich drangsaliert, wann immer ihm sich eine Möglichkeit geboten hatte, und Fräulein Krause getriezt. Ich hingegen hatte sie inbrünstig geliebt.

Versunken in solche Gedanken der eher wenig verklärten Vergangenheit, erreichte ich zu Fuß den Platz vor dem Dom, der auf den Straßenschildern eigentümlicherweise »Münsterplatz« hieß. Na ja, ich hatte die verschiedenen großen Kirchen sowieso noch nie auseinanderhalten können – wie auch, wenn nicht mal jene gescheiten Köpfe, die Straßen und Plätze benennen, es schafften?

Ach, Aachen.

Aber egal. Obwohl wir als Treffpunkt nur »beim Dom« vereinbart hatten, fanden wir uns sofort. Das war schon schlau, sich hier zu verabreden, das musste ich zugeben. Unter den anderen Menschen fielen wir nicht auf, denn von ihnen gab es genügend: Umherschlendernde, Shoppende, Gläubige und Touristen.

Sogar einer wie Theo tauchte hier in der Masse unter, obwohl er länger war als ein Doppelmeter und mindestens so schwer wie ein ausgewachsenes Pinselohrschwein.

Ich war aufgeregt. Vielleicht wurde das ja ganz passabel, wenn wir ein gemeinsames Ding drehten. Theo hatte einen Plan, und eventuell könnte ich noch was von ihm lernen. Das hoffte ich wenigstens. Immerhin war Theo, wenn ich seinen Erzählungen denn glauben konnte, im Normalfall ein recht erfolgreicher Ganove, und der Knastbesuch in jener aus der Erinnerung zu tilgenden deutschen Großstadt war nur eine einmalige Ausnahme gewesen.

Nachdem wir uns auf eine dieser roten Sitzbänke gehockt hatten, die auf dem Vorplatz rumstanden und auf denen man entweder zum Dom und seinem hinter schmiedeeisernen Gittern eingepferchten Vorgarten oder aber in die entgegengesetzte Richtung blicken konnte, erzählte Theo mir, was er sich vorgestellt hatte.

Und ich schluckte. Nichts von wegen Taschendiebstahl oder kleine, harmlose Betrügerei. Nein, was er im Schilde führte, war eine ganz andere Kategorie: Theo wollte sich die Münzsammlung in der Sparkasse unter den Nagel reißen!

Entgeistert starrte ich zu dem Schriftzug hinüber, der an einem der Häuser prangte, dessen ausladende Bogenfenster wie Tunneleingänge auf den Platz glotzten. »Sparkasse Aachen«, stand dort, gleich neben »Augenzentrum« und »Buchhandlung Schmetz«. Oje, ich fühlte mich bereits beobachtet und durchschaut. Und nein, ich fand die Idee, in die Sparkasse zu marschieren und die dort ausgestellte Münzsammlung mitgehen zu lassen, überhaupt nicht gut. Doch aus frühkindlicher Erfahrung wusste ich, dass Theo nie mit sich reden ließ. War schon im Kindergarten so gewesen. Und trotzdem versuchte ich es.

»Theo, das Zeug ist bestimmt mit Alarmanlagen und solchem Schnickschnack gesichert.«

Er blickte mich aus kalten Augen an und lachte kehlig. »Dann lass dir mal was Schönes einfallen. Wer mit mir arbeiten will, muss sich erst beweisen.«

Na toll.

»Erinnerst du dich ans Bode-Museum in Berlin?«, hakte er nach.

»Bodenmuseum? Wieso? Was es in der Hauptstadt nicht alles gibt!«

»Bode, Mann, nicht Boden. Da haben Diebe eine hundert Kilo schwere Goldmünze geraubt. In einer Schubkarre!«

»Aber ich kann doch nicht mit einer Schubkarre aus der Sparkasse spazieren! Geschweige denn reingehen. Das würde total auffallen.« Ich musste aufpassen, vor lauter Verzweiflung nicht in Schnappatmung zu verfallen.

»Du sollst ja auch nicht die Big Maple Leaf stehlen. Ein paar andere Münzen reichen, und die passen in jede Hosentasche. Eine einzige genügt, um genau zu sein. Komm, ich zeig dir mal, welche ich gern hätte.«

Und wieder dieses unsägliche Lachen.

Gemeinsam gingen wir also zur Sparkasse rüber. Rekognodingsbums, wie Theo mir erklärte, also halt auskundschaften.

»Phua, dieser Geruch!«, bemerkte ich – einfach, damit etwas gesagt wurde – und verzog die Nase.

»*Pecunia non olet*, mein Lieber.«

»Hä?«

»›Geld stinkt nicht‹, heißt das. Wussten schon die Römer.«

Na ja. In jenem Moment waren mir die Römer so lang wie breit. Eher dachte ich an den Hundehaufen, der sich irgendwo in der kreisrunden Blumenrabatte nebenan verstecken musste, aus der ein kümmerlicher Baum hervorspross, und der vor sich hin pestete. Ich zog es vor, nichts mehr zu sagen. Sprücheklopfern sollte man nicht widersprechen. Und schon gar nicht, wenn sie groß sind wie ein Kleiderschrank.

Nebeneinander betraten wir also die Sparkasse. Sie war äußerst nüchtern eingerichtet, und sofort überwältigte mich ein beklemmendes Gefühl. Im Sitzbereich am Eingang, der aus ein paar roten Stühlen bestand, saß ein sehniger Greis und klammerte sich an eine lederne Aktenmappe. Hinter ein paar gläsernen Beratungskabinen entdeckte ich rechts den Eingang zum Münzkabinett. In von innen beleuchteten Vitrinen lagen verschiedenste Münzen, die alle, na ja, was soll ich sagen, auf den ersten Blick nicht sonderlich wertvoll wirkten. Darauf abgebildet waren viele Männer mit respektablen Schnurrbärten oder Königinnen und noch andere Leute in der Art, wobei ich auf einem der Geldstücke sogar Bergmannswerkzeug erkennen konnte.

Theo erklärte mir die Münzen, die mir entgegenstrahlten, aber mir wurde ganz schwindelig, sodass ich kaum etwas verstand. Dann deutete er auf ein besonders schönes Goldstück und sagte, das sei ein Jakobslöser, dessen Wert bei ungefähr neunhunderttausend Euro liege. Hammer! Fast eine Million für eine Münze mit einem alten Mann drauf, der aussah wie ein Hirte. Beinahe überhörte ich, wie Theo dozierte, das sei das Bild des heiligen Jakobs und die Münze habe schon etwa vierhundert Jahre auf dem Buckel.

In mir hallte immer nur die neunhunderttausend wider, die Zahl sprang zwischen meinen Schädelknochen hin und her wie ein Echo zwischen Felswänden und wurde dabei immer größer. Ich musste aussehen wie Dagobert Duck, dessen Pupillen sich in Dollarzeichen verwandeln. Alle Bedenken fielen von mir ab. Diese Münze wollte Theo, und diese Münze wollte auch ich. Klare Sache.

»Also?«, riss er mich aus meinen Tagträumen. »Wie löst du das mit dem Löser?«

»Öhm«, sagte ich, aber in Wirklichkeit dachte ich: Mist!

»Na dann, viel Spaß«, blökte er, klopfte mir auf die Schulter, dass ich fast gegen die Vitrine vor mir geflogen wäre, und verließ den Raum.

Ich blieb zurück und fühlte mich wie ein begossener Pudel.

Die Sache war ein paar Schuhgrößen zu groß für mich, und doch wusste ich, dass es keinen Ausweg gab. Mit Theo war nicht zu spaßen. Sein Name bedeute auf Lateinisch »Gott« oder so was, das hatte er mir noch mit auf den Weg gegeben. Und auch wenn er mir das nicht gesagt hätte, wäre mir doch bewusst gewesen, dass mir keine Wahl blieb. Wenn ich das hier nicht schaffte, würde ich nie wieder ein ruhiges Leben führen können. Scheiße. Entweder gelang mir der Diebstahl, oder ich wurde geschnappt und landete wieder im Knast. Wobei mir dieses Übel immer noch kleiner erschien, als Theo ausgeliefert zu sein, wenn ich ihm mit leeren Händen gegenüberstand.

Ich sah mich um, um mich zu vergewissern, dass ich immer noch allein in dem Raum war. Von nun an hatte ich also vier Stunden, um mich zu beweisen, in dieser Zeit musste der Jakobslöser seinen Besitzer gewechselt haben. Der Schweiß lief mir jetzt in wahren Sturzbächen übers Gesicht und fiel mir in dicken Tropfen vom Bart.

Anderthalb Stunden später stierten mich die tunnelförmigen Fenster von Sparkasse und benachbarter Buchhandlung schon wieder an, als würden sie mich im nächsten Augenblick verschlucken wollen. Aber nun war ich gewappnet. In tiefer Verzweiflung war ich vorher nämlich Richtung Laurensberg rausgefahren und hatte in einem Baumarkt einen Hammer erstanden. Was Schlaueres war mir auf die Schnelle nicht in den Sinn gekommen, um an den Jakob ranzukommen.

Als ich also erneut die Sparkasse betrat und gleich ins Münzkabinett abbog, hatte ich eigentlich schon fast mit meinem Leben abgeschlossen. Irgendwie roch es komisch in dem kleinen Raum, aber woher der Geruch kam, konnte ich nicht erkennen.

»Jetzt schau mal einer an, wen wir hier haben!«, sirente plötzlich eine Stimme hinter mir, und ich wäre vor Schreck fast in Ohnmacht gefallen. Aber da meine Füße mich wider Erwarten weitertrugen, wirbelte ich herum und blickte ins Gesicht einer Frau. Eines Fräuleins.

»Fräulein … Krause?«, stotterte ich. Meine Kindergärtnerin. Da dachte man über ein Vierteljahrhundert lang nicht mehr an eine Person, und auf einmal stand sie vor einem. Im schlechtesten Moment aller Zeiten. Wobei: Hatte ich wirklich nicht mehr an sie gedacht? War sie nicht immer mal wieder durch meinen Hinterkopf gegeistert? Fräulein Krause – die erste Frau neben meiner Mutter, die ich aufrichtig geliebt hatte.

Ihr Haar war grau geworden, und tiefe Furchen durchzogen ihre Stirn. Aber abgesehen davon besaß Fräulein Krause immer noch eine unwiderstehliche Ausstrahlung.

»Ich habe dich sofort erkannt, mein Kleiner. Was führt dich hierher?«

»Öhm.«

Mit dem Handrücken fuhr sie mir sanft über meine verschwitzte, stoplige Wange und löste damit ein wohliges Kribbeln an meinem ganzen Körper aus. Was fühlte ich mich urplötzlich geborgen!

»Ich, öhm, interessiere mich für alte Münzen. Schön, ne?«

Fräulein Krause nickte, und ein Hauch von Traurigkeit schlich sich in ihr Gesicht. »Ja. Die faszinieren mich auch. Mein Mann war Numismatiker.«

»Numis-was?« Ich bemühte mich, mir meinen Schreck nicht anmerken zu lassen. Fräulein Krause war verheiratet gewesen? Aber sie war doch *Fräulein* Krause! Für immer!

»Numismatiker. Münzexperte.« Jetzt lächelte sie wieder ihr gütiges Lächeln, an das ich mich so oft erinnert hatte. »Richard starb vor einem halben Jahr. Ein Teil dieser Sammlung ist eine Leihgabe von ihm.«

Ein heißer Blitz durchfuhr meine Eingeweide. Eine ungeheuerliche Erkenntnis nahm Besitz von meinen Gedanken: Wenn ich hier einen Diebstahl beging, dann bestahl ich nicht die Sparkasse, sondern Fräulein Krause. Und das ging einfach nicht!

»Der Jakobslöser auch?«, fragte ich mit zitternder Stimme.

Fräulein Krauses Finger fuhr erneut über meine Wange – oder bildete ich mir das nur ein? »Aber nein, mein Junge, mein Richard hat vor allem Münzen von symbolischem, nicht von finanziellem Wert gesammelt. Dafür sind seine hier ausgestellten Exemplare alle echt und keine Kopien wie der Jakobslöser.«

»Kopie?« Ich gab einen würgenden Laut von mir, als hätte ich soeben einen halben Liter Salzwasser geschluckt.

Sichtlich irritiert blickte Fräulein Krause mich an. »Ja, Kopie. Ein Original wäre viel zu wertvoll, um es hier zu präsentieren. Das würde doch unweigerlich Diebe auf den Plan …« Sie stutzte. Ihr Gesichtsausdruck verfinsterte sich, sie kam bis auf wenige Zentimeter an mich ran und raunte: »Hör mal, mein Kleiner, du führst doch nicht etwa etwas Kriminelles im Schilde? Vor anderthalb Stunden habe ich dich schon auf dem Münsterplatz zusammen mit diesem unsäglichen Theo gesehen, also sag mir die Wahrheit.«

»Nein, natürlich nicht«, beeilte ich mich, ihr zu versichern, und meine Stimme kippte fast. Ich beteuerte, dass ich nie und nimmer so etwas beabsichtigen würde und sowieso, öhm, dringend zu einem Termin müsste, machte auf dem Absatz kehrt und verließ fluchtartig das Gebäude.

Es war also die Begegnung mit Fräulein Krause, die dazu führte, dass ich mit dem im Baumarkt gekauften Hammer nicht die Vitrinenscheibe in der Sparkasse einschlug, sondern etwas später Theos Schädel.

»Und, hast du den Läufer?«, hatte er gedonnert und war, als meine Antwort nicht so ausfiel wie von ihm erhofft, sofort zum Angriff übergegangen. Mit gezücktem Messer.

Mein Schlag mit dem Hammer war also in gewissem Sinne Notwehr gewesen. Eigentlich hatte ich ja gedacht, durch ihn reich werden zu können, aber dann hatte das Werkzeug mir das Leben gerettet.

Ich ließ den Kleiderschrank, der am Boden in einer sich ausbreitenden Blutlache lag und leise stöhnte, am Tatort zurück und gab Fersengeld. Und korrigierte mich: Nicht nur der Hammer, auch Fräulein Krause hatte mir das Leben gerettet. Ob es sie mit Genugtuung erfüllen würde, wenn sie davon erfuhr?

Ich beschloss, dass sie es besser nicht erfahren sollte, fand endlich meinen VW Diesel – natürlich mit einem Knöllchen unter dem Scheibenwischer – und bin nun bereits wieder auf der Autobahn. Nur weg von hier. Ach, Aachen. Unser Wiedersehen verlief ganz anders als geplant.

Aber wer sagt, dass Geld nicht stinkt, der lügt. Es müffelt nämlich gewaltig.

Kurt Lehmkuhl

Kalenderspender

Die Empörung war immens beim »Extrablatt«: Das grässliche Attentat, bei dem ein Mensch gestorben war, war nach Auffassung der Redaktion nicht nur ein Mord, sondern zugleich auch ein hinterlistiger Anschlag auf das beliebte Volksfest in Kornelimünster gewesen. Ausführlich berichtete die Aachener Boulevardzeitung in der Feiertagsausgabe über das Verbrechen, das ihr Redakteur Leo Pol sowie ein Fotograf exklusiv miterlebt hatten. Kurz nach der Eröffnung des Historischen Jahrmarkts im geschichtsträchtigen Ortskern rund um die Propsteikirche St. Kornelius und die ehemalige Reichsabtei am Mittwochabend vor Fronleichnam war in der genauso vollen wie engen Händlergasse ein junger Mann hinterrücks erstochen worden.

»Der Täter konnte in der Menschenmenge unerkannt flüchten«, schrieb Pol. »Im Geschiebe und Gedränge hat niemand die Tat mitbekommen. Es dauerte, bis den Besuchern klar wurde, dass der Mann, der zunächst ins Stolpern geriet und dann zusammensackte, Opfer einer Messerattacke geworden war. Erst als er auf dem Boden lag und die blutende Wunde auf seinem Rücken erkennbar wurde, wuchs bei den bis dato froh gelaunten Jahrmarktbesuchern die schockierende Erkenntnis, dass der Mann feige von hinten erstochen worden war. Der Mörder war unter ihnen gewesen und hatte den Mord dennoch unbeobachtet begehen können.«

Das »Extrablatt«, so hieß es weiter, habe in Erfahrung gebracht, dass die Mordkommission bisher nicht wisse, ob es sich bei dem Mann um ein Zufallsopfer handele oder der Anschlag gezielt ausgeübt worden sei. »Auf jeden Fall wächst die Unruhe unter den Zigtausenden Freunden des Historischen Jahrmarkts. Können sie sich noch sicher fühlen? Die Idylle im Indetal hat Risse bekommen. Wie konnte trotz aller Eingangskontrollen ein Mörder seine Tatwaffe auf den Platz einschleusen?« Das seien

Fragen, auf die alle Gäste Antworten erwarteten. Und schließlich: »Ist der Besuch des Jahrmarkts überhaupt noch sicher?«

Die letzte Frage stellte sich für Rudolf-Günther Böhnke nicht. Er war noch nie ein Freund von Rummelplätzen gewesen und hatte bisher weder den Markt in Kornelimünster noch den Öcher Bend in Aachen besucht. Der ehemalige Leiter der Abteilung für Tötungsdelikte im Aachener Polizeipräsidium bevorzugte seit seiner Pensionierung die Ruhe im abgelegenen Huppenbroich in der Nordeifel. Nach Aachen trieb es ihn nur, wenn es sich nicht vermeiden ließ, wenn etwa seine Lebensgefährtin Lieselotte unbedingt mit ihm ins Theater wollte oder sein Freund Tobias Grundler seine Ermittlerdienste für dessen anwaltliche Arbeit benötigte.

Deshalb hatte Böhnke es auch strikt abgelehnt, die Einladung zu dem von Grundler als Betriebsausflug mit dessen Partnerin Sabine und Lieselotte umschriebenen Besuch des »Historischen« am Schlusstag anzunehmen.

***

»Mord aufgeklärt!«, titelte Pol schon am Freitag im »Extrablatt«. »Täter tot!« Es hieß, die Kripo könne den gewaltsamen Tod eines jungen Mannes aus Hamburg zu den Akten legen. Sie habe seinen Mörder ausfindig gemacht. »Bei dem Täter handelt es sich um einen Mann aus Aachen, der leblos in der altehrwürdigen Geisterbahn auf dem Historischen Jahrmarkt gefunden wurde. Er trug die Tatwaffe bei sich, an der noch das Blut des Opfers klebte, sowie eine leere Wodkaflasche. In der Theorie hat sich der Mörder nach der Tat einen Vollrausch angetrunken und stürzte dann, als er sich in der Geisterbahn verstecken wollte. Ob er an den Folgen des Unfalls oder an einer Alkoholvergiftung gestorben ist, wird die Obduktion ergeben. Die Polizei geht davon aus, dass es sich um einen Alleintäter handelt und Opfer und Täter sich nicht kannten. Das Motiv des Mörders ist noch unklar.« Garniert wurde der reißerische Text mit Fotos des Fahrgeschäfts und einer Wodkaflasche.

Weiter schrieb das Blatt, niemand müsse sich von einem Besuch des beliebten Volksfestes vor der malerischen Kulisse des Dorfkerns abschrecken lassen, und zitierte einen der Organisatoren, ohne einen Namen zu nennen: »Bei uns ist es sicher. Der Bummel über den Rummel ist ein tolles Erlebnis für die ganze Familie.«

»Aber nicht für mich«, brummte Böhnke vor sich hin, als er die Zeitung beiseitelegte und zum Handy griff, das mit dem Radetzkymarsch auf sich aufmerksam machte. »Was willst du, Störenfried?«

»Dir Arbeit verschaffen, du Müßiggänger«, entgegnete Grundler trocken. »Schwing die Hufe und komm nach Aachen. Du bist heute Abend zum Essen im Glaspalast auf dem ›Historischen‹ verabredet.«

»Nein.«

»Doch.« Grundler ignorierte Böhnkes Protest. »Du sollst im Falle eines Mörders ermitteln, der kein Mörder ist.«

»Hä? Wer hat dir denn den Floh ins Ohr gesetzt?«

Grundler lachte. »Wenn du Flöhe willst, musst du zu einer Vorstellung des Flohzirkus auf dem Jahrmarkt gehen.« Die Frau des vermeintlichen Mörders habe sich bei ihm gemeldet, klärte er Böhnke auf. »Helga Mohr glaubt nicht, dass ihr Mann den anderen erstochen und sich dann zu Tode gesoffen hat. Die beiden hätten sich auf dem Jahrmarkt verabredet, ohne sich vorher jemals persönlich begegnet zu sein.«

»Ein Fall für die Polizei«, knurrte Böhnke widerwillig.

»Du sagst es. Wenn dem denn tatsächlich so war, wie die Ehefrau behauptet. Und um das herauszufinden, brauche ich dich«, hielt der Anwalt ihm entgegen. »Bevor meine Mandantin die Pferde scheu macht, müssen wir Indizien sammeln, damit wir die Ermittlungen in Gang setzen können.«

Murrend über die umständliche Einlasskontrolle schlängelte sich Böhnke zwischen den vielen Jahrmarktbesuchern an den Buden entlang, immer von einer Duftwolke von Zuckerwatte, Reibekuchen und Bratwurst umhüllt. Sein Ziel war das zentrale Herzstück des Jahrmarkts, der Glaspalast. An dem von Grundler reservierten Tisch wartete bereits eine unscheinbare Frau, die

Böhnke auf Mitte vierzig schätzte. Helga Mohr wirkte erstaunlich gefasst dafür, dass sie erst vorgestern Witwe geworden war und ihr Mann in der Öffentlichkeit als Mörder galt.

»Frank war es nicht«, sagte sie mit fester Stimme, nachdem sie sich vorgestellt hatten.

»Sondern?«

»Er ist das Opfer.«

»Inwiefern?«

Die Geschichte, die ihm die Frau erzählte, ließ Böhnke ungläubig staunen.

»Frank war Mitarbeiter einer weltweit tätigen Hilfsorganisation, von der Sie bestimmt auch schon gehört haben. ›Hilfe für alle Kinder der Welt‹ macht alljährlich eine Aktion mit dem ›Extrablatt‹.«

Böhnke erinnerte sich schwach. Jedes Jahr wurden zugunsten der HiKiWe Kalender verkauft, die eines der ärmsten Länder Afrikas zum Thema hatten. Begleitet wurde die Aktion von Artikeln von »Extrablatt«-Redakteuren über ihre Besuche des Landes, mit denen für Spenden geworben wurde. Pro Jahr flossen der Organisation so aus der Leserschaft sechsstellige Beträge zu.

»Niemand hat von der Mauschelei zwischen dem ›Extrablatt‹ und HiKiWe eine Ahnung, aber Frank hat sie aufgedeckt. Allerdings wurde er von seinen Vorgesetzten zum Schweigen verdonnert. Dennoch setzte er sich mit einem Journalisten aus Hamburg in Verbindung, der schon einmal über die Organisation berichtet hatte. Sie wollten sich am Ende des Hauptwegs auf dem ›Historischen‹ treffen und glaubten, in der Menschenmenge bei der Eröffnung ungestört reden zu können.«

Ob Böhnke sich noch an den Skandal erinnern könne, als der Organisation die Gemeinnützigkeit abgesprochen worden war, wollte die Frau wissen. Damals seien Spenden zweckentfremdet verwendet worden. In allen Zeitungen und Medien in Deutschland sei über die Recherche des Journalisten berichtet worden, nur im »Extrablatt« nicht. Man habe wohl die Kooperation retten wollen.

Die Frau wirkte betroffen. »Frank hatte herausgefunden, dass die Aktion im Prinzip ein großes Scheinmanöver ist, um vorgeblich Spenden zu sammeln, von denen zunächst alle Kosten bestritten werden: Das vermeintlich ehrenamtliche Engagement des Redakteurs und seines Fotografen, die in ihrem Urlaub in das entsprechende Land reisen, ist tatsächlich eine vollständig finanzierte Tätigkeit. Sie schreiben und fotografieren für ihr Blatt, rechnen Bilder und Texte aber nach den Tagessätzen für freie Journalisten bei der Organisation ab, die auch die Spesen für Flug, Unterkunft, Transport und Verpflegung übernimmt. Die Herstellung und der Druck der Kalender werden mit den Spenden ebenfalls vollständig bezahlt, obwohl es heißt, das sei nicht der Fall. Der angebliche Reinerlös aus dem Kalenderverkauf, der in die Spendensumme fließen soll, beträgt damit null Euro. Und mehr noch: Von den Spenden der Leser wird Geld abgezweigt, um die Kosten für die Aktion zu begleichen. Für meinen Mann war das ein Fall von Missbrauch und Betrug gegenüber den spendenbereiten Lesern. Darüber wollte er den Journalisten informieren. Ein neuer Skandal hätte den Ruf der HiKiWe erneut geschädigt und ihr hoffentlich endgültig den Entzug der Gemeinnützigkeit beschert.«

»Und Sie meinen, deshalb mussten Ihr Mann und der Journalist sterben?«

»Ja«, sagte die Witwe überzeugt und zog einen Schnellhefter aus ihrer Tasche. »Darin finden Sie alles, was Sie wissen müssen. Mein Mann hat Abrechnungen, Honorarforderungen, Bestätigungen, Dankesschreiben und vieles mehr kopiert. Nehmen Sie und lesen Sie!« Sie erhob sich. »Übrigens habe ich heute Morgen schon einen Anruf von der HiKiWe bekommen. Falls ich irgendwelche Unterlagen von meinem Mann hätte, sollte ich sie unverzüglich zurückbringen. Meiner Behauptung, ich besäße keine, wollte man nicht glauben.«

»Mit wem haben Sie gesprochen?«

»Der Mann hat sich als Muck vorgestellt. Aber als ich zurückrief, wurde mir gesagt, einen solchen Mitarbeiter gebe es bei ihnen nicht.«

***

Falls ich der Frau Glauben schenken soll, müssen noch viele Fragen beantwortet werden, dachte Böhnke, während er am nächsten Morgen zu seinem täglichen Spaziergang durch die Wiesen und Wälder rund um Huppenbroich aufbrach. Wer hatte von dem Treffen der beiden nunmehr Toten gewusst? Wer ein Messer aufs Jahrmarktgelände schmuggeln können? Und wer versteckte sich hinter dem Namen Muck?

Die nächste Frage stellte sich ihm, nachdem Grundler sich gemeldet hatte, um ihm mitzuteilen, dass der vermeintliche Mörder mindestens zwei Flaschen Wodka getrunken hatte. Der festgestellte Promillegehalt in dessen Blut sei exorbitant. Wie der Anwalt an die Information gekommen war, wollte Böhnke besser nicht wissen, erhielt aber unaufgefordert die Antwort: »Eine Freundin von Sabine arbeitet in der Pathologie.«

»Wo ist dann die zweite leere Flasche abgeblieben? Wurde sie schon gefunden?«

»Du stellst Fragen«, stöhnte Grundler. »Hast du keine andere für mich?«

»Doch. Wer ist Herr Muck?«

»Woher soll ich das wissen?«

»Dann finde es heraus, mein Freund«, befahl Böhnke scherzhaft, ehe er ausführlich von seiner Begegnung mit der Witwe berichtete.

»Glaubst du ihr?«, hakte Grundler nach.

»Das sag ich dir, nachdem ich die Unterlagen gelesen und heute meinen Jahrmarktbummel gemacht habe«, lautete Böhnkes Antwort. »Danach komm ich bei dir vorbei.«

Nicht nur die Busfahrt mit dem ÖPNV von Huppenbroich in der Eifel nach Kornelimünster im Aachener Süden war ein Abenteuer, nicht minder abenteuerlich gestaltete sich für Böhnke der geplante Besuch des Jahrmarkts vor der Mittagszeit. Die Zugänge waren noch verschlossen, das Betreten wurde ihm untersagt. Böhnke wusste nicht, ob er sich darüber ärgern oder sich lieber an dem Anblick der Häuserzeilen mit den denkmalgeschützten Bürgerhäusern aus dem 17. und 18. Jahrhundert, die den Platz säumten, erfreuen sollte. Eine stimmungsvollere

Kulisse für einen Rummel mit nostalgischen Fahrgeschäften, fast vergessenem Kunsthandwerk und fröhlichen Straßenmusikanten war eigentlich kaum denkbar. Er überlegte schon, ob er die Wartezeit für eine Stippvisite des Kunsthauses NRW in der ehemaligen Reichsabtei nutzen sollte, dann wurde ihm die Entscheidung abgenommen.

Zwei Bezirksbeamte der Polizeistation Kornelimünster entdeckten ihn bei ihrem Rundgang. Der ältere erkannte ihn sofort als seinen ehemaligen Chef. Die respektvolle Bezeichnung wurde Böhnke auch noch nach seinem Ausscheiden aus dem Dienst zuerkannt. Jeder wusste, wer gemeint war, wenn im Präsidium hochachtungsvoll vom »Chef« gesprochen wurde. Mit großer Selbstverständlichkeit nahmen ihn die beiden in ihre Mitte und betraten das abgesperrte Gelände, zu dem ihnen beflissen Zugang gewährt wurde.

»Was wollen Sie hier eigentlich, Chef?« Die Frage hatte kommen müssen und war berechtigt.

»Die Morde aufklären«, antwortete Böhnke knapp.

»Wenn's weiter nichts ist«, kommentierte der ältere der Bezirksbeamten. »Da sind wir doch gerne dabei.« Dann informierte er langatmig seinen Nachwuchskollegen über ein Verbrechen vor vielen Jahren, an dessen Aufklärung er beteiligt gewesen war. Damals hatte Böhnke im Fall eines dubiosen Tresorfunds ermittelt.

Suchend schaute sich Böhnke um. »Wo wurde am Mittwoch der Mann erstochen?«

»Da.« Der Ältere deutete auf eine Stelle nicht weit von ihnen entfernt. »Mitten auf dem Hauptweg.«

»Und wo wurde der angebliche Mörder gefunden?«

»In der hintersten Ecke des Areals.«

»Eben.« Böhnke nickte. Er würde Grundler von einer Merkwürdigkeit berichten können: Der Journalist hatte sich am Ende des Hauptwegs mit dem Informanten treffen wollen, war aber auf dem Gang dorthin erstochen worden. Anschließend war der vermeintliche Mörder mit zwei Wodkaflaschen und dem Messer verschwunden und schließlich tot an einer ganz anderen Stelle des Geländes aufgefunden worden.

»Das passt nicht zusammen«, kommentierte Grundler, als Böhnke ihm in seiner Kanzlei berichtet hatte. »So wie es nicht zusammenpasst, dass sich der Mann unbeobachtet hat vollaufen lassen. Einer, der Wodka trinkend über den Rummel torkelt, ist nicht gerade zu übersehen.«

»Er könnte sich auch an seinem Sterbeplatz zu Tode gesoffen haben.«

»Und vorher hat er eine leere Flasche ordnungsgemäß im Glasmüllcontainer entsorgt, oder wie?«, meinte der Anwalt lakonisch. »Ich habe übrigens auch neue Informationen. Es gibt in der Tat einen gewissen Herrn Muck. Der arbeitet aber beim Kindermissionswerk und ist gelinde gesagt empört darüber, dass sein Name missbraucht wurde. Hat Sabine herausgefunden. Und die leitenden Redakteure der Zeitungen im Zeitungsverlag Aachen sind auch schon ziemlich sauer. Die machen mit UNICEF doch jedes Jahr eine ähnliche Kalenderaktion wie das ›Extrablatt‹ mit HiKiWe. Wenn jetzt unlautere Machenschaften ans Licht kommen, färbt das womöglich negativ auf sie ab.«

Böhnke nickte. Die Unterlagen, die er von der Witwe erhalten hatte, bestätigten deren Angaben. »Übrigens hat auch der Deutschlandleiter von HiKiWe profitiert, indem er eine Provision für die Kalenderproduktion und für die Kontaktherstellung bei den Reisen nach Afrika eingestrichen hat.«

»Zusammengefasst heißt das also: Zwei Journalisten haben sich einen gut bezahlten Aufenthalt in Afrika gegönnt, mit ihren Berichten auf die Tränendrüsen der Spender gedrückt und sich genauso wie der Oberboss von HiKiWe an Spendenmitteln bereichert.«

»So ist es«, bestätigte Grundler, »und so werden es wohl auch Polizei und Staatsanwaltschaft sehen. Die müssen wir jetzt ins Boot holen, falls sie nicht schon selbst dahintergekommen sind.«

»Aber wer ist für die Morde an den beiden Männern zur Rechenschaft zu ziehen?«

»Das herauszufinden ist deine Aufgabe. Schließlich bist du als ehemaliger Chef der Mordkommission Mister Hundertprozent gewesen.«

»Okay.« Böhnke seufzte. Er hätte es sich denken können. »Dann serviere ich dir die Mörder, wenn wir uns morgen bei deinem Betriebsausflug sehen. Ich bin dabei.«

»Du weißt –«

»Ich vermute«, unterbrach Böhnke. »Das liegt doch auf der Hand. Wir müssen sie nur noch überführen.«

»Wen?«

»Bist du so dumm, oder tust du nur so?« Böhnke ging, ohne auf eine Antwort zu warten. Er hatte noch eine Besorgung zu erledigen, bevor er Lieselotte in ihrer Wohnung mit seinem Erscheinen überraschen würde. »Adieda«, sagte er knapp und zeigte als Öcher Abschiedsgruß den Klenkes, den in die Luft gestreckten kleinen Finger der rechten Hand.

***

»Ich freue mich auf den Jahrmarkt«, sagte Böhnke, als er am nächsten Tag wie selbstverständlich Lieselotte zum vereinbarten Ausflug nach Kornelimünster begleitete. Ihre Verblüffung über seinen Sinneswandel wuchs noch mehr, als er am Einlass des Rummels mit einem »Moin, Chef!« begrüßt wurde und diesen unkontrolliert passieren durfte, obwohl er eine gefüllte Plastiktüte mit sich führte.

Auf dem gut besuchten Platz hatte Böhnke keine Augen für seine Begleiter und keine Ohren für deren Unterhaltung. Ihn interessierte der Kettenflieger von 1935, den Sabine unbedingt ausprobieren musste, ebenso wenig wie das Terrassenkarussell von 1910, mit dem Lieselotte später ihre Runden drehen wollte. Für die Buden mit Reibekuchen und Backfisch konnte er sich nicht erwärmen, und die wuselnden Stelzengänger und Jongleure störten nur seine Konzentration. Die aufdringliche Wahrsagerin nervte ihn genauso wie das Gedudel der Kirmesmusik.

»Wen suchst du?«, fragte Lieselotte irritiert, während Grundler ihn nachdenklich beobachtete.

»Ah, da sind sie ja!« Zielstrebig lief Böhnke auf zwei Männer zu, beide etwa Anfang fünfzig, beide in Jeans und Lederjacke. »He, Sie!«, rief er laut, sodass sie sich nach ihm umdrehten. »Sie sind doch vom ›Extrablatt‹ und bestimmt an einer Exklusivstory interessiert?«

»Was können Sie mir schon exklusiv erzählen?«, entgegnete einer der beiden hochnäsig.

Vermutlich war das Pol, dachte sich Böhnke.

»Wer die Mörder vom Jahrmarkt sind. Denn der zweite Tote ist unschuldig.« Böhnke schaute grimmig drein und griff in seine Tüte. »Das hier ist die zweite Wodkaflasche, deren Inhalt er sich einverleibt hat und die bisher noch nicht gefunden wurde.« Er reichte sie dem Mann mit der Kamera, der spontan zugriff.

Nach einem knappen Blick auf die Wodkamarke meinte der Fotograf herablassend: »Wie kommen Sie darauf?« Ungehalten gab er sie zurück.

»Richtig, ich habe mich vertan.« Mit spitzen Fingern holte Böhnke eine zweite Flasche aus der Tüte. »Aber auf dieser hier befinden sich Fingerabdrücke, die identisch sind mit denen auf der, die Sie eben gehalten haben. Es sind nämlich Ihre.« Er nahm das irritierte Flackern in den Augen des Mannes wahr. »Das ist die zweite, fehlende Flasche, auf der auch Spuren des toten Mannes von der Geisterbahn sind.«

Verstört wandte sich der Fotograf seinem Begleiter zu. »Ich dachte, du hättest sie zertrümmert«, stammelte er.

»Habe ich auch«, antwortete Pol unwillkürlich.

»Danke, meine Herren. Das genügt«, sagte Böhnke mit einem strengen Blick zu Grundler, der zustimmend nickte.

»Idiot!« Der Fotograf rannte davon.

Pol folgte ihm und verschwand ebenfalls in der Menge.

»Keine Sorge«, sagte Böhnke gelassen und griff zum Handy. »Die kommen nicht weit.« Von seinem Versuch, die Täter zu übertölpeln, war er vorher nicht überzeugt gewesen. Jetzt kam er sich vor wie einer der Gaukler, die Passanten Bälle aus der Nase zogen oder sie mit Taschenspielertricks verblüfften.

»Wie bist du auf sie gekommen?«, fragte Lieselotte.

Grundler stöhnte auf. »Das liegt doch auf der Hand.«

»Klugscheißer«, knurrte Böhnke. »Pol und der Deutschlandchef von HiKiWe sind Verwandte. Kann jeder im Internet recherchieren. Er muss irgendwie von dem Treffen von Mohr mit dem Journalisten erfahren haben und hat sofort Pol informiert. Der und der Fotograf haben dem Journalisten auf dem Weg zum Treffpunkt aufgelauert und ihn abgestochen. Dann haben sie am vereinbarten Treffpunkt auf Mohr gewartet und ihn zur Geisterbahn geschleppt. In der Menschenmenge fiel das nicht weiter auf. Dort angekommen, haben sie ihn mit Wodka bis zur Volltrunkenheit abgefüllt und dann in den Schacht gestürzt. Selbst wenn er überlebt hätte, hätte er sich an nichts mehr erinnern können und wäre aufgrund der Beweise verurteilt worden.« Böhnke sah sich betrübt um. »Bei so viel Tod kann einem der Spaß am Rummel schon mal vergehen. Auch wenn der Historische Jahrmarkt nichts dafür kann, dass Menschen in ihrer Gier über Leichen gehen.« Der Radetzkymarsch unterbrach ihn.

»Ich höre«, sagte er in sein Handy, um nach wenigen Sekunden mit einem »Prima!« das Telefonat zu beenden. »Die beiden Vögel sind schon geschnappt worden. War ja auch nicht anders zu erwarten.« Er rieb sich die Hände, während sich seine Miene aufhellte. »Wenn wir schon mal hier sind, will ich jetzt endlich mal zum Henker und danach zur zersägten Jungfrau!«

»Vorher gibt es aber noch eine Schokobanane und ein Lebkuchenherz für meine Liebste«, sagte Grundler, um als Gastgeber des »Betriebsausflugs« das letzte Wort zu haben. »Und stolpert mir bloß nicht über das Gänseorchester, das uns gerade entgegenkommt.«

Regina Schleheck

Tunnelblick

Raja, das bedeute »Hoffnung«, hat Lucy erklärt. Die hab ich dann mal geschöpft. Ich hatte Lucy ja rausgeschmissen, als sie mit diesem Kamel um die Ecke kam. Die eigene Tochter! Der ich einen Namen gegeben hatte, der dafür sorgen sollte, dass sie ein bisschen heller in der Birne würde als ich, Lucy wie »Licht« halt. Schon gut, dass sie den Dreckskerl nie kennengelernt hat, der mir sie verpasst hat.

Und irgendwie war ich ja sogar mit schuld, weil ich sie zum Essen eingeladen hatte. Ins AKL in der Pontstraße. Kochen können die ja, die Libanesen! Der Typ, der sich nach kurzer Zeit zu uns setzte und uns zutextete, von wegen arabisches Essen und Lebensart, nervte allerdings gewaltig. Was für eine Kultur! Die Menschen! Die Philosophie! Die Sprache! Klar, dass der Kerl sich mit der deutschen Sprache schwertat. Aber Lucy hatte einen Vater-Entzugs-Knall. Obwohl ich persönlich bei Männern mit langen Bärten ja eher an Opas denke. Dass das Kamel erst Mitte dreißig war, konnte man hinter dem Gestrüpp nicht mal ahnen. Meine Schnecke war zu der Zeit gerade mit der Schule durch. Da denkt man doch nicht an so was!

Als sie Wochen später sagte, sie wolle den Heizefeiz heiraten und zu ihm ziehen, bin ich ausgerastet. Dabei kam mir die Situation so bekannt vor. Meine Mutter hatte damals genauso gebrüllt: »Wie kannst du mir das nur antun? Nach allem, was ich für dich …«

Immerhin wollte das Kamel sie heiraten. Meinem Griff in die Tonne war es nur um die Verbreitung seiner Gene gegangen. Aber der hatte immerhin einen deutschen Pass gehabt. Anders als das Kamel.

Meine Mutter starb kurz danach. Herzinfarkt. Ich stand da schon auf eigenen Füßen. Natürlich hat mir ihr »mir das antun« danach mächtig in den Ohren geklungen. Und tut es jetzt, bei der Sache mit Lucy, wieder. Daher bin ich gleich hin, als ich nach der Geburt die WhatsApp kriegte. Ihr Kerl war zum Glück im Ausland. Wär halt viel unterwegs, sagte Lucy. Obwohl sie kein Geld hatten. Seit er in Deutschland war, lebte er von Hartz IV. Über zehn Jahre schon!

So wie Lucy jetzt. Und Raja. Mein Gott, was für ein süßer Batzen! Nur Lucy gefiel mir nicht. So blass! In dieser scheußlichen Tunika! Die ganze Wohnung sah aus wie ein Beduinenzelt. Nur Teppiche und Sitzkissen und niedrige Tische. Schrecklich. Wenn du dich da irgendwohin gehockt hättest, hättest du sofort Rücken gekriegt. Ich meine, das hat natürlich auch mit meinem Job zu tun. Muss mich halt den ganzen Tag bücken. Dreck wegmachen. Bei der Stadtbücherei. Jetzt sind es über dreißig Jahre.

Hab's trotzdem immer gern gemacht. Weil ich da was gelernt hab, was mir in der ganzen blöden Schulzeit niemand beigebracht hatte. In der Kinderbuchecke der Stadtbibliothek gibt es so viele Bilderbücher mit schönen Illustrationen, daneben oft nur ein, zwei Wörter. Ich fing an, Buchstaben im Kopf nachzuzeichnen. Viele kannte ich ja schon. Dann entstanden wie von selbst Silben und schließlich Wörter wie »Kakadu« oder »Krokodil«. Am Ende begriff ich sogar, was das komische »h« in der »Kakaobohne« verloren hatte. Und dass es in »verloren« nichts verloren hatte.

Haufenweise Bücher nahm ich mit. Die Ausleihe hatte ja schon zu, wenn unser Putztrupp kam. Am nächsten Tag brachte ich sie immer wieder zurück.

Später habe ich Lucy vorgelesen, die ich zur Arbeit mitnehmen durfte. Anfangs schlief sie im Wagen. Später krabbelte sie rum und guckte sich alles an. Im Sommer ging ich, sobald ich in der Bibliothek fertig war, mit ihr in den kleinen Garten, wo wir im Buchsbaumhecken-Labyrinth Verstecken spielten. Wenn ich sie gefunden hatte, las ich ihr auf einer Bank die Bücher vor, die sie sich ausgesucht hatte. Als sie eingeschult wurde, konnte sie schon lesen. Nur vom Spielen in der Kinderecke! Sie brachte immer gute Noten nach Hause. Grundschule, Gesamtschule, Handelsschule. Sollte es mal besser hinkriegen als ich.

Und dann war das Kamel gekommen.

Was für ein Name! Blötschkopp! Lucy sagte, seine muslimischen Kumpels hätten mächtig Respekt vor ihm. Dass der Typ meinte, die Weisheit mit Löffeln gefressen zu haben, war mir schon im ersten Moment aufgefallen. Aber was für ein Würstchen! Nicht in der Lage, mit seiner Hände Arbeit eine Familie zu ernähren! Aber eine Frau zu schwängern und zu heiraten, um bleiben zu können und sich durchzuschmarotzen!

»Schlägt er dich?«, habe ich Lucy gefragt.

Sie starrte mich mit großen Augen an. »Wie kommst du denn darauf?«

Damit wusste ich Bescheid.

»Zeig her!« Sie musste die Ärmel hochkrempeln und das Kleid anheben. Überall blaue Flecken und Striemen.

»Der hat dich sogar verprügelt, als du hochschwanger warst?«

Lucy starrte mich immer noch an.

»Pack deine Sachen und komm zu mir«, sagte ich.

Raja fing wie auf Stichwort an zu quengeln.

»Ich kann nicht.«

»Weil du Angst hast, er könnte Ärger machen?«

»Nicht ›könnte‹. Macht.«

»Dann zeigen wir ihn an. Der fasst dich nicht noch mal an.«

Lucy nahm Raja auf. »Du hast doch keine Ahnung, Mama. Er ist Statthalter und Gouverneur. Seine Leute sitzen überall.«

»Der kann rein jar nix außer schwade.« Wenn ich richtig wütend bin, verfalle ich in Platt. »En Fottjeseech, dat Frust an dir auslässt. Statthalter! Gouverneur! Von wat denn?«

»Vom Islamischen Staat.«

»Wat?«

Sie erzählte was von Glaubenskrieg und Gottesstaat und so einem Gedöns, dass mir ganz schlecht wurde.

An dem Tag ging ich allein nach Hause. Aber vorher bei der Jesuitenstraße 5 vorbei. Da war er wohl bekannt. Zumindest wurde alles interessiert protokolliert.

Es dauerte über ein Jahr, ehe sie ihn einlochten. Noch am selben Tag stellte ich Lucy meiner Chefin Rita vor. Eigenes Geld zu verdienen ist schließlich das A und O, wenn man ein Kind durchbringen will. Rita hatte keine Einwände, und Raja durfte wie Lucy damals im Buggy in die Bibliothek mitkommen. Wir arbeiteten gemeinsam und schuckelten sie zwischendrin. In meiner Wohnung hatte ich Lucys Zimmer nicht angerührt. Die Klamotten, alles, was der Gatte nicht duldete, aufbewahrt. Sie kam zum Kaffee, nahm ein paar Teile mit, blieb aber nie über Nacht.

»Was sagt dein Kameltreiber dazu, dass du jetzt anschaffen gehst?«

Sie kicherte. »Ich hab ihn nicht gefragt. Aber ich hab's ihm geschrieben. Er kriegt's ja eh raus.«

Wenn sie den Dreckskerl nur abschieben würden! Meine Tochter war auf dem besten Weg gewesen.

Und dann tauchte Siad auf.

Mit den Putzkolonnen ist das immer so eine Sache. Ganz am Anfang waren wir mal bei der Stadt angestellt. Dann wurde outgesourct, kürzere Taktzeiten, schnellere Personalwechsel. Genauso in den oberen Etagen. Auch Rita bastelte schon an ihrem Altersruhesitz in der Eifel. Dass es so schnell gehen würde, damit hatte ich allerdings nicht gerechnet.

Am Nebeneingang der Stadtbibliothek warteten an diesem Abend nur Lucy und ich. Außerdem zwei Frauen im Nikab und zwei arabisch aussehende Männer mit Bart. Einer trat auf uns zu, äugte in den Buggy und musterte meine Tochter. »Du bist Kamels Frau? Warum trägst du Jeans?«

»Weil ich arbeite«, gab Lucy zurück.

Der Kerl wandte sich mir zu. »Und du bist Emma, ihre Mutter? Achte darauf, dass sie sich anständig anzieht.«

Ich fragte: »Was ist mit Rita?«

Er schnalzte mit der Zunge. »Sie hat den Laden an mich verkauft.« Grinste und klopfte sich auf die Brust. »Ich bin Siad.« Dann wies er auf den anderen Mann und die Frauen. »Das sind Lounis und Fadia und Thamina, meine Schwestern.« Dann auf uns: »Emma, Lucy.«

Wir nickten einander zu.

»Wenn du willst, kannst du auch kündigen, Emma. Ich zahle bis Ende des Monats.«

Tünnes! Von deutschem Kündigungsrecht hatte der anscheinend noch nichts gehört! Aber wollte ich überhaupt gehen? Was wäre dann mit Lucy?

Siad wandte sich an meine Tochter. »Kamel sagt: Gut, dass du Arbeit hast. Und gut, dass wir zusammen arbeiten. Du zeigst uns, wo hier was ist.«

Lucy wirkte verwirrt.

Siad zückte den Schlüssel. »Lasst uns reingehen.«

Wir nahmen den Aufzug in den Keller, wo die Putzsachen lagerten. Die Männer inspizierten alles, dann ordnete Siad an: »Emma, du gehst mit Fadia und Thamina nach oben und sagst ihnen, was sie machen müssen. Lucy, du bleibst bei uns hier unten.«

Ich warf meiner Tochter einen Blick zu. »Und der Kinderwagen?«

»Lass ihn hier«, meinte Lucy. »Wenn sie Theater macht, melde ich mich schon.«

Ich fuhr mit den beiden Frauen nach oben, angenehm davon überrascht, dass sie fließend Deutsch sprachen und ganz normal schienen, als sie erst mal die Eierwärmer ausgezogen hatten. Darunter kamen zwei Mädchen zum Vorschein, jünger noch als meine Lucy.

Thamina lugte hinter die Tür des Musikzimmers. »Wow, ein Klavier!« Kurz darauf hörte man sie spielen.

»Du bist zum Arbeiten hier«, rief Fadia.

Unwillkürlich musste ich an meine kostbaren Minuten mit den Bilderbüchern denken. Ich zeigte ihnen, was zu tun war, und horchte sie ein bisschen aus. Sie waren im Ostviertel aufgewachsen, die Eltern kamen aus Tunesien. Lounis war Algerier und der Kompagnon ihres Bruders.

»Und woher kennt ihr Kamel?«

Sie kicherten. »Kamel kennt man«, sagte Thamina.

»Von der Moschee«, ergänzte Fadia.

»Und was haben euer Bruder und Lounis im Keller vor?«, fragte ich.

Sie zuckten die Schultern.

Komischerweise machte ich mir um Lucy keine Sorgen. Mit dem Kamel im Nacken würden sie ihr nichts tun. Aber im Keller gab es nichts zu putzen. Da wurden ausschließlich wissenschaftliche Bücher aufbewahrt, die wenn, dann nur über die Fernleihe ausgeliehen wurden. Siad oder Lounis verstanden garantiert nichts von dem Wert dieser ollen Schinken.

»Ich gucke mal nach dem Baby«, sagte ich und nahm den Aufzug abwärts.

Der Kinderwagen war leer. Ich fand Raja, Lucy und die Männer am Ende eines der Gewölbekeller. Lucy lehnte mit dem Kind auf dem Arm gegen den weit geöffneten Notausgang. Die Männer klopften auf die Wand hinter der Feuerleiter, die in einer Art Schacht auf die Straße führte. Ich wusste, dass sich oben ein Gitter befand, das man von unten aufstemmen konnte. Suchten die nach einem Ausgang aus der Bibliothek, durch den sie unauffällig etwas rausschaffen konnten? Aber um diese Tageszeit hätten sie genauso gut den ganz normalen Ausgang nehmen können. Dann fiel es mir wie Schuppen aus den Haaren.

Anscheinend hatte ich »Ah!« gerufen, denn Siad drehte sich zu mir um.

»Was machst du hier?«

Alle guckten mich an. Raja reckte mir die Ärmchen entgegen und strahlte. »Oma!«

Ich lächelte zurück. »Die Frage ist, was ihr hier macht. Aber ich kann's mir denken. Ihr sucht den Geheimgang!«

Alle schwiegen.

Von genau diesem Notausgang, so hieß es, führte ein verschütteter Geheimgang zu einem System von Tunneln, die verschiedene Keller im Aachener Zentrum verbanden. Es ging das Gerücht, dass sich auch am Elisenbrunnen und im Rathaus Zugänge befanden. Manche schworen sogar, es gebe Aufzeichnungen. Der Gewölbekeller der Stadtbibliothek war noch ein Überrest des Gebäudes, das Anfang des 17. Jahrhunderts an dieser Stelle gestanden hatte. Das Gasthaus »Zum Wilden Mann«. Hundert Jahre später war es von einem gewissen Herrn Couven, nach dem die Straße benannt worden war, zu einem schicken Hotel mit dem Namen »Zur kaiserlichen Krone« umgebaut worden. Sogar Kaiser Napoleon sollte da mal abgestiegen sein. Aus dieser Zeit, als hier noch die Wichtigs verkehrten, so hieß es, stammten die Geheimgänge. Vielleicht war der Herr Couven der Planer gewesen, als Aachener Stadtarchitekt hatte der bestimmt überall seine Finger dringehabt. Weshalb heute ein Gymnasium, ein Museum und eine Halle seinen Namen trugen – und wahrscheinlich auch irgendeine Printe der backsteinharten Sorte, mit der man Häuser für die Ewigkeit bauen könnte.

»Du kennst den Gang?«, fragte Siad, als er mit Starren und Schweigen fertig war.

»Kennen wär zu viel gesagt«, antwortete ich. »Aber hier soll der Anfang sein.«

Die beiden Männer guckten sich an.

»Okay«, sagte Siad. »Du kriegst einen Anteil. Wir klären das mit Kamel.«

»Wieso mit ihm?«

»Weil er uns den Auftrag gegeben hat.«

»Bis zur JVA Dortmund kommt ihr von hier aber nicht.«

»Mutter!« Lucy klang genervt. »Am Elisenbrunnen steht die Deutsche Bank.«

Jetzt war ich an der Reihe, zu starren. »Steckst du mit denen etwa unter einer Decke?«

»Nee, aber mein Mann, wie es aussieht.«

»Und wenn wir sie anzeigen?«, schlug ich vor. Ging mir sonst wo vorbei, dass sie danebenstanden.

»Mit so einem süßen kleinen Kind kommt ihr nicht weit.« Auch Siad schien meine Bemerkung sonst wo vorbeizugehen. »Der Gouverneur hat einen langen Arm.«

»Drecksau!«, gab ich zurück.

»Genug geplänkelt«, sagte Siad. »Ihr werdet fürs Putzen bezahlt, nicht fürs Mullen. Denkt drüber nach und jetzt ab an die Arbeit!«

Als er an diesem Abend hinter uns abschloss und sich mit »Bis morgen!« verabschiedete, sah ich Lucy an. »Zu dir oder zu mir?«

Lucy griff ins Netz des Kinderwagens und hob eine Plastiktüte an. »Zahnbürste und Windeln hab ich dabei«, sagte sie. »Seit Wochen.«

In der Nacht süffelten wir in meiner Küche eine Flasche Eierlikör leer. Und fassten einen Plan.

Drei Wochen später waren die Jungs in die Gänge vorgedrungen. Der Tunnel war zu großen Teilen nur grob verfüllt, der Anfang die größte Hürde gewesen. Weil man ihn gründlich vermauert und verputzt hatte. So nah der Straße musste das Gitter mit Dämmmaterial abgedeckt werden, damit keine Geräusche nach außen drangen. Während die anderen arbeiteten, stand immer einer Schmiere für den Fall, dass Passanten stutzig wurden.

Die Männer meißelten den Gang frei, und Lucy und ich schafften Schutt weg, während Thamina und Fadia die Bibliothek putzten. Jeden Abend wurde der Durchbruch zum Gang mit einer Pappe abgedeckt, die mit Putz und Dreck beschichtet war.

Schon ganz zu Anfang hatte ich Siad und Lounis den Buchbestand im Keller zeigen müssen. Vor allem interessierten sie sich für die Schinken, die nur noch als Regalfüller rumstanden. Wenn wir nicht mit dem Schutt beschäftigt waren, höhlten Lucy und ich die Buchbriketts aus, die die Männer mit Tüten voller Pulver füllten. Sprengstoff, klar. Es im Gang zu lagern war während der Arbeit zu riskant. Die Bücher schoben wir vorsichtig ins Regal zurück. Natürlich: Würde jemand den Gang entdecken, gäbe es keinen zwingenden Zusammenhang zur Stadtbibliothek. Jeder hätte da reinklettern und den Tunnel ausgraben können. Das Pulver hätte das Ganze brisant gemacht, aber das würde man nicht ohne Weiteres finden.

Lucy war mittlerweile quasi bei mir eingezogen. Um keinen Verdacht zu erregen, trug sie seit Siads Tadel wieder lange Röcke und Kopftücher, besuchte die Moschee, schrieb ihrem Kamel lange Briefe, schickte ihm Bilder von Raja. Der große Statthalter musste denken, dass ich einen guten Einfluss auf sie hatte. Bei diesen Leuten genießen Familienmitglieder immer einen fetten Vertrauensvorschuss. Sogar ungläubige. Meinen ersten Widerstand hatten Siad und Lounis wahrscheinlich als Ehrlichkeit eingeordnet, die mich in ihren Augen umso vertrauenswürdiger machte. Wer will schon seine eigene Tochter in Gefahr sehen?

Andererseits war ich ein Urgestein, kannte vor Ort jeden Winkel. Mit mir im Team würde niemand der Truppe misstrauen. Wir hatten sie im Sack. Nur: Wie konnten wir ihren Plan durchkreuzen, ohne dass es auf uns zurückfiel?

Lucy kam schließlich auf die Idee mit dem Security-Mitarbeiter, der täglich am späteren Abend im Rahmen seiner Objektschutz-Tour die Stadtbibliothek kontrollierte. Der Aufenthalt unserer Putzkolonne dauerte seit mehreren Wochen bis in die späten Abendstunden. Wo vorher vier bis fünf Frauen sauber gemacht hatten, waren es ja nur noch zwei. Wenn der Security-Mann mit seiner Taschenlampe in die Fenster leuchtete, winkten die Mädels ihm zu oder ich kam auf einen kurzen Gruß zur Tür. Alfred hieß er, ein netter Kerl, auch wenn er sich in seiner Uniform immer furchtbar wichtigtat und zur Verabschiedung die Hand hob und die Hacken zusammenknallte. Normalerweise lief er einmal um das Gebäude herum, weswegen wir die Männer am Notausgang jedes Mal warnten, wenn sein Wagen vorfuhr.

»Wir setzen Raja als Lockvogel ein«, schlug Lucy schließlich vor. Sollte Alfred durch sie auf etwas aufmerksam werden, genauer hingucken und dann die Polizei alarmieren – nicht unsere Schuld.

So passierte es: Alfred fuhr vor, und ich alarmierte per WhatsApp Lucy, die Raja zum Notausgang trug und ihr zeigte, wie sie mit den Fäusten gegen die Metalltür hämmern sollte, dass es hallte. Dann schrie Lucy, so laut sie konnte: »Das darfst du nicht, Raja! Komm sofort da weg!«

Ich beobachtete aus einem Fenster, wie Alfred neben dem Schacht stutzte, ihn mit der Lampe ausleuchtete, sich hinkniete, an dem Gitter rüttelte, schließlich nach seinem Smartphone griff, etwas eintippte, wartete. Dann sagte er etwas, schob das Gerät in die Tasche zurück, ging wieder in die Knie und ließ den Lichtkegel erneut durch den Schacht gleiten.

Während ich auf eine Polizeisirene wartete, näherte sich ein Schatten von da, wo Alfreds Wagen stand. Ein Schrank von einem Kerl, große Gestalt mit Glatze und wiegendem Gang, der mich an jemanden erinnerte. Beide Männer äugten gemeinsam in den Schacht. Schließlich rappelten sie sich auf und gingen in Richtung Bibliothekseingang. Sofort beorderte ich Lucy mit Raja in die Kinderbuchabteilung, wo Thamina gerade staubsaugte. Eine Zeugin konnte nicht schaden. Lucy begann, ihre Tochter zu wickeln, und ich half, die Kleine ruhig zu halten.

Bald darauf klopften Alfred und sein Begleiter an die Scheibe. Anscheinend war er zu faul, seinen Schlüssel zu benutzen.

»Gehst du, Thamina?«, fragte ich.

Obwohl Thamina ihren Nikab abgelegt hatte, öffnete sie die Tür.

»Wir müssen den Notausgang kontrollieren«, konnte ich Alfred sagen hören. »Könnte sein, dass jemand versucht hat einzusteigen.«

Thamina sah sich um. »Emma!«, rief sie. »Sag Siad Bescheid!«

»Ich hab mein Smartphone nicht dabei«, gab ich zurück, um Zeit zu schinden.

Alfred ging mit seinem Begleiter währenddessen zum Treppenhaus. Letzterer hatte sich nicht zu mir umgedreht, sodass ich sein Gesicht noch nicht gesehen hatte.

Thamina fand ihr eigenes Handy, rief Siad an und sprach aufgeregt auf Arabisch.

»Was machen wir jetzt?«, fragte ich.

Sie zuckte die Schultern.

Lucy und ich sahen uns an. Warum hatte Alfred nicht die Polizei alarmiert?

Fadia kam dazu. Die Schwestern waren fertig mit ihrer Arbeit, brachten das Putzzeug in den Keller und kehrten zurück.

»Unten ist keiner. Sie müssen alle im Gang sein«, sagte Fadia.

Was war schiefgelaufen? Brachten die sich jetzt gegenseitig um?

Lucy schuckelte Raja in den Schlaf. Ich grübelte.

Nach einer Ewigkeit hörten wir den Aufzug und stierten gebannt in seine Richtung. Die Tür glitt auf, und heraus traten Siad, Lounis, Alfred und – Herbert! Ach du Scheiße! Ich schob mich unauffällig hinter Lucy.

Siad räusperte sich. »Sieht so aus, als hätten wir zwei neue Partner. Wir werden die Strategie ändern, wenn der Gouverneur das Okay gibt.« Er wies auf die beiden von der Security. »Alfred kennt ihr ja schon. Das ist sein Kompagnon Herbert.«

Herbert trat kurz vor.

Siad zeigte der Reihe nach auf uns. »Thamina, Fadia, meine Schwestern. Lucy und Emma.«

Herbert glotzte. Dann sagte er: »Hallo, Emma.« Grinste.

»Drecksau!« Warum nur konnte ich mich wieder nicht beherrschen?

»Ihr kennt euch?« Siad sah zwischen uns hin und her.

»Von früher«, sagte ich. »Alles gut. Der wird das Kind schon schaukeln.«

Aber genau das hatte das Fottloch nicht getan. Wenn ich schwanger werden würde, sollte ich zusehen, wie ich klarkäme, hatte er gesagt, nachdem er mich gevögelt hatte. Warum ich ihn nicht gleich umgelegt hatte? Ganz einfach, weil er gleich danach abgehauen war. Nach Amerika. Dallas, Texas. Wie hieß die Truppe noch, der er sich angeschlossen hatte? Beim Blick auf seine Handrücken fiel es mir wieder ein. Das Tattoo der Hammerskins: zwei gekreuzte Hämmer vor dem Zahnrad. Herbert hatte sich schon immer für die Elite gehalten. Die Karlsbande nannte er einen Haufen Schlappschwänze, die nichts gebacken kriegten als Alemannia-Gröl-Gesänge und das Abbrennen von Polenböllern im Tivoli. Faselte vom weltweiten Kampf gegen Überfremdung. Wieso er dafür ausgerechnet in die Fremde hatte gehen wollen, erschloss sich mir nicht. »Arier aller Länder müssen sich solidarisieren!«, schrie er damals dauernd.

Himmel, ich hatte doch keine Ahnung, was Arier waren, verstand »Aachener« und hakte nach: »Aachener aller Länder? Du meinst, alle aus dem Dreiländereck?«

Da wurde mir erklärt, wo der Hammer hing. Nämlich total im Argen. Weil die Aachener so auf den Karl abfuhren, der doch der Sargnagel der Germanen gewesen wär. Ende des 8. Jahrhunderts hätte Kaiser Karl in einem Blutgericht fünftausend Sachsen abschlachten lassen, die immer noch auf Blutrache im Kampf gegen das welsche Christentum warteten.

»Welches Christentum?«, fragte ich. Klar, als ich später lesen konnte, verstand ich, dass Herbert nicht einfach nur – wie alle

Rheinländer – das »ch« wie »sch« ausgesprochen, sondern es sich um ein ganz anderes Wort gehandelt hatte.

Natürlich das welsche! Karl der Große wär ein Franke gewesen, der das Abendland romanisiert hätte. Das heutige Europa wär nichts als eine französische Missgeburt, die die wahren Götter ausrotten wollte, weshalb er, Herbert, sich dem bewaffneten Widerstand anschließen würde. Im Zeichen des Hammers, der für Thor stünde.

»Bedeutet ›Tor‹ nicht ›Dösbaddel‹?«, vergewisserte ich mich. Himmel, diese Rechtschreibung!

Da knallten bei Herbert alle Sicherungen durch. Anschließend sah ich aus wie Lucy nach Rajas Geburt. Ich humpelte in den Aachener Dom und zündete aus lauter Dankbarkeit darüber, dass ich keine Gelegenheit gehabt hatte, ihm von der Schwangerschaft zu erzählen, eine Kerze an. Nee, religiös war ich noch nie. Aber ein Jesus Christus, der sagte, man solle nicht zurückschlagen, und sich lieber ans Kreuz nageln ließ, war mir bedeutend sympathischer als ein Dreckskerl, der eine Frau erst nagelte und anschließend den Hammer auspackte. In dem Moment hatte ich entschieden, dass er nie im Leben sein Kind kennenlernen würde.

Aber jetzt stand dieses Sauaas nach so vielen Jahren vor mir und meiner Tochter und hatte sich im Kampf gegen die Christianisierung des Abendlands mit dem Islamistenpack verbündet. Höchste Zeit für einen Gegenschlag! Die Christus-Strategie war in diesem Fall keine Lösung.

Das Allerwichtigste: dass Lucy mit ihrem Vater-Entzugs-Knall nicht erfuhr, dass er ihr Vater war. Auch wenn Herbert zu blöd war, eins und eins zusammenzuzählen – ihr Alter würde er leicht rauskriegen.

»Woher kennst du den Typ?«, fragte Lucy prompt auf dem Heimweg.

»Aus dem Fußballstadion«, antwortete ich wahrheitsgemäß. »Vor deiner Zeit.«

»Ein Nazi-Arsch!«

»Der geht über Leichen, und wenn er am Ende über die von Siad und Lounis geht, ist das doch super für uns.«

»Aber was macht der mit einem Würstchen wie Alfred?«

»Alfred hat Schlüsselgewalt über alle wichtigen Gebäude der Stadt. Grund genug, sich an ihn dranzuhängen.«

Die Männer hatten sich also auf eine neue Strategie geeinigt: Obwohl der Elisenbrunnen schon fast erreicht war, wurde jetzt Richtung Rathaus weitergebuddelt.

»Aber was, bitte schön, ist denn im Rathaus zu holen?«, fragte ich. »Wie hoch ist noch mal gerade der Schuldenstand der Stadt?«

Am Abend setzte ich mich mit Lucy vor den PC und recherchierte: Was gab es im Rathaus, was sich zu klauen lohnte? Großformatige Gemälde, die Ketten der Bürgermeister, das Ark'sche Treppengeländer? Wir fanden heraus, dass im Krönungssaal früher die Bibliothek untergebracht gewesen war. Außerdem wurde da immer der Karlspreis verliehen. Dieses Jahr sollte ihn ein Franzose kriegen, das Makrönchen. Für seine Verdienste um Europa. Ich grinste. Das würde Herbert stinken.

»Die Merkel kommt!«, rief Lucy plötzlich.

Ich drehte mich erschrocken zur Wohnzimmertür um, dann endlich fiel bei mir der Groschen. Macron und Merkel auf einen Streich! Am 10. Mai! In fünf Tagen …

Von da an arbeiteten wir die Nächte durch. Wenn Thamina und Fadia geputzt hatten, halfen sie im Tunnel. Alfred fuhr seine Runde und entsorgte unterwegs den Schutt. Auch Herbert packte tüchtig mit an.

In der letzten Nacht vor dem großen Tag war alles fertig, und wir deponierten die Bücher mit ihrem gefährlichen Inhalt in den Gängen. Die Herren legten Schnüre und rechneten. Sagte ich schon, dass Herbert noch nie eins und eins hatte zusammenzählen können?

An Tag X klappte manches wie am Schnürchen. Die Anti-Atom-Bewegung »Stop Tihange« war da, um die Karlspreisverleihung zu stören. Hunderte von Demonstranten schrien, pfiffen und trommelten, sodass niemand von der Detonation etwas mitbekam. Die allerdings nichts weiter bewirkte, als dass der Gang in sich zusammenfiel und vier Möchtegern-Terroristen unter sich begrub. Offensichtlich hatte ich in den letzten Wochen genau die richtige Menge Sprengpulver im Klo entsorgt und an ihrer statt Haushaltsmehl in die Beutel getan.

Natürlich wurden die Leichen ein paar Tage später wieder ausgebuddelt und wir ins Kreuzverhör genommen. Dass wir zur Beihilfe erpresst worden waren, lag auf der Hand. Dass wir den Anschlag letzten Endes vereitelt hatten, rechnete man uns hoch an. Das Kamel wurde abgeschoben. Lucy reichte die Scheidung ein und zog mit Sack und Pack zu mir.

Raja und Lucy hatten ihre Namen verdient: endlich Licht am Ende des Tunnels. Wir hatten wieder Hoffnung!

Sabine Trinkaus

Der Hauptgewinn

Horst schwitzt. Das passiert ihm immer, wenn er nervös ist. Es ist ihm nicht recht, aber es lässt sich nicht ändern. Jeder wäre in so einem Moment nervös. Kurz bevor er nach den Sternen greift, sich endlich das nimmt, was er immer wollte. Und genau das wird Horst gleich tun.

Weil er es kann.

Das ist wichtig. Das darf er keine Sekunde lang vergessen. Er kann das. Das hat er gelernt, in diesem Seminar, das sein Leben verändert hat. Und ihn. Innerlich, aber man sieht es auch außen. An dem schicken Hemd, den lässigen Jeans und dem Bart, den er sich hat wachsen lassen. Der Mann, der hier steht, ist Horst, der Sieger. Horst, der Hauptgewinn.

Und darum ist das mit dem Schwitzen eigentlich auch kein Problem. Drago, sein Coach, hat nämlich gesagt, dass Männerschweiß jede Menge Androsteron enthält. Das ist ein Abbauprodukt von Testosteron, und es ist wissenschaftlich erwiesen, dass Frauen darauf mit erhöhter Puls- und Atemfrequenz und einer leichten, aber deutlich messbaren Erregung reagieren.

Horst wirft einen vorsichtigen Blick hinüber zu der schmallippigen Dame in der wattierten Steppweste, die neben ihm vor dem historischen Apothekentresen steht und interessiert die Präzisionspendel-Standuhr an der Wand betrachtet. Sonderlich erregt wirkt sie nicht. Aber eigentlich ist Horst das auch ganz recht so. Auf der Hot-Babe-Skala ist die Alte höchstens eine Zwei. Nichts für Horst also, und abgesehen davon will er ja auch nur sie, die Eine, die Einzige. Sie ist die Beute, sie wird er einwickeln mit seiner raffinierten Verführungskunst, und am Ende wird sie willig in seine Arme sinken. Und in sein Bett.

Mist, das mit dem Bett hätte er jetzt nicht denken sollen. Schlagartig wird ihm noch wärmer. Zumal er jetzt Schritte hört, diese Art Frauenschritte, die den alten Horst immer ein bisschen eingeschüchtert hat. Absätze, die energisch auf Holzdielen knallen, akkurat, selbstbewusst und streng. Und dann steht sie da, steht in der Tür, leibhaftig, majestätisch und unfassbar schön. Die Eine. Die Einzige.

Sein Deo versagt.

»Einen wunderschönen guten Tag. Mein Name ist Katharina Maubach, und ich freue mich, Sie hier im Couven-Museum begrüßen zu dürfen.« Katharina zwingt sich zu einem Lächeln und scannt rasch die Runde. Klein, aber klassisch. Da ist die bildungsbeflissene Dame, die vor Eifer zu platzen droht. Ein pickliger Teenager, der sich auf eine Art in den überdimensionierten Kapuzenpullover verkriecht, die keinen Zweifel daran lässt, dass er gegen seinen Willen hier ist, neben ihm die Mutti, die das demonstrative Desinteresse des Welpen mit enthusiastischem Strahlen und unmotiviertem Nicken zu kompensieren sucht. Nur der Typ mit dem Fusselbart in dem geschmacklosen Hemd, der zu allem Überfluss auch noch schwitzt wie ein Schwein, passt nicht recht ins Bild. Und Katharina nicht in den Kram, denn das, was da eben zu Hause passiert ist, sitzt ihr noch in den Knochen. Aber sie ist ein Profi. Sie hat sich im Griff.

Sie strafft die Schultern und holt Luft. *Männer sind Schweine*, sagt sie. *Ich habe die Schnauze voll von Männern. Mir reicht's!*

Natürlich sagt sie das nicht wirklich. Vielmehr spricht sie von Adam Coebergh, der das Haus hier am Hühnermarkt 1662 erbauen ließ, von der historischen Adler-Apotheke und der allerersten Tafelschokolade Deutschlands, die hier hergestellt wurde. Der Vortrag geht ihr so routiniert über die Lippen, dass ihr Geist sich weiterhin mit dem befassen kann, was sie im Moment wirklich beschäftigt.

Der Teenager mustert konzentriert seine Schuhe, während Mutti und die Beflissene aufmerksam lauschen. Was Fusselbart tut, kann Katharina nicht sagen, denn sie vermeidet es tunlichst, in seine Richtung zu sehen.

Ich weiß, dass niemand etwas dafür kann, dass er einen Penis hat, fährt sie lieber fort. *Ein Penis ist per se weder ein Verbrechen noch ein Problem. Er macht seinen Träger nicht zwangsläufig zu einem primitiven Drecksack. Nur manche. Viele. Alle, die ich kenne eben.* Es scheint niemandem aufzufallen, dass ihre Stimme vor Zorn bebt, während sie auf die Delfter Fliesengemälde über der Tür hinweist und Details der alten Apothekenutensilien in den Vitrinen erläutert.

Die Damen nicken verständig, der Teenager gähnt.

»Na, da weiß ja mal jemand mächtig gut Bescheid.«

Katharina fährt herum und starrt Fusselbart an. Der grinst süffisant.

»So ein schlaues und hübsches Köpfchen, alle Wetter.« Er nickt gönnerhaft. »Mein Name ist übrigens Horst«, sagt er dann und kneift tatsächlich neckisch ein Auge zu. »Aber du darfst Hotte zu mir sagen.«

Katharina ringt kurz um Atem und Fassung. Profi, erinnert sie sich, sie ist ein Profi. Und er ein zahlender Besucher des Museums. Sie braucht diesen Job. Sie kann damit umgehen.

Sie wirft ihm einen hasserfüllten Blick zu, bevor sie sich abwendet und sich räuspert. »Wenn Sie mir dann bitte folgen würden?«

Sie hat ihn nicht erkannt. Kein Wunder, ist ja auch ewig her. Und abgesehen davon hat Horst, der Hauptgewinn, keine Ähnlichkeit mit dem pickligen Fünfzehnjährigen von damals. Ist aber auch egal, denn das hier läuft wie am Schnürchen. Drago wäre bestimmt stolz auf ihn und seinen perfekten Opener. Locker, witzig, ein bisschen frech. Ein Volltreffer, das hat er an ihrem Blick gemerkt. Darin lag eindeutig mehr als oberflächliches Interesse. Es funktioniert tatsächlich.

Dabei ist Horst erst skeptisch gewesen. Pick-up-Artist, das hatte er vorher noch nie gehört. Aber das, was die Firma Progressive Seduction im Seminar »Casanova Day Game« anbot, war nun einmal genau das gewesen, was er brauchte. Schnell war klar geworden, dass die anderen Teilnehmer etwas anderes wollten als er. Ganz viele Frauen nämlich. Und ganz viel Sex.

Ganz viele Frauen, das stellt Horst sich eher anstrengend vor. Die Eine, die Einzige, mehr braucht er nicht. Ganz viel Sex klang eigentlich gut, aber damit hat er nicht so wirklich Erfahrung. Das sei aber auch nicht so wichtig, hatte Coach Drago gesagt.

Das könne jeder dann für sich entscheiden, zunächst mal gehe es darum, dass sie lernten, wie es eben lief. Das Game. Und das hatte er dann erklärt. Wissenschaftlich und psychologisch fundiert. Es hatte nämlich mit Biologie zu tun, Evolution und Genen und so, und außerdem damit, dass Frauen in ihrem Leben nur sechzehnmal schwanger werden konnten. Woraus sich dann irgendwie diese Situation entwickelt hatte, dass es eben die Weiber waren, die sich die Kerle aussuchten. Alphamännchen natürlich, als Softie guckte man in die Röhre. Das Muster galt es zu begreifen und zu durchbrechen. Aber wenn man das erst mal kapiert habe, sei es ganz leicht, den Spieß umzudrehen, hatte Drago erklärt. Am Anfang sei es gut, ein bisschen kompromissbereit zu sein und nicht gleich voll auf die Hot-Babes zu gehen, die eine Zehn auf der Skala waren, hatte er gesagt, aber damit konnte Horst leider nicht dienen. Denn sie, die Eine, die Einzige, war schon immer der Gipfel seiner Hot-Babe-Skala gewesen, lange bevor er das Wort überhaupt kannte.

Nach dem Abi war sie irgendwie aus seinem Dunstkreis verschwunden, aber er hatte nie aufgehört, von ihr zu träumen. Und als ihm dann neulich ein alter Kumpel erzählt hatte, dass sie jetzt hier im Museum arbeite, hatte er sofort begriffen, dass das seine Chance war.

Und die nutzt er. Heute. Deshalb ist er hier. Horst, der Sieger. Horst, der Hauptgewinn.

Das Game läuft, und er ist am Zug.

»Schau mal, das sind aber hübsche Stühle!« Mutti stößt dem Teenager aufmunternd den Ellbogen in die Seite. »Das kannst du bestimmt gut für dein Referat brauchen. Das ist Biedermeier, oder?« Sie sieht Katharina fragend an.

Man kann sie nicht alle töten, erwidert die, während sie geduldig erklärt, dass es sich nicht um Biedermeier-, sondern um Empire-Stühle handelt. *Für den Moment mag es sehr befriedigend sein, aber langfristig ist es viel zu anstrengend. Es muss ja immer aussehen wie ein Unfall. Sonst endet man im Knast. Und das sind sie wirklich nicht wert. Darum muss man sich einfach bemühen, sie zu ignorieren. Das hätte man von Anfang an tun sollen. Wenn man nicht schon als Mädchen internalisiert hätte, dass der eigene Wert davon abhängt, was Männer von einem halten, wäre der ganze Scheiß doch nie passiert. Dann hätte man nicht seine Jugend damit vergeudet, sich anzustrengen, sich zu optimieren und zu kontrollieren, immer schön gefällig und nett und sexy zu sein. Damit man geliebt wird, damit man einen abkriegt. So einen, der dann intellektuell damit überfordert ist, ein Kondom sachgerecht zu benutzen! Und dann hätte man nicht seine Promotion abgebrochen, weil es ja sowieso nicht gegangen wäre mit dem Forschungsstipendium und der Juniorprofessur. Kann man nachholen, bildet man sich ein, wenn das Kind ein bisschen größer ist. Aber dann ist man leider schon wieder schwanger und merkt auch schnell, wie erfüllend diese Mutterschaft ist. Mit dem erbärmlichen Teilzeitjob und der Dreckwäsche und dem Einkaufen und dem Kochen und dem Elternbeirat und dem ganzen anderen Kram ist man beschäftigt genug. Aber natürlich hat man keinen Grund zum Klagen, man ist zu beneiden – die reizenden Kinder, das schöne Haus, dazu die finanzielle Sicherheit. Denn er ist ja tüchtig, er hat ja all die Jahre ganz schick Karriere gemacht*, fährt sie fort, während sie erläutert, dass man Empire-Stühle gut an den rechtwinklig ansetzenden Armstützen und dem klassizistischen Dekor, bei dem man nicht nur Applikationen, sondern auch Intarsien eingesetzt hat, erkennen kann. *Und wenn man dann eines Morgens aufwacht und begreift, dass man sein Leben im Klo runtergespült hat, wenn man es dann noch wagt, das laut auszusprechen, dann kriegt man gleich die nächste Packung. Das sind dann nämlich die Wechseljahre. Da werden Frauen ganz biestig und unzufrieden. Was daran liegt, dass sie alt und lappig werden. Und damit können sie nicht umgehen, das macht sie fertig. Weil ja jeder weiß, dass am Ende für eine Frau doch immer nur zählt, dass irgendein Idiot mit Penis ihren Arsch bewundert!* Sie merkt, dass sie ein bisschen zu hitzig klingt, als sie auf die typischen Halbreliefs hinweist, die antike Formen aufgreifen.

»Ich steh total auf schöne Halbreliefs!«

Katharina zuckt zusammen. Fusselbart ist ganz dicht neben ihr, lehnt sich vor und glotzt auf ihren Busen. Sie atmet durch. Einmal. Dann noch mal. Man kann sie nicht alle töten, denkt sie wieder und schaut ihn an. Er kann nichts dafür, erinnert sie sich, und man kann einen Penis ja auch als eine Art Behinderung sehen, überlegt sie, denn sie hat fast ein bisschen Mitleid mit diesem erbärmlichen Würstchen, das so verzweifelt um Aufmerksamkeit bettelt.

Sie wendet den Oberkörper ab, atmet noch einmal durch und tut so, als wäre ihr der schmierige Blick genauso egal wie der Umstand, dass sich der Teenager unter der Kapuze Kopfhörer in die Ohren gesteckt hat. Sie konzentriert sich auf die Beflissene und Mutti. *Man kann sie nicht alle töten*, wiederholt sie. *Das ist keine Lösung.*

Mutti und die Beflissene nicken, während Fusselbart sich dankenswerterweise räumlich entfernt und sich dann an den historischen Kanonenofen lehnt. Er hat die Arme verschränkt und wirkt irgendwie beleidigt. Hin und wieder schüttelt er den Kopf.

Horst fokussiert. Push-and-Pull. Der zentrale Teil des Games, strategisch total wichtig, das hat Drago ihnen eingeschärft. Es gilt, die Beute zu verwirren. Komplimente und Beleidigungen verbal und auch mit der Body-Language so zu mischen, dass die Frau sich am Ende gar nicht mehr auskennt. Dann begreift sie nämlich, dass nicht sie Regie führt. Dann hat man gewonnen. Und das hat er, denn er hat sie so was von am Haken. Sie gibt sich ganz klar Mühe, ihn zu ignorieren, schaut aber trotzdem immer wieder irritiert in seine Richtung. Es fällt ihm schwer, so fies zu ihr zu sein, aber es ist ja letztlich auch in ihrem Interesse. Denn sie wollen es ja auch, die Weiber, das hat Drago gesagt. Sie wüssten es halt manchmal nur noch nicht. Aber spätestens beim ersten Close sollte es ihnen dann klar werden. Und ein Close ist drin, das spürt Horst deutlich. Ein Kiss-Close, denkt er, so, wie es läuft, ist das mal sicher. Möglicherweise kommt es sogar zum Same-Day-Lay.

Er schiebt den Gedanken eilig weg, denn sein Körper hat umgehend wieder damit begonnen, Androsteron zu produzieren. Das lenkt ihn ab, und langsam muss er den nächsten Schritt vorbereiten.

Es geht gar nicht darum, dass er mich verlassen wollte, sagt Katharina, während sie erklärt, dass sich Schrankmöbel aus Aachen und Lüttich durch eine Reihe von Merkmalen voneinander unterscheiden. *Ich weine dem doch keine Träne nach! Aber das kapiert ja niemand. Ich weiß doch, wie es läuft. Die arme Katharina, hätten alle gesagt, wird gegen eine Jüngere ausgetauscht. Wie tapfer sie ist, wie eisern sie ihren Stolz wahrt. Sie hätten mich in ihr beschissenes penisorientiertes Weltbild gepresst. Als Opfer. Aber ich will kein Opfer mehr sein. Mir reicht's!*

Das Nicken von Mutti und der Beflissenen tut ihr gut, obwohl Katharina natürlich klar ist, dass die beiden damit lediglich signalisieren, dass sie die Gehrung im geschwungenen Abschlussgesims des Aachener Schrankes, die sogenannte Aachener Nase, auf die sie gerade zeigt, erkennen können. Sogar der Teenager nickt. Im Takt der Musik, die nur er hört, aber das ist Katharina egal.

Zur Hölle mit ihm, sagt sie und weiß selbst, wie müde sie klingt. *Zur Hölle mit allen Männern. Aber man kann sie nicht alle töten. Das geht einfach nicht.*

Ein irritiertes Hüsteln reißt sie aus ihrem Monolog. Es kommt von der Beflissenen, und kurz fürchtet Katharina, ihre innere Stimme sei nach außen gedrungen. Aber die Dame richtet sich an Fusselbart, dessen starrer Blick sich jetzt an ihrem Oberkörper festgesaugt hat.

»Entschuldigen Sie mal!«, zischt sie konsterniert.

»Oh, dafür müssen Sie sich nicht entschuldigen. Ist doch gar nicht so schlecht.« Fusselbart feixt.

Die Beflissene ist offenbar sprachlos, und Katharina wird klar, dass der Typ sie jetzt tatsächlich auf rein professioneller Ebene dazu zwingt, seine lächerliche Existenz mit einer Reaktion zu würdigen. Sie starrt auf den Schweißfleck, der sich über seiner Plauze auf der Hemdbrust ausbreitet. »Ich möchte Sie bitten, sich ein wenig zurückzunehmen«, sagt sie und bemüht sich, möglichst gleichgültig und trotzdem ausreichend spitz zu klingen. Dann wirft sie einen raschen Blick auf die Uhr und beschließt, die Sache hier so schnell wie möglich zu Ende zu bringen. Sie braucht dringend was zu trinken.

Wenn er könnte, Horst würde sich selbst High five geben. Ein Push wie aus dem Lehrbuch!

Warum hat er bloß immer geglaubt, dass Frauen kompliziert sind? Es ist erschreckend, wie einfach alles ist. Dabei müsste ihr doch eigentlich klar sein, dass die alte Zunzel keine Konkurrenz für sie ist. Aber er hat sie halt emotional so subtil verunsichert, dass sie nicht mal mehr davor zurückschreckt, ihn öffentlich dafür zu tadeln, dass er einer anderen ein Kompliment macht. Und wie sie seinen Body gescannt hat! Sie ist voll auf ihn fixiert. Ein Teil von ihr hat schon kapiert, dass sie ihn will. Horst, den Hauptgewinn.

Während er der Gruppe in den nächsten Raum folgt, versucht er erfolglos, den Blick von ihrem wunderschönen Hinterteil zu lösen. Das macht ihn nämlich ganz buttrig im Kopf. Und im Game sei kein Platz für Romantik, hat Drago gesagt, der ganze Emo-Scheiß lenke nur ab. Konzentrier dich, sagt Drago in Horsts Kopf, als sie vor dem Vitrinenschrank mit den Tellern stehen bleiben. Horst überlegt fieberhaft, und während sie Zeug über Porzellan redet, kommt ihm die Erleuchtung.

»Teller, ja«, sagt er, als sie eine Atempause einlegt. »Das erinnert mich an diese verrückte Sache neulich.« Jetzt braucht es nämlich Input. Conversation-and-Connection. Eine Geschichte, die irgendwie persönlich klingt. Damit sie das Gefühl hat, dass er ihr vertraut. Lustig solle sie möglichst auch sein, hat Drago gesagt. Und dass er in solchen Situationen immer was vom Bügeln erzählt. Haushaltskram sei ein gutes Thema, damit kennen Frauen sich aus, das erzeuge voll Intimacy. »Das war vielleicht ein Ding«, sagt Horst also. »Beim Abwaschen war das. Da ist mir so ein Teller einfach aus der Hand gerutscht. Auf den Küchenboden gefallen und dann – päng!« Er schüttelt lächelnd den Kopf über seine eigene Tollpatschigkeit, selbstironisch, Schwächen zeigen, darauf fahren alle Weiber ab. Er schaut sie gespannt an. Und sie schaut zurück. Sein Körper schleudert das Androsteron nur so um sich, denn das ist mehr, so viel mehr noch, als er erwartet hat. Dieser Blick geht über Leidenschaft weit hinaus. Ihm ist, als würde hinter ihren Augen ein Vulkan brodeln. Diese Vibes sind der Hammer. Sie kann offenbar kaum noch an sich halten. Sie ist reif, überreif. Allerhöchste Zeit für den ersten Close.

Sie bewegen sich durch den Lichthof in den hinteren Teil des Museums. Als sie die historische Küche erreichen, zögert Katharina, beschließt dann aber, sie links liegen zu lassen. Sie ist ein Profi, aber auch sie hat ihre Grenzen. Und allein die Vorstellung, jetzt die allgemeine Aufmerksamkeit auf das Sinnbild der weiblichen Knechtung zu lenken, ist ihr zu viel. Sie geht also direkt weiter ins Fliesenzimmer, das eigentlich aus zwei Zimmern besteht. Ein paar Stufen nach oben, eine Treppe nach unten, aber sie will weder hinauf noch hinunter. Sie will das hier schnell hinter sich bringen.

Ich bin kein Opfer, sagt sie, während sie nach oben deutet und den Jahreszeitenzyklus erläutert, den die Fliesenbilder aus dem 18. Jahrhundert zeigen. *Ich habe noch viele schöne Jahre vor mir. Ohne Mann, ohne Penis, ohne den ganzen Scheiß*, verkündet sie, während sie in den unteren Raum deutet und erklärt, dass die Fliesen dort vor allem durch die Vielfalt der Motive bestechen. *Man kann sie nicht alle töten. Es befriedigt für den Moment, aber es nimmt einen auch irgendwie mit. Dabei geht es gar nicht um Reue, ich habe kein schlechtes Gewissen. Aber es ist anstrengend. Und darum keine Dauerlösung.*

»Guck mal, eine Katze, wie süß.« Mutti deutet auf ein Fliesenbild vor ihnen und strahlt den Teenager erwartungsvoll an. Der nickt stumpf zur Musik, und Mutti scheint zufrieden.

Horst wischt sich unauffällig die schweißnassen Hände an der Hose ab. So ein Close ist kein Kinderspiel, da muss alles sitzen. Diese erste Berührung muss harmlos wirken, dabei aber erotische Spannung aufbauen. Die Hüfte, hat Drago gesagt, da gehe immer viel. Nicht zögern, hat er auch gesagt, bloß nicht zaudern, das merken sie sofort, und wenn sie Schwäche wittern, habe man ganz schnell verloren. Du bist der Hauptgewinn, sagt Drago in Horsts Kopf. Und sie will es doch auch.

Horst schluckt. Horst schwitzt. Er zögert nicht, er zaudert nicht, nein, er sammelt sich einfach, er macht sich bereit. Die langweilige Planschkuh sagt irgendwas über eine Katze, und Horst beschließt spontan, vor dem Close die Intimacy noch ein wenig zu powern.

»Eine Katze, sieh mal an«, sagt er und tritt näher zu seiner Einzigen. »Du hast doch bestimmt auch ein süßes kleines Miezekätzchen«, schnurrt er total sanft und neckend.

Sie fährt herum. »Bitte?« Ihre Augen scheinen Funken zu sprühen. Ihr Atem geht schwer, fast keuchend. Sie kämpft, man merkt, wie viel Mühe es sie kostet, die Gefühle, die sie zu überwältigen drohen, unter Kontrolle zu halten. Aber sie weiß, dass es kein Zurück mehr gibt.

Katharina ist übel. Er stinkt. Aber daran liegt es nicht, nicht nur. Es ist auch diese Wut, die plötzlich wieder da ist. Genau wie vorhin zu Hause, daran will sie jetzt nicht denken, aber sie muss. Zwei Unfälle an einem Tag, das glaubt ihr niemand, darum darf sie jetzt nicht die Beherrschung verlieren. Man kann sie nicht alle töten, denkt sie, obwohl man das will, besonders an einem Tag wie heute. Sie atmet durch, ein Fehler, denn sein stechender Schweißgeruch beißt in ihrer Nase. Sie starrt ihn an, sieht fassungslos, dass er sich in Bewegung setzt. Er hebt die Arme, kommt näher, immer näher, kommt direkt auf sie zu.

Horst zögert nicht. Horst zaudert nicht. Kiss-Close, jetzt gilt es. Adrenalin und Liebe durchfluten ihn, als er die Arme hebt. »Du«, haucht er verführerisch, »du süße Mieze, du machst mich ganz wuschig!« Jetzt ist er da, greift nach ihr, umschlingt sie, seine Lippen suchen die ihren. Am Ziel, denkt er und ist glücklich, obwohl er kurz darauf merkt, dass etwas nicht stimmt. Er kippt nämlich, er stürzt, und die paar Sekunden, die es bis zum Aufprall braucht, sind glücklicherweise zu kurz, um zu begreifen. Sein Kopf, sein Herz, sein ganzer Körper sind erfüllt von der seligen Gewissheit, es geschafft zu haben. Jetzt gehört sie endlich ihm, Horst, dem Sieger, Horst, dem Hauptgewinn, denkt er, als seine Stirn gegen die geflieste Wand am unteren Treppenabsatz knallt.

Horst stirbt als glücklicher Mann.

Man kann sie nicht alle töten, denkt Katharina, nachdem sie den kleinen Ausfallschritt gemacht hat, um der drohenden Berührung auszuweichen. Man kann sie nicht alle töten, denkt sie, als er ins Leere greift, das Gleichgewicht verliert. Und man muss es auch nicht, denkt sie dann, als er stürzt. Denn manchmal erledigt es sich ja auch von selbst, konstatiert sie zufrieden, während die Beflissene kreischt und Mutti dem Teenager, der zum ersten Mal an diesem Tag mildes Interesse daran zeigt, was um ihn herum vorgeht, das Handy entreißt und etwas von »Notarzt« und »sofort« hineinplärrt.

Dann wird es still, alle Augen richten sich auf sie. Und obwohl sie weiß, dass es etwas unpassend ist, lächelt Katharina. »Man kann sie nicht alle töten«, sagt sie. »Aber das hier war ganz eindeutig wirklich ein Unfall.«

Die Damen nicken stumm.

Günter Neuwirth

Morgens im Tierheim

Wie meist war auch heute Jupp der Erste. Notorischer Frühaufsteher. Der Computer fuhr hoch. Nachmittags würde das Tierheim für Besucher öffnen, bis dahin war noch jede Menge Verwaltungskram zu erledigen. Niemand im Team riss sich um die Arbeit am Computer, alle wollten lieber bei den Tieren sein. Damit war Jupp einverstanden, so konnte er Ordnung halten, darauf achten, dass alle Rechnungen zur richtigen Zeit beglichen und Geldeingänge korrekt verbucht wurden. Kurz gesagt, er konnte das Tierheim am Laufen halten.

Es klingelte. Jupp erhob sich und ging zur Tür. Vor ihm stand ein Mann, der sich ein bisschen ratlos umsah.

»Guten Morgen.«

»Morgen.«

Der Mann war etwa Mitte fünfzig, trug viel zu weite Jeans, T-Shirt, darüber eine altmodische Strickweste und ausgelatschte Sandalen.

»Das Tierheim hat leider noch nicht geöffnet. Wenn Sie die Tiere besuchen wollen, kommen Sie bitte um fünfzehn Uhr wieder.«

Der Mann stieg unsicher von einem Bein auf das andere und vergrub seine Hände in den Taschen der Weste.

»Fünfzehn Uhr?«

»Ja, fünfzehn Uhr.«

»Ach so.«

Jupp wurde stutzig. Der Mann schien gar nicht wieder gehen zu wollen.

»Oder haben Sie etwas Spezielles auf dem Herzen?«

Der Mann nickte mit gerunzelter Stirn. »Speziell? Ja. Schon.«

Aus dem Akzent wurde Jupp nicht schlau. In jedem Fall war der Mann nicht von hier. »Und zwar?«

»Wie soll ich sagen …?«

Jupp wartete. »Wollen Sie vielleicht ein Tier abgeben?«

Es kam immer wieder vor, dass Leute ein Haustier zur Abgabe brachten, dann aber unsicher wurden.

Der Mann nickte.

Jupp blickte zu den geparkten Autos. »Ist das Tier im Wagen?«

Wieder nickte der Mann.

»Und wo steht der?«

»Um die Ecke.«

»Schwerer Abschied?«

»Wie soll ich das erklären?«

Jupp gab sich einen Ruck. Die Büroarbeit konnte auch noch eine Viertelstunde warten, und der Frühlingsmorgen war kühl, der Hund, die Katze, das Meerschweinchen oder der Hamster hätte keine Probleme, noch ein paar Minuten im Auto zu verbringen.

»Kommen Sie erst mal rein und trinken Sie eine Tasse Kaffee. Guter Vorschlag?«

Der Mann lächelte breit.

»Ja.«

Jupp führte seinen frühen Gast ins Büro und ließ ihn Platz nehmen. An der Kaffeemaschine drückte er zwei Becher Cappuccino raus, dann setzte er sich dem Mann gegenüber.

»Woher kommen Sie? Dass Sie nicht aus Aachen sind, kann ich hören.«

»Vöcklabruck.«

Sehr gesprächig war er ja nicht. »Nie gehört. Wo ist das?«

»In Oberösterreich.«

»Sie sind Österreicher?«

»Ja.«

»Ach so. Und jetzt wohnen Sie in Aachen? Oder sind Sie wegen der Arbeit hier?«

»Arbeit. Oder so ähnlich.«

Jupp kratzte sich am Kopf. Schwieriger Fall.

»Wie heißen Sie?«

»Toni. Eigentlich Anton Kogler. Alle nennen mich Toni.«

»Na gut, Toni, dann erzählen Sie mal von Ihrer Arbeit.«

Der Mann blies in den Kaffeebecher, bevor er vorsichtig einen Schluck nahm.

»Ich kann alles fahren, was Räder hat. Autos, Bagger, Stapler, Laster, einfach alles.«

»Sehr schön.«

»Daher bin ich viel unterwegs. Bin nie lang zu Hause gewesen. Meine Mutter hat immer gesagt: ›Toni, lern was Gescheites, dann kannst auch was Gescheites arbeiten.‹ Aber als Jugendlicher war ich eher mehr der Schlawiner. Vom Typ her. Und stur. Lernen war fad, mit dem Moped nach Italien fahren eine Gaudi. Eher so einer. Also hab ich nix gelernt. Deswegen jetzt die Laster. Deshalb hat sich auch meine Frau scheiden lassen. Wegen der Arbeit. Weil ich so selten zu Hause war. Schon vor zwölf Jahren.«

»Wie alt sind Sie denn?«

»Siebenundfünfzig Jahre.«

»Hätte Sie jünger geschätzt«, sagte Jupp höflich, denn in Wahrheit sah Toni genauso alt aus, wie er war.

»Wenn man im Leben nix gelernt hat, kann man sich in meinem Alter die Arbeit nicht aussuchen. Muss man nehmen, was man kriegt. Deswegen fahre ich den Laster.«

»Eine ehrenvolle Tätigkeit. Irgendjemand muss ja all die Waren transportieren, die die Menschen so brauchen.«

»Aber nur, weil ich nix gelernt habe, heißt das noch lange nicht, dass ich dumm bin.«

»So etwas würden nur Menschen behaupten, die selbst dumm sind.«

»Mein Chef glaubt das.«

»Na ja, Chefs eben. Die kann man sich ebenso wenig aussuchen wie Verwandte.«

»Ist Ihr Chef auch so ein junger Klugscheißer?«

Jupp winkte ab. »Nein, zum Glück nicht. Mein Chef ist in Ordnung.«

»Siebzehn Jahre bin ich Stapler gefahren, und dann haben die mich rausgeworfen und einen jungen Ungarn eingestellt. Weil der weniger kostet. Zwei Jahre war ich arbeitslos.«

»Das war bestimmt eine schwere Zeit.«

»Ja, schwer. Ohne Trixi und Lumpi hätte ich es nicht ausgehalten.«

»Trixi und Lumpi?«

»Meine Hunde.«

Jupp nickte mitfühlend. Jetzt kam er der Sache schon näher. »Sie hängen wohl an Ihren Hunden?«

»Sehr.«

»Wollen oder müssen Sie die beiden im Tierheim abgeben?«

Toni schaute Jupp perplex an. »Warum sollte ich Trixi und Lumpi abgeben?«

»Weiß ich nicht. Wollen Sie denn?«

»Niemals! Sie sind nicht mehr die Jüngsten, aber meine besten Freunde.«

»Sind sie im Auto?«

Toni schüttelte verwundert den Kopf. »Nein, warum? Trixi und Lumpi sind zu Hause. Mein Haus hat einen kleinen Garten. Hab ich von meinen Eltern geerbt. Nicht groß, aber für uns drei ist genug Platz. Haben ihr Futter und Wasser, Platz zum Herumlaufen. Meinen Hunden geht es gut. Bestimmt vermissen sie mich jetzt. Hab die ganze Nacht auf der Autobahn verbracht.«

»Dann sind Sie jetzt Fernfahrer und fahren die langen Strecken?«

»Nein, aber ich bin im Lkw unterwegs. Seit anderthalb Jahren. In meinem Alter kann man sich die Arbeit nicht aussuchen. Und ich tu mir schwer. Sehr schwer.«

Jupp nahm einen tiefen Schluck Kaffee. Er hatte noch nicht wirklich viel erfahren. Knifflig, aus dem Mann Informationen herauszukitzeln.

Dann ging die Eingangstür auf. Elsa kam wie immer schwungvoll herein und legte Fahrradhelm und Rucksack ab.

»Guten Morgen, Elsa!«, rief Jupp.

Die junge Frau mit dem feuerroten Haar und den vielen Ohrsteckern blickte über ihre Schulter.

»Hallo, Jupp.«

Mit schnellen Schritten ging sie zu Jupp und Toni, streifte den Gast mit einem kurzen Blick und fixierte schließlich ihren

Arbeitskollegen. »Sag mal, was ist denn das für ein Laster da draußen?«

Jupp verzog das Gesicht. »Welcher Laster?«

»Na, der Tiertransporter mit österreichischem Kennzeichen. Blockiert den halben Parkplatz beim Kolping-Bildungswerk.«

Jupps Blick verfinsterte sich, langsam wandte er sich Toni zu. Elsa schaute in dieselbe Richtung, Toni verlegen in seinen Becher.

»Toni, sind Sie mit einem Tiertransporter unterwegs?«

»Ja.«

»Der ist mit Schweinen beladen«, sagte Elsa.

Toni hob den Kopf, sah die resolute junge Frau an. »Hab ihnen auf der Raststation schon Wasser gegeben. Und die Trennwände der Ladefläche entfernt, damit sie nicht mehr gar so eingesperrt sind.«

Jupps Kinnlade klappte nach unten. »Sie sind mit einer Wagenladung Schweinen unterwegs?«

»Ja.«

Jupp schüttelte den Kopf. »Ich verstehe nur Bahnhof.«

»Ich hab es doch erklärt. Seit anderthalb Jahren fahre ich den Tiertransporter. Aber ich kann nicht mehr. Die armen Viecher. Gestern habe ich sie beim Mastbetrieb abgeholt und sollte sie zum Schlachthof fahren. Das verlangen die von mir. Ich stand schon vorm Eingangstor, bin dann aber wieder weg. Auf die Autobahn rauf und los. Die ganze Nacht durch. Der Tank war fast leer. Und der Mann an der Kasse der Tankstelle hat mir dann die Adresse Ihres Tierheims rausgesucht. Im Internet. Damit kenn ich mich nicht aus, das ist ja eher was für die jungen Leute.«

»Sie haben Schweine gekidnappt?«

»Ich fürchte, dass ich jetzt ein Krimineller bin.«

»Und wie viele von denen?«

»Dreißig.«

Jupp schnappte nach Luft. »Verstehe ich Sie richtig? Sie wollen dreißig gekidnappte Schweine bei uns im Tierheim abgeben?«

»Na, meine Hunde jedenfalls nicht! Das sind meine Freunde. Aber für die Schweinderln ist mein Garten viel zu klein. Außerdem habe ich sie nicht gekidnappt. So ein schiaches Wort. Ich habe sie vor der Schlachtung bewahrt.«

»Wir können unmöglich dreißig Schweine aufnehmen. Für so was sind wir gar nicht eingerichtet.«

»Wirklich unmöglich?«

»Wir haben den Platz nicht.«

»Aber die Tiere brauchen doch gar nicht so viel, mehrere könnten sich ein Gehege teilen. Die sind es doch gewohnt, zusammengepfercht zu leben.«

»Wie stellen Sie sich das vor? Diese Schweine gehören ja jemandem, und dieser Jemand wird vermutlich jetzt schon seinen Besitz vermissen.«

Toni schaute Jupp mit treuherzigen Augen an. »Keine Ausnahme?«

»Nein.«

Toni kratzte sein unrasiertes Kinn, als würde er nachdenken. »Hat Aachen einen Zoo?«

Jupp katapultierte sich hoch und warf den leeren Kaffeebecher in den Mülleimer. »Das muss ich mir mit eigenen Augen angucken.«

Er stapfte mit schnellen Schritten hinaus.

Elsa blieb mit Toni allein, sie fixierte ihn und grinste verschmitzt.

Toni schaute ob ihres scharfen Blickes verlegen zur Seite.

»Und, wie fühlt sich das an?«

»Was?«

»Na, das.«

»Was, das?«

»Ein Krimineller zu sein.«

»Hm.«

»Noch dazu einer der übelsten Sorte.«

»So schlimm?«

»Na klar. Straffällig gewordene Tierbefreier sind die schlimmsten Feinde der Fressgesellschaft. Du wirst jahrelang bei Wasser und Brot in Dunkelhaft sitzen.«

»Wirklich?«

»Und ob. Da gibt's kein Pardon, Freundchen, die werden

dich in die Pfanne hauen. Schließlich hast du ihnen die noch lebenden Koteletts vom Teller geraubt.«

»Die armen Viecher.«

»Find ich cool. Verzweifelt, aber heldenmäßig.«

Toni schaute sie mit großen Augen an.

»Wirklich?«

»Klar doch. *Meat is murder.* Das ist meine Meinung. Bin vegan.«

»Ich esse am liebsten Erdäpfel.«

»Du meinst Kartoffeln?«

»Stimmt, ich bin ja in Deutschland. Ihr Deutschen kennt keine Erdäpfel, nur Kartoffeln. Ist aber dasselbe.«

Jupp hastete wieder herein und winkte den beiden. »Ein Streifenwagen ist eben vorgefahren!«

Toni sprang auf und schien angestrengt nachzudenken. Dann lief er wie von der Tarantel gestochen los, verließ das Gebäude und eilte ohne Seitenblick in Richtung seines Lasters.

Jupp und Elsa traten vor die Eingangstür.

Zwei Polizisten schauten Toni hinterher.

Der dienstältere und ranghöhere von beiden holte tief Luft. »Hallo, Sie! Bleiben Sie stehen! Stehen bleiben!«

Doch die verdächtige Person in Sandalen machte keine Anstalten, innezuhalten.

Also setzte der jüngere Polizist zur Verfolgungsjagd an. Auch der ältere Polizist, Jupp und Elsa nahmen Tempo auf. Sie alle sahen, wie die Tür des Lasters zugeworfen und klackend verriegelt wurde. Der jüngere Polizist klopfte an die Fahrertür, während von der Ladefläche her vielstimmiges Gegrunze erklang.

»Steigen Sie bitte aus!«

Toni schlug die regionale Tageszeitung auf, die er vermutlich an der Tankstelle gekauft hatte. Wieder Geklopfe, diesmal schon ein bisschen heftiger.

»Herr Kogler, steigen Sie unverzüglich aus! Das ist eine polizeiliche Anordnung!«

Die beiden Polizisten gingen zum Streifenwagen zurück. Jupp und Elsa folgten ihnen.

»Sie kennen seinen Namen?«, fragte Jupp.

»Ja.«

»Wie das?«

»Internationaler Haftbefehl.«

»Ein Haftbefehl?«, rief Elsa aus. »Wegen der paar Schweine? Und ich habe zuvor noch gescherzt, dass die Bullen auf Tierschützer sofort scharf schießen. Jetzt bin ich aber platt.«

Die beiden Polizisten schienen Elsas Worte nicht gehört zu haben.

»Ich ruf die Kripo. Sollen die sich darum kümmern«, sagte der ältere, setzte sich ins Auto und nahm das Funkgerät in Betrieb.

Jupp und Elsa sahen nun doch ziemlich belämmert aus der Wäsche.

»Kripo? Der Mann ist vielleicht ein bisschen irre, aber harmlos«, protestierte Jupp.

»Bitte begeben Sie sich ins Haus. Das ist ein Polizeieinsatz.«

Als sich weder Jupp noch Elsa vom Fleck rührten, schob der jüngere Polizist die beiden Richtung Tür.

Diesen Moment nutzte Toni, sprang überraschend schnell aus der Fahrerkabine, rannte um den Laster herum und entriegelte die Laderampe. Die beunruhigten Augen von dreißig Schweinen schauten ihn an.

»Jetzt aber los, Freunde!«, rief er, glücklich, durch die Entfernung der Trennwände zuvor schon die schnelle Flucht der Tiere vorbereitet zu haben, und flitzte selbst zurück in die Fahrerkabine.

Da Schweine bekanntlich schlaue Tiere sind, ließen sie sich die unerwartete Chance nicht nehmen und suchten mit fliegenden Schweinshaxen das Weite. Sehr zum Ärgernis der anwesenden Gesetzeshüter.

Toni widmete sich wieder dem intensiven Studium der Zeitung.

Nach und nach tauchten drei weitere Streifenwagen und schließlich eine dunkle Limousine auf, aus der zwei Männer in Zivil stiegen. Sie schienen Mitte bis Ende vierzig zu sein.

Die Männer unterhielten sich mit den uniformierten Polizisten, gaben Anweisungen, telefonierten mehrmals und traten nach einer guten Viertelstunde an den Laster heran.

Jupp und Elsa standen nur wenige Meter entfernt und beobachteten das Geschehen.

Einer der beiden Kripomänner klopfte an die Fahrertür und wartete. Toni schielte an der Zeitung vorbei zu dem Mann hinunter.

Der Kripomann klopfte erneut. »Öffnen Sie doch bitte das Fenster einen Spaltbreit, damit wir uns unterhalten können.«

Tatsächlich betätigte Toni den Schalter und ließ das Fenster zur Hälfte in der Tür verschwinden.

»Das ist sehr kooperativ, Herr Kogler, vielen Dank.«

»Bitte.«

»Mein Name ist Emil Bottländer, und das ist mein Kollege Henry Schulze. Wir sind von der Kripo Aachen.«

»Sehr erfreut. Toni Kogler.«

»Herr Kogler, wissen Sie, dass Sie meinen Leuten und mir gerade viel Arbeit machen?«

»Wieso? Das hier ist doch ein ganz normaler Parkplatz. Sie brauchen keinen Strafzettel auszustellen.«

»Wir sind von der Kripo, nicht von der Verkehrspolizei. Und wir werden viele Stunden benötigen, um die Schweine wieder einzufangen.«

»Aber das ist gar nicht nötig. Die Tiere sind jetzt ja frei.«

»So einfach, wie Sie sich das vorstellen, ist das leider nicht. Die Tiere haben jetzt schon einen Autounfall verursacht und werden auch in nächster Zeit zu beträchtlichen Verkehrsproblemen beitragen.«

Das schien Toni leidzutun. Mit besorgter Miene legte er die Zeitung weg und schaute Bottländer an. »Gibt es Verletzte?«

»Zum Glück nur Blechschäden. Bis jetzt.«

Toni verfiel in brütendes Schweigen.

Bottländer und sein abgebrühter Kollege Schulze ließen ihn ein Weilchen dampfen, dann ergriff der ältere Beamte wieder das Wort.

»Und jetzt, Herr Kogler, steigen Sie bitte aus. Wir müssen uns mit Ihnen noch genauer unterhalten.«

»Ach, das ist nicht nötig.«

»Es ist aber wichtig, dass Sie mit uns reden.«

»Bestimmt nicht.«

»Doch, sehr wichtig sogar.«

»Wieso denn?«

»Steigen Sie jetzt bitte aus.«

»Nein.«

»Na gut, dann reden wir eben so. Was meinst du, Henry, unterhalten wir uns gleich hier vor Ort mit Herrn Kogler?«

Der zweite Kriminalpolizist nickte zustimmend und holte Luft.

»Dann erzählen Sie uns doch mal, wie das gestern mit Alois Gegenhuber gewesen ist«, forderte Schulze auf.

»Mit dem Lois?«

»Lois ist die Abkürzung für Alois?«, fragte Bottländer.

»Ja.«

»Na gut. Also, wie war das mit ihm?«

»Ich kenn den Lois noch aus der Schule.«

»Das ist schön.«

»Eher nicht. Der Lois war immer schon ein schiacher Kerl.«

»Warum denn das?«

»Ich weiß gar nicht, wie viele Frösche er gefangen und dann gegen die Mauer geschmissen hat. Den Fliegen hat er einzeln die Haxen ausgerissen. Und die Flügel. Und Ameisen hat er zertreten. Einfach so. Dabei sind das so nützliche Tiere. Ein Teufel, der Lois.«

»Sie waren also keine guten Freunde.«

»Gar keine Freunde waren wir. Ich habe ihn nicht leiden können. Zum Glück habe ich ihn dann viele Jahre nicht mehr gesehen.«

»Herr Gegenhuber war Schichtleiter im Schlachthof, bei dem Sie regelmäßig Tiere abgeliefert haben. Ist das korrekt?«

»Kennen Sie den Lois auch?«

»Nein, das haben uns die österreichischen Kollegen von der Landespolizeidirektion Linz mitgeteilt.«

»Die blöden Linzer mischen sich aber auch überall ein.«

»Und gestern sind Sie bei der Anlieferung der Schweine mit Alois Gegenhuber in Streit geraten?«

»Ein bisserl.«

»Warum denn?«

»Weil er ein Lump ist. Und weil er die armen Viecher immer so schlecht behandelt hat. Elektroschocks, Stockschläge und Tritte. Er hat sich in den Jahren nicht verändert. Im Gegenteil, er ist noch grauslicher geworden.«

»Und dann ist der Streit eskaliert?«

»Aber nein.«

»Es ist zu Handgreiflichkeiten gekommen.«

»Das kann man so nicht sagen.«

»Was kann man denn dann sagen?«

»Es war halt eine Rangelei. Nix Besonderes.«

»Sieben Zeugen haben ausgesagt, dass Herr Gegenhuber Ihnen einen heftigen Kinnhaken verpasst hat.«

»Sieben? Wer soll das gewesen sein?«

»Die Kollegen von Herrn Gegenhuber vom Schlachthof.«

»Die Lumpen halten zusammen.«

»Und daraufhin haben Sie nach einer Schaufel gegriffen. Ist das korrekt?«

»Gegriffen nicht. Plötzlich hab ich das Ding in der Hand gehabt. Weiß gar nicht, wie.«

»Was ist dann passiert?«

»Keine Ahnung.«

»Haben Sie Herrn Gegenhuber mit der Schaufel am Kopf getroffen?«

»Ich soll dem Lois einen Scheitel gezogen haben? Blödsinn, der hat doch eine Glatze.«

»Sie haben zugeschlagen. Auch dafür gibt es Zeugenaussagen.«

Toni zuckte mit den Schultern. »Tut mir eh leid. So ein Depp. Warum hat er mit der blöden Rangelei überhaupt angefangen?«

»Was haben Sie nach dem Schlag mit der Schaufel gemacht?«

Toni kratzte sich am unrasierten Kinn. »Ich kann mich gar nicht mehr erinnern.«

»Was war auf dem Parkplatz vor dem Schlachthof?«

»Nix.«

»Sie sind mit dem Laster losgefahren.«

»Sie Schlaumeier! Sonst wäre ich jetzt wohl nicht hier in Aachen.«

»Lag da zufälligerweise Herr Gegenhuber vor Ihnen?«

»Woher soll ich das wissen? Totaler Blackout.«

»Sie haben Herrn Gegenhuber mit dem Laster überrollt.«

»Himmelherrgott, das soll ich getan haben?«

»Die Zeugen sagen das aus.«

»Lügner allesamt.«

»Doch damit nicht genug.«

»Was denn noch?«

»Sie haben den Laster gestoppt, sind zurückgefahren und haben Herrn Gegenhuber ein zweites Mal überrollt.«

»Das kann ich mir jetzt aber beim besten Willen nicht vorstellen.«

»Dann sind Sie stehen geblieben, kurz ausgestiegen und haben nachgesehen, ob der Mann noch lebt.«

»Geh, so ein Blödsinn! Niemals!«

»Und zur Sicherheit haben Sie Herrn Gegenhuber noch einmal Gummi gegeben.«

»Herr Kommissar, ich muss schon sagen, Sie haben eine sehr blühende Phantasie.«

»Dann erklären Sie mir bitte die Blutflecke auf dem Radkasten Ihres Lasters.«

»Das muss beim Schlachthof passiert sein. Ein grauslicher Ort. Bestimmt von den Tieren. Die armen Viecher.«

Kommissar Bottländer stemmte die Fäuste in die Hüften. »Können Sie sich an die Vorfälle erinnern?«

»Gar nicht. Ich bin nur gefahren. Das war alles. Plötzlich war ich auf der Autobahn. Und bin gefahren und gefahren.«

»Mit den Schweinen auf der Ladefläche.«

Toni kicherte. »Hab erst später gemerkt, dass die Viecher noch da waren. Da war ich schon drei Stunden unterwegs.«

Die beiden Kriminalisten schauten einander vielsagend an.

»Steigen Sie jetzt bitte aus, Herr Kogler, sonst müssen wir aktiv werden.«

»Was geschieht denn jetzt mit mir?«, fragte Toni kleinlaut.

Kommissar Bottländer zuckte mit den Schultern. »Erst mal fahren wir gemeinsam auf die Dienststelle. Dort können Sie duschen und kriegen ein kräftiges Frühstück, und danach nehmen wir Ihre Aussage zu Protokoll. Anschließend telefonieren wir mit den österreichischen Kollegen und werden die weitere Vorgehensweise besprechen.«

Toni seufzte tief und entriegelte die Fahrerkabine. Er kletterte vom Laster und nahm wie ein unartiger Schüler im Zimmer des Schuldirektors vor den beiden Kriminalisten Aufstellung. »Und was passiert mit den Viechern?«

Kommissar Bottländer fuhr sich über die Stirn. »Das Dreiländereck ist ziemlich waldreich. Viel Grünzeug hier. Gleich da drüben liegt das Wurmtal, und der Nationalpark Eifel ist auch nicht weit. Ich fürchte, wir werden von den Tieren nicht mehr viel sehen.«

Toni grinste bis über beide Ohren. »Dann ist es gut.«

Mike Mateescu

Blutlaachen

Kilian Röhler kratzte sich im Dreißiger-Jahre-Kino an seinem Dreitagebart. Dann rieb er die Brillengläser an seinem Hemd, die zwei Fischaugen in sein schmales Gesicht zeichneten, sobald er die Brille aufsetzte. Doch selbst unscharf wie jetzt bereiteten ihm die lautlosen Geschehnisse auf der Leinwand einen Bilderrausch.

Er steckte sich eine an. Außer ihm war niemand sonst zugegen, der sich über den Qualm oder die goldenen Lampen an den roten Wänden, die auch während der Vorstellung brannten, hätte beschweren können. Aus einer riesigen Plastiktüte schaufelte er sich Popcorn in den Mund. Das Zeug schmeckte wie luftiger Karton, denn gesalzen war nur der Preis gewesen. Er hatte das Popcorn im Discounter kaufen müssen, weil die Maschine im Foyer den Geist aufgegeben hatte.

Die Welt dort draußen hätte er schon längst aus seinem Bewusstsein verdrängt, hätte sie sich nicht ständig mit Gepolter und Geschrei in Erinnerung gerufen. Eigentlich hätte die Kakofonie ganz gut zum Film gepasst. In dieser Qualität hatte er ihn noch nie gesehen. Vor allem nicht in dieser Version. Die Fassung des Regisseurs war eine ganze Viertelstunde länger als die, die im Kino gelaufen war und die auf der DVD, die im Vergleich dazu direkt langweilig wirkte. Und auf einen Blue-Ray-Release hatte die Fangemeinde trotz des immensen Erfolgs des Films bisher vergeblich gewartet. Wenn nun auf der Leinwand Knochen barsten, konnte er sogar die Splitter zählen, so gestochen scharf war das Bild.

Und zu Bruch ging so einiges in dem Streifen. »Wie Hack im Windkanal« galt als der brutalste Film, der es je in die deutschen Kinos geschafft hatte. Blutig, hohe Opferzahl, schwindelerregend schnell geschnitten und immer wieder durch Rückblenden unterbrochen. Nichts für schwache Mägen.

Wie schwer die Stille um ihn herum gewesen war, bemerkte er

erst, als sie von einem Husten gebrochen wurde. Kilian brauchte sich gar nicht erst umzudrehen, um zu wissen, wer dessen Verursacherin war. »Wie bist du reingekommen?«, fragte er mit popcornvollem Mund.

»Wichtig ist doch bloß, dass außer mir niemand anders reingekommen ist.«

Er hörte Papier rascheln und blickte über seine Schulter.

Esthers dicke dunkle Augenringe ließen ihren Kopf wie einen Totenschädel erscheinen. Ihre blonden Locken hingen leblos wie Watte hinab.

Sie bemerkte, wie er sie ansah, und hielt ein Buch in die Höhe. *Sein* Buch.

Rasch drehte er den Kopf wieder Richtung Leinwand.

»Warum ohne Ton?«, fragte sie herausfordernd.

»Weil man so Dinge bemerkt, die man zuvor übersehen hat. Krass, wie sehr die Tonspur ablenkt. Deshalb schreibe ich auch nur bei absoluter Stille.« Er zeigte nach vorn, wo gerade geschliffenes Metall einen Torso durchstieß. »Hast du diese Geschmeidigkeit gesehen? Wie durch Butter. Der Traum eines jeden Werbefilmers.«

»Wie oft hast du dir diesen perversen Streifen eigentlich schon angetan?«

»Vierzig-, fünfzigmal?«

»Du bist so krank wie eine morsche Trauerweide.«

Kilian seufzte in eine Handvoll Popcorn. Ständig musste Esther die Dinge schlechtreden. Wie ihre Schwester. »Donnerlittchen, das Rathaus haben sie aber verdammt gut hingekriegt. Fast wie das Original. Sogar an den Pimmelmann des Wasserspeiers haben sie gedacht.« Der Film hatte in Lüttich gedreht werden müssen, einem kleinen Dörfchen jenseits der belgischen Grenze, weil ein Dreh in Aachen nur einen Sturm der Entrüstung heraufbeschworen hätte. Der war schließlich auch über sie hereingebrochen, aber zu dem Zeitpunkt war der Film schon längst im Kasten gewesen.

»Hier drin wird's gleich viel echter«, knurrte Esther.

Draußen wurden die Rufe lauter. Mittlerweile hämmerte jemand mit schwerem Gerät gegen die Eingangstür.

»Sag mal, hörst du das gar nicht?«

Er rückte seinen Körper in dem engen Plüschsessel zurecht. »Was sind das bloß für Leute, die einem nicht mal einen schönen Kinoabend gönnen wollen?«

»Was weiß ich? Hinterbliebene, besorgte Eltern, Bürgerrechtler – Menschen mit Anstand halt.« Sie schwieg einen Moment. »Die brechen bestimmt noch die Tür auf. Hör dir endlich an, was du angerichtet hast.«

»Ich persönlich habe niemanden dazu gebracht, etwas zu tun.«

Sie schnalzte verächtlich mit der Zunge. »Dass du das Geld hast, dir ein ganzes Kino zu kaufen …«

»Ist nur gemietet. Für diese Privatvorstellung. Und ein schönes Sümmchen ging für den Techniker drauf, der mir den Projektor erklärt hat.« Er spuckte die labbrige Pappe in seinem Mund auf den Boden. »Die Popcornmaschine hätte ich auch gleich reparieren lassen sollen.« Er schleuderte die Packung gegen die Wand, wo sie aufplatzte und ihr Inhalt als gelblicher Regen niederging.

»Ich habe jemanden sagen hören, du hättest es für ein ganzes Jahr gemietet.«

»Nö, nur für ein halbes.«

»Immer noch zu lang. Es heißt, sie hätten deine Wohnung gestürmt, die Wände beschmiert und die Möbel auf die Straße geworfen.«

Er zuckte mit den Schultern. »In dem feuchten Loch hause ich schon lange nicht mehr. Hab ein kleines Hotel entdeckt. Am Stadtrand. Ich meine, wer hat schon Bock auf putzen, kochen und waschen und den ganzen Dreck? Bald werde ich ein Häuschen im Wald beziehen, da, wo sie ›Dark‹ gedreht haben. Dann hab ich endlich meine Ruhe.«

»Du glaubst, dass dich die Schreie der Toten dort draußen nicht erreichen?«

Er zuckte wieder mit den Achseln. Ihn erreichte ja kaum Esthers Schelte, obwohl die Furie nur drei Reihen hinter ihm saß. Er war viel zu beschäftigt mit seiner Lieblingsszene. Bisher waren die Filmemacher nah an seiner Vorlage geblieben. Sogar das Mähdrescher-Modell war identisch. Ein roter John Deere S700 mit so großen Rädern, dass ihn das unebene Kopfsteinpflaster kaum bremste. Außerdem passte das Gefährt perfekt durch die schmalen Gässchen, sodass es eine maximale Anzahl an Passanten erwischen konnte.

Jetzt rammte der Mähdrescher einen Baum und ließ diesen auf eine Gruppe Glatzköpfiger in dunkler Ledermontur krachen. Die Leute ringsum klatschten johlend Beifall. In der DVD-Version war die Szene nicht enthalten gewesen. »Das habe ich nicht geschrieben«, murmelte er.

»Die sind aber exakt so umgekommen.«

Kilian rieb sich genervt die Stirn. »Warum gibst du nicht einfach dem Film die Schuld?«

»Weil er auf deinem E-Book basiert.«

»Ach, die ganzen Downloads wurden bestimmt bloß überflogen. Das Hardcover erschien ja erst, als der Film schon in Arbeit war.«

»Aber ohne die Downloads *gäbe* es keinen Film. Und die andere Sache wäre auch nicht passiert.«

Sie hatte ja recht. Er *hatte* dieses Buch geschrieben. Im Rausch des Zorns. Es handelte von einem Mann, der sich frustriert ans Steuer eines Mähdreschers setzte und diesen in eine Gruppe Menschen steuerte, um sie alle dahinzusäbeln, diese Bastarde! Die Seiten hatten sich wie von selbst gefüllt, sieben Tage und sieben Nächte waren spurlos verdampft, er hatte keine Erinnerung an sie. Der einzige Beweis für ihre Existenz war ein Manuskript, das er schließlich halb nackt in einem Meer aus Kippen und leeren Wodkaflaschen in Händen gehalten hatte. Da er es nicht ertragen hätte, dass dieses auch noch verschwand, etwa in einer Schublade, einem Papierkorb oder bei einer Literaturagentur, hatte er der Story den Titel »Blutlaachen« verliehen und sie bei Amazon hochgeladen, vorsichtshalber unter dem Pseudonym Krustus Schreikran. Und dann hatte er die Geschichte vergessen.

Wer hätte denn ahnen sollen, dass das E-Book allein in den ersten vier Wochen dreizehntausendmal heruntergeladen werden würde? Einen Monat später hatte ihn die Agentin des Skandal-Regisseurs Ulrich Bell kontaktiert, der den größten deutschen

Filmproduzenten und seine Kontakte in Hollywood dazu hatte bewegen können, die Leinwandadaption zu finanzieren. Spätestens als die Agentin mit dem Scheck für die Filmrechte gewedelt hatte, waren alle seine Bedenken verflogen. Der Film wurde zum kommerziellen Erfolg und hätte ein Triumph der Geschmacklosigkeit bleiben können – hätte sich ein knappes Jahr nach der Premiere nicht das Unvorstellbare ereignet.

Jemand hatte tatsächlich einen Mähdrescher mitten durch die Menschenmenge auf dem Aachener Rathausplatz gesteuert. Dreiundsiebzig Tote, zweihundertelf Verletzte. Nicht so viele wie im Buch. Aber dennoch.

»War nicht meine Absicht«, wehrte Kilian sich jetzt.

»Ist aber deine Schuld! Diese Menschen liegen deinetwegen unter der Erde.«

Er hörte sie zornig im Buch blättern und Seiten herausreißen. »Selbst beim Querlesen deines Geschreibsels überkommt mich das heißkalte Verlangen, es deiner Figur gleichzutun und dich zu überfahren. Dieser unglaubliche Hass. Sag mir, woher der kommt!«

»Hass ist nur eine von vielen Emotionen, die ich bei der Leserschaft wecken wollte. Ich glaube, tief im Innern wollte ich halt unbedingt gelesen werden. Welcher Schriftsteller will das nicht?«

Esther lachte kalt. »Heute wär's dir bestimmt lieber, niemand würde deinen richtigen Namen kennen, stimmt's?«

Er schwieg und konzentrierte sich auf den glänzenden Teppich aus Kleidungsfetzen, Fleischstücken und Knochen, der sich zwischenzeitlich gleichmäßig auf dem Kopfsteinpflaster ausgebreitet hatte. Jetzt nahm der Mähdrescher Kurs auf eine Seitengasse.

»Dahinten fährt der gleich mehrere alte Leute um!«, rief Esther.

»In meinem Buch nicht.« Darin kamen gar keine alten Leute vor. Wo wäre denn da der Witz gewesen? Die hätten ja nicht davonrennen können.

»In deinem Buch wurde nicht mal der Mörder gefasst.«

Er drehte sich umständlich zu ihr um. »Du hast das ganze Ding gelesen und wirfst mir nun vor, es geschrieben zu haben?

Sogar die Verfilmung scheinst du bereits gesehen zu haben. Warum also bist du hier?«

Der Lärm vor dem Kino wurde immer lauter.

»Vielleicht will ich einfach nur zusehen, wenn sie dich vernichten – wie der Mähdrescher diese armen Leute.«

Kilian hätte schwören können, dass soeben der Boden gebebt hatte.

»Das Schwein in deinem Buch ist einfach so davongekommen. Siehst du diese alte Dame dort? Das hätte deine Großmutter sein können.«

»Nein«, entgegnete er spröde und sank in den Sessel zurück. »Ich hatte nie eine Großmutter.«

»Hast dich bestimmt daran aufgegeilt, den Mörder entkommen zu lassen. Damit du ihn später erneut auf Unschuldige loslassen kannst.«

»Keine Ahnung, aber schon möglich. Wahrscheinlich wollte ich mir unbewusst die Option auf eine Fortsetzung offenlassen.«

»Bloß nicht *noch* so ein Scheißfilm.«

»Deine dezidierte Meinung in allen Ehren, aber Leute, die wirklich was von Kino verstehen, haben ihm Preise verliehen.«

»Nicht in Venedig, in Cannes oder in Berlin. Bestimmt irgendwo im Hinterland, auf seltsamen Filmfestivals, wo nur Freaks wie du hinpilgern.«

»Stimmt. Leute, die nicht wegen Popcorn oder Werbung ins Kino gehen. Und diese Freaks, wie du sie nennst, werden den zweiten Teil genauso lieben wie den ersten.«

»Den zweiten Teil von *was*?«

»Den Scheck über die Honorarvorauszahlung habe ich schon eingelöst. Die Handlung wird entfernt etwas mit Tsunamis, Schlachtabfällen und Schulklassen zu tun haben.«

Als eine erboste Reaktion ausblieb, suchte er Esthers Blick. Sie fletschte die Zähne und grub ihre Finger in die Rückenlehne des Sitzes vor sich, so als könnte sie sich nur unter Mühen davon abhalten, sich wie eine mordlustige Tigerin auf ihn zu stürzen.

Er wagte ein Lächeln. »Keine Sorge. Das Buch kommt erst raus, wenn der Film fertig ist. Zeitgleiche Veröffentlichung, wenn du so willst.«

Sie holte aus und schleuderte ihm das Hardcover entgegen. Es verfehlte seinen Kopf nur um Zentimeter. »Kam dir nie in den Sinn, dass du die Verantwortung trägst?« Ihre Stimme überschlug sich.

Kilian heuchelte Verblüffung. »Wofür?«

»Für den Mist, den du schreibst. Für das, was passiert ist.«

»Na, hör mal! Die Leute schauen jeden Abend ›Tagesschau‹, da ist nur von Gewalt und Zerstörung die Rede. Davon, was Menschen Schreckliches ausgefressen haben. Aber deswegen rennt doch niemand in den Waffenladen, schließt sich einem Schützenverein an oder bewirbt sich bei der Polizei oder der Bundeswehr.«

»Die berichten aber über das echte Leben, du Hirni.«

»Bist du dir ganz sicher?« Er sank noch tiefer in seinen Sessel. »Und was ist mit Kriegsfilmen und Ego-Shootern?«

»Sie ist tot«, keifte Esther. »Nur deinetwegen ist sie tot.«

Kilian rappelte sich träge auf und streckte die Arme. »Wie ich schon sagte: Ich habe niemanden dazu gebracht, auch nur *irgendetwas* zu tun. Das weiß ich mit Sicherheit.« Er fixierte sie mit seinem Blick. »Aber du hast sie an dem Abend zum Rathaus geschleppt. Weil du unbedingt den Frühlingschor hören wolltest. Nur ich und der liebe Gott wissen, dass sie den noch mehr gehasst hat als mich.«

Der Zorn in Esthers Gesicht verschwand, und ihr Körper plumpste kraftlos in den Sessel. »Aber der Chor kam in deinem Buch nicht vor«, schluchzte sie.

Auf der Leinwand liefen die Credits. Kilian las die Namen der Schauspieler. »Du vermisst sie gar nicht. Du bist bloß angepisst, weil du niemanden mehr anbrüllen kannst.« Dann schob er die Hände in seine Manteltaschen und verließ den Kinosaal durch den Notausgang, der auf einen kleinen Hinterhof führte.

Draußen fuhr kühler Nachtwind durch seine kurzen schwarzen Haare. Nachdem er durch einen Durchgang die Franzstraße erreicht hatte, trat er auf den Bürgersteig gegenüber und beobachtete den Mob, der sich in der Zwischenzeit Zugang zum Kino verschafft hatte. Er glaubte zu sehen, wie Flammen im Foyer züngelten. Einige der Protestler, die auf der Straße standen, wandten sich ihm mit grimmigen Gesichtern zu. Jugendliche in Markenkleidung, erwachsene Frauen des Typs Grundschullehrerin, kräftige Männer, die so aussahen, als kämen sie frisch von der Baustelle. Niemand von ihnen hatte das Gesicht verhüllt, sogar Kinder waren unter den mindestens hundert Menschen, die ihren Weg hierhergefunden hatten, um Krawall zu machen.

Doch zu befürchten hatte er nichts.

Sie mochten seinen bürgerlichen Namen kennen, aber wie er aussah, das wussten sie nicht. Er hatte stets penibel darauf geachtet, dass im Internet keine Fotos von ihm auftauchten, hatte keine öffentlichen Termine wahrgenommen, nie in Buchhandlungen gelesen.

Zwei Kreuzungen später wurde der Asphalt zum Kopfsteinpflaster der Altstadt, und er passierte die Gasse, an der das Polizeipräsidium untergebracht war. Beamte standen an einer Ecke und rauchten. Er lächelte einen Gruß und labte sich an ihren misstrauischen Blicken.

Er wählte die Route des Mähdreschers und kramte die Zeitung vom Tag danach aus seiner Jacke, die »Aachener Nachrichten«. Bei einem lang angekündigten Mähdrescher-Rennen war eines der frisierten Fahrzeuge ausgeschert. Wohl deswegen hatte sich zunächst niemand über das Gefährt in der Innenstadt gewundert – bis es den Grill anwarf und zu pflügen begann.

Still las er die Chronik des Grauens, ohne von seinem Weg abzuweichen. Hier vor dem Aachener Dom hatte das Gefährt sein erstes Opfer erwischt. Zwei Ecken weiter waren es schon deren zehn gewesen. Die Scheiben der Geschäfte erzitterten, als das Monstrum mit annähernd vierzig Stundenkilometern durch die enge Gasse röhrte. Bei ebenem Straßenbelag wäre es wohl noch schneller unterwegs gewesen.

Auf dem Rathausplatz verwandelte es zunächst den Frühlingschor in eine Gewitterwolke aus Fleisch und Gewebe, bevor es eine scharfe Kurve fuhr und quer über den gut besuchten Platz rauschte, wobei mehrere Passanten versuchten, auf das Fahrzeug zu springen. Doch die Fahrerkabine war fest verriegelt, genau wie er es in »Blutlaachen« beschrieben hatte. Noch einmal bahnte sich der Mähdrescher eine Schneise mitten durch die

Menge, bevor er dann in einer Gasse verschwand, die in seiner Geschichte so nicht existierte.

Das Elf-Uhr-Läuten des Doms riss ihn aus seiner Erinnerung. So spät am Abend war niemand mehr auf dem Platz. Nur der dunkle Umriss einer Frau huschte vor den beleuchteten Schaufenstern vorbei. Leichter Regen setzte ein und löschte einige Lichter des Kerzenmeers, das auch ein Jahr nach der Schreckenstat noch vor dem Rathaus schimmerte. Dazwischen hatten Trauernde Porträts von den Opfern aufgestellt und Rosen niedergelegt. Er war Bell unendlich dankbar, dass er den Film gedreht hatte, denn »Wie Hack im Windkanal«, seine Adaption des Romans, hatte ihm Fragen beantwortet, die er sich beim Schreiben des Buches gar nicht gestellt hatte. Obwohl der Täter im Film gefasst wurde, hatte ihm das Drehbuch eine Möglichkeit aufgezeigt, wie er hätte flüchten können.

Damals, in den sieben Tagen, in denen er die Geschichte erschaffen hatte, war es ihm nicht um das Leben des Täters, sondern den Tod von möglichst vielen Menschen gegangen. Wobei er sich bei jedem einzelnen Opfer ein und dieselbe Person vorgestellt hatte.

Eine ganz bestimmte Person.

Wegen des Films dachte jetzt die ganze Welt, es habe sich um einen Nachahmungstäter gehandelt, was sogar die Polizei in ihrem vorläufigen Abschlussbericht festgehalten hatte.

Kilian ging in die Hocke und ließ einen Blick über die Gesichter auf den Fotos schweifen. Auch jenes seiner toten Frau war darunter. Im Vergleich zu der war ihre Schwester direkt angenehme Gesellschaft.

Es stimmte schon, was er Esther versichert hatte: Er hatte wirklich keinen anderen Menschen dazu gebracht, etwas zu tun. Schon gar nicht diesen Amoklauf. Er griff in seine Manteltasche und zog eine dünne Schnur hervor. Den daran befestigten Zündschlüssel des Mähdreschers hängte er liebevoll an das Porträt seiner Frau, richtete sich auf und lächelte.

Selbst wenn sie ihn eines Tages erwischen würden, wäre er hinter Gittern noch immer freier als hier draußen mit ihr.

Daniel Carinsson

Warum nur – bleibt alles so still?

Denken! *Cogito, cogito!* Hier im Dunkeln ist es am besten. Geschützt hinter den dicken Wänden, in Sicherheit. Erst mal zur Ruhe kommen. Kann kaum denken vor lauter Atmen. Kaum hören, was ich denke. Wieso rauscht das nur so in den Ohren? *Spiro.* Atme. Langsamer atmen. *Cogito. Cogito!*

Aber Scheiße noch mal, warum? Deine Lunge ist doch voller Jubel! Genau wie beim letzten Mal, oder nicht? Und wie war es das Mal davor und ganz am Anfang? Es zerreißt mich! Jedes Mal ist es das Gleiche, immer dasselbe. Du willst raufrennen auf den Turm, »Sieg!« schreien und die Faust in den Himmel recken. Wie in den Heldengeschichten. Warum darf ich meine Erleichterung nur nicht teilen? Warum müssen wir still sein?

Hast du denn Grund zum Jubeln? Es ist nicht alles nach Plan gelaufen. Ich hasse es, wenn nicht alles nach Plan läuft. Und jetzt haben wir ein Problem. Noch ein Problem. Also atmen, nachdenken. Eins nach dem anderen.

Eins nach dem anderen, ja. Es geht eben nichts so schnell. Es ist nicht wie in den Geschichten. Darum sind Geschichten ja auch Geschichten. *Amen dicofabulas* – »und also erzähle ich euch die Geschichte!« –, irgendwann wird so von mir berichtet werden. Aber das dauert noch. Weil alles langsam passiert. Weil niemand die Zeit hat, alles zu erzählen. Aber irgendwann werden sie es tun.

Doch darauf kommt es nicht an. Es ist nur dieses Gefühl: Enttäuschung. Ihr alle enttäuscht mich. Aber ihr könnt nichts dafür. Am Anfang wusstest du ja auch nicht, wohin das alles führen würde. Man spürt nur, wenn alles falschläuft. Wenn es so nicht weitergehen kann. Wenn die Ordnung verloren geht, sich keiner mehr auskennt. Dann muss man selbst den Weg finden. Wir suchen doch immer, oder? Ordnung. Es muss alles in Ordnung sein. Und stabil. Fest gemauert.

So wie der Turm hier. Ewig wird der stehen. Rundum wankt alles, nichts davon ist von Dauer. Aber Mauern wie diese, so etwas brauchen wir. Kühl, die Steine kühlen mich, herrlich. Roh behauen, die Findlinge. Nicht blank geschliffen und spiegelnd. Und doch kannst du dein Gesicht daran schmiegen. Du spürst die feinen Unebenheiten, ihre Rauheit. Rau und sanft zugleich. So muss es sich anfühlen, wenn eine Frau die Wange eines Mannes spürt. Der Bart reibt an ihrer Haut, ohne zu kratzen. Rau und kühl. Genau, was ich jetzt brauche.

Die Farbe der Steine ist im Fackelschein nicht zu erkennen, aber ich weiß, dass sie schimmern wie altes Eisen, an manchen Stellen beinahe wie schmutziges Gold. Auf den ersten Blick erscheinen sie alle ganz unterschiedlich. Große Quader, dann wieder viele schmale, dicht aufeinandergestapelt. Links dort der Auslass, war da mal eine Tür? Man weiß gar nicht, ob die Treppe darunter oder der Rahmen schief in der Mauer sitzt. Und die Öffnung zum Lichtschacht rechts neigt sich genau in die Gegenrichtung. Zufällig oder geplant? Es drängt sich kein System auf, kein Muster ist zu erkennen. Und doch ist es da. Es ist kompliziert, nicht leicht zu durchschauen, aber dafür stabil. Beinahe wie das Firmament des Himmels. Und je stabiler unsere Festung ist, umso besser sind wir gewappnet für alles – für alles, was da kommen mag.

Großartig hat der Kaiser das bauen lassen. So klug, diese doppelte Mauer. Ein Treppenhaus, das außen um den Turm herum verläuft. Und dann noch eine Mauer, sodass niemand hereinsehen kann. Man gelangt hinauf und hinunter, ohne gesehen zu werden. Weder von außen noch von innen. Und unten die Gänge. In alle Richtungen. Hinaus und hinein in die Kaiserpfalz. Ohne gesehen zu werden. Bewundernswert haben die Meister das damals erdacht.

Ja, und dann wurde alles vergessen. Diese Trottel. Alles vergessen sie, alles, was Sinn macht. Kluge Köpfe, Anführer zeigen ihnen, wie's geht, dann funktioniert es eine Weile, und dann vergessen sie es. Sie vergessen es einfach. Wie kann man so was vergessen?

Restauro, restauras, restaurat, restauramus – restauramus. Wir werden es wiederherstellen.

Nicht alle haben alles vergessen. Die Maurer wissen es noch. Und sie bewahren das Wissen. Geben es weiter. Heimlich, wenn's sein muss. Ich kenne sie, ich kenne die Maurer.

Du kennst sie? Du kennst die Maurer? Träum weiter, träum nur schön weiter. Natürlich nicht diese. Die sind tot, so wie der Kaiser, für den sie gebaut haben. Glauben die Leute, ich bin verblödet? Aber Maurer ist Maurer, da gibt es Verbindungen. Von Stadt zu Stadt, von Generation zu Generation. Ja, sicher, und dann direkt bis zu dir. Gerade dich weihen sie in ihre Geheimnisse ein. Nein, niemand weiht mich, ich hab es … ach!

Ich muss aufhören zu diskutieren. In meinem Kopf braust es vor lauter Selbstgesprächen. Verrückt werden könnte man. Diese Sprachübungen führen doch zu nichts. Immer wird dir irgendwer widersprechen, da kannst du üben, so viel du willst, *rhetoricae* hin oder her. Weil sie Klugscheißer sind. Und weil sie Angst haben. Angst vor allem und jedem. Vor ihrem eigenen Schatten fürchten sie sich und am allermeisten vor der Wahrheit. Da kannst du reden und reden. Dann nicken sie stumpf und gehen nach Hause und vergessen alles wieder. Immer vergessen sie.

Irgendwann ist's genug mit dem Reden. Da helfen dann nur noch Taten. Da muss man tun, was man tun muss. Wenn alle Wegweiser, die sie aufgestellt haben, diese Verwalter und Rechthaber – die dich von oben angucken wie vom Pferd herab, aus ihren Nobelkutschen und in ihren Amtsstuben, die sich Labyrinthe ausdenken, Irrgärten aus Schildern und Vorschriften –, wenn sie es fast geschafft haben, dich so zu verwirren, dass du nicht mehr weißt, ob du Mann oder Weib bist, dann musst du Mann sein. Einer, der das Richtige tut.

Scheiße, ich habe Angst!

Und die letzte Fackel ist auch aus.

Bist du jetzt zufrieden, ja? Ein toller Held bin ich. Sitze hier im Gemäuer in der Dunkelheit und kann vor lauter Panik nicht denken. Aber ich muss. Ich muss mich entscheiden, wie es weitergeht.

Und ich muss pinkeln. Verdammt, dann geh wenigstens ein Stück den Gang entlang, bis zu der Mauer da, damit du danach nicht in der eigenen Pisse stehst. Pass auf, spritz nicht so. Ja, dahin. Puh, jetzt ist es besser.

Erst mal wird sie die falsche Fährte weglocken. Und lange können mich ihre Bluthunde nicht mehr wittern. Aber …

Herrgott, ich war nicht vorbereitet. Nicht gut genug diesmal. Zu plötzlich diese Gelegenheit. Hab ich wirklich gedacht, das ist es jetzt? Das ist der Stein, der alles ins Rollen bringt? Dass du mit einem Schlag aufsteigst und alle niederknien voller Respekt? Respekt, ja, den erwarte ich. Es heißt, nur wer sich an die Regeln hält, hat Respekt verdient. Schwachsinn! Wer sich an diese Regeln hält, die Regeln der anderen, der schwimmt nur im Strom mit und geht irgendwann unter. Respekt, den muss man sich erkämpfen.

Ja, aber jetzt jagen sie dich. Na und? Daran bin ich gewöhnt. Aber diesmal ist ihre Jagd eine andere.

Sie kriegen mich nicht. Das habe ich nicht verdient. Ich hab erlebt, was sie mit dir machen, wenn sie dich kriegen. Das Schlimmste ist die Verachtung. Die falsche Verachtung. Wenn du einem Feind gegenüberstehst und er dich verachtet, weil er dein Feind ist, dann ist das in Ordnung. Die echte Verachtung deines Feindes ist wie ein Ritterschlag. Aber wenn du weißt, dass sie alle auf deiner Seite stehen müssten und alle wissen, dass du das Richtige tust, und sie zeigen dennoch nur Verachtung, schlotternd vor Angst, und verurteilen dich und dein ganzes Geschlecht und führen dich dann zur Schlachtbank. Das ist mehr als Verachtung, das ist Erniedrigung.

Wir haben es doch alle erlebt. Fang jetzt nicht von Gero an. Warum nicht? Weil dessen Ächtung abfärben könnte? Nicht mal man selbst ist gefeit davor, dass sich die Hände schmutzig anfühlen, sobald man an ihn denkt, an den eigenen Onkel. Dabei hat er nicht einen Tag vor einem Richter gestanden. Nicht einen einzigen Tag. Nichts wurde bewiesen. Und warum mussten wir alles aufgeben, mussten in eine andere Stadt ziehen? Doch nur wegen des Geschwätzes und der Anschuldigungen. Was sie nicht alles erfunden haben. Sicher, er hat selbst dazu beigetragen mit seinem Geschwätz. Er war ein Säufer, hat Geschichten im Suff erfunden. Wer tut das nicht? Und waren sie nicht alle scharf auf seine Geschichten? Weil sie selbst nicht in der Lage waren, sich welche auszudenken. Weil sie sich nicht einmal trauten, davon zu träumen, was er … also, was er erfunden hatte. Im Suff also, oder wie? Mutter hat ihm trotzdem nicht getraut. Eine Frau. Seine Schwester. Ja und? Trotzdem eine Frau. Befangen, so hätte man sie vor Gericht genannt. Aber er stand doch nie vor Gericht! Ja, weil er sich vorher erhängt hat, im Schuppen. Weil er schuldig war? Nein, weil er es nicht mehr ertragen konnte, ewig der Gejagte zu sein.

Und jetzt jagen sie mich. Aber so weit wird es nicht kommen. Erst einmal sind wir hier sicher.

Ich liebe diesen Turm. Jedes seiner drei Geschosse. Die würdevoll gewölbten Räume. Wie raffiniert die Wasserleitungen in den Stein gehauen sind. Nur das vierte Geschoss, diesen albernen Aufsatz, den hätten sie sich dann doch sparen können. Warum müssen die Menschen immer noch eins draufsetzen? Warum müssen sie immer alles verändern? Kann nicht einfach mal etwas so bleiben, wie es ist? Einfach nur, weil es gut ist? Es gibt keine Vorstellung mehr von Gut oder Schlecht. Alles verschwimmt. Richtig oder falsch, Mensch oder Tier, schwarz oder weiß, Mann oder Frau. Es gibt Dinge, die sind einfach so, wie sie sind. Aber nein, alles wird noch in Frage gestellt. Ewig diese Fragen. Kopfschmerzen könnte man kriegen.

Und ich könnte ewig hier stehen und den Stein meine heiße Stirn kühlen lassen. Scheiße, der Turm sorgt sich um mich. Alles kreist um ihn. Er ist wie ein starker Vater. Das Zentrum … und doch … Ha, wie raffiniert! Er steht gerade so neben dem Zentrum, der Mitte der Stadt, der alten Stadt. Wenn man ihn aus der Luft sähe, so wie ein Vogel, dann verhielte sich der Turm zur Stadt genauso wie die Sonne zur Umlaufbahn der Erde. Nicht genau in, sondern ein Stück aus der Mitte heraus. *Centrum verticeaxis conjugati.* Nicht in Kreisen fliegen wir, sondern in Ellipsen. Exakt austariert. Ein perfektes Bild, das nur sieht, wer sich aufschwingt. Nur von oben hat man die Übersicht.

Von oben, wie vom Turm aus. Der Turm ist unser Symbol. Aufrecht. Er muss immer aufrecht stehen. Wenn ich eines hier gelernt habe, dann das.

Und dabei habe ich mich so lange geschämt und mir eingeredet, ich wäre eben damals noch zu jung gewesen. Du warst sieben. Ja und? Ist das vielleicht eine Entschuldigung? Nein, aber eine Erklärung. Und ich war groß für mein Alter. Hier bin ich gestanden. Genau hier.

Die anderen bilden mit mir zusammen einen Kreis. Eine Ellipse? Egal, elf sind es, ich bin der Zwölfte. Ein paar kenne ich, aber nicht alle. Ich bin ja neu hier. Aber sie haben mich mitgenommen. Damit ich dazugehöre. Ich sollte dazugehören! Einer ist der Anführer. Er ist auch der Größte. Er hat buschige Augenbrauen und eine Nase mit einem Knick. Mehr kann ich nicht sehen, es ist nicht hell, und die Fackeln flackern vom Windzug vom Treppengang her. Der Anführer spricht. Es ist eine Sprache, die ich nicht verstehe. Später lerne ich, dass es Latein ist. Später lerne ich auch Latein. Alles lerne ich später. Aber jetzt verstehe ich kein Wort. Ich versuche, so ernst und feierlich dreinzuschauen wie die anderen, die ich mit gesenktem Kopf aus den Augenwinkeln beobachte. Ich höre mein Herz schlagen. Irgendetwas Besonderes muss gleich geschehen. Da stampft der Anführer dreimal mit dem Fuß auf den Steinboden, und dann ist es plötzlich mucksmäuschenstill. *»Quid video?«*, brüllt er, und alle drehen sich zu mir um …

Was habe ich damals gelernt? Es gibt eine natürliche Ordnung. Eine göttliche Ordnung, wenn du so willst. Es gibt die mit Schwertern und die ohne – du warst erst sieben! Egal! Aber kämpfen kann nur, wer ein Schwert zu führen in der Lage ist. Genau, und wer ein Schwert hat, der sollte kämpfen, um die Ordnung zu erhalten, und es nicht verstecken und sich selbst zum Schwertlosen machen, zum Eunuchen.

Und ich habe die Mauern zu ehren gelernt und zu lieben. Sie nehmen mir meine Kleider und sperren mich nackt ein in die dunklen Gewölbe. Na und? Dann schmiegen sich eben die Mauern an mich, umhüllen mich. Der Stein, eben noch kalt, jetzt wärmt er mich, hält mich am Leben. Und wenn sie mich holen, zollen sie mir Respekt, dass ich nicht erfroren bin oder verzagt. Hart bin ich geworden, hart wie der Stein eines Turms. Hart und aufrecht.

Wir sollten Mauern nie einreißen. Wir müssen sie wehrhaft und hoch bauen und auf sie vertrauen. Nicht umsonst sagt man, die Welt sei aus den Fugen. Wenn die Fugen fest sind, kann der Welt nichts geschehen.

Fugen – fügen. Dass mir das noch nie aufgefallen ist: »fügen« kommt ja von »Fugen« – oder umgekehrt, auf jeden Fall gehört beides zusammen. Es fügt sich. Sie haben sich gefügt. Am Ende haben sich alle gefügt. Nicht immer gleich, nicht immer leicht, aber das liegt an ihrer Verwirrung. Am Ende kennen sie doch die Ordnung, wir müssen sie nur daran erinnern. Die Erkenntnis steckt in ihnen, ist tief verwurzelt in ihrem Schoß.

Ein albernes Wortspiel, ich weiß. Aber ein bisschen Spaß muss sein, oder? Ist das Leben nicht hart genug? Schon wieder. Schluss jetzt, ich muss endlich denken.

Heute war's ja wohl nichts mit dem Fügen. Jetzt gerät alles aus den Fugen … Aus! Schluss, Schluss, Schluss, bin ich noch zu retten? So darf es nicht enden. Stell dir vor, was dann passieren, wie alles zusammenbrechen würde.

Scheiße, warum?

Ich war mir so sicher. So sicher, dass du eine von uns bist. Sie hat widersprochen. Aber da ging's ja um nichts. Du magst es nicht, wenn sie widerspricht. Aber es ging trotzdem um nichts. So oder so, du magst es nicht. Stimmt, ich mag es nicht, aber es war anders. Ich dachte, du kennst die Ordnung, dachte, du hast die Regeln im Blut, so wie ich. Dass wir zusammen der Welt zeigen könnten, wie sie, die Welt, funktioniert. Diesmal sollte es nicht nur ein Sieg sein. Nicht nur ein Sieg des Schwertes oder ein Sieg der Vernunft, sondern eine Demonstration.

Wie lange arbeitest du jetzt für mich? Drei Jahre? Drei Jahre und kein einziges Widerwort. Kein Aufbegehren, stets tüchtig, diensteifrig. Trotz deiner Bildung kein bisschen Hochmut, kein Zeichen antrainierter Distanz. Niemals hast du meinen Händen ihr Recht verwehrt, zu fühlen, was meine Augen nicht ausreichend sehen. Niemals bist du mir ausgewichen, wenn ich dir nahe kam, wenn ich deinen Duft atmete. Sicher, es hätte Zufall sein können, eine Unachtsamkeit. Aber du wusstest, dass ich nicht unachtsam bin, du wusstest, dass es keine Zufälle gibt.

Hast du die Blicke vielleicht nicht gespürt und dich nicht immer gefügt?

Und jetzt? Heute? Warum so plötzlich, gerade dann, wenn es darauf ankommt? Warum ausgerechnet hier? Sollten dir nicht allein diese Mauern Respekt einflößen? Warum studiert jemand Architektur, wenn er keinen Respekt vor diesen Mauern hat? Warum dient jemand der Restauration, wenn er keinen Respekt vor diesen Mauern und vor denen hat, die sie bewahren?

Ich würde Restauration wohl mit Restaurierung verwechseln, hast du mir ins Gesicht gesagt, als ich dir – gnädig noch – die Notwendigkeit unserer Vereinigung erläutern wollte. Mir sagst du so etwas? Mir? Ich – habe – Latein – studiert! Schon vergessen?

Denkst du, jemand glaubt dir, du hättest nicht gewusst, warum wir hier hinuntergehen? Warum ich die schwere Eisentür hinter uns schließe, warum ich sie ver-schließe?

Niemand geht freitagabends runter in die Gänge vom Granusturm, zwei Stunden nach Schließung vom Rathaus. Es geht überhaupt niemand mehr hier hinunter, wo es nichts mehr zu finden gibt, weil alles wieder und wieder untersucht wurde. Wie oft sind wir selbst schon hier gewesen? Du noch als Studentin und ich als Dozent? Und schon gar nicht geht jemand hier mit einer Fackel hinunter. Wir haben batteriebetriebene Halogenscheinwerfer und Sonargeräte zuhauf im Büro, und dann nehmen wir in den Turm nur eine Fackel mit? Was hast du denn geglaubt, das ich dir hier zeigen werde? Mystische Schattenspiele?

Du hast doch gewusst, worum es in diesem aufrechten Turm einzig und allein gehen kann. Die ganze Zeit. Immer schon. Vor dir musste ich es noch nie erklären. Noch nie hat eine gefragt. Alle haben sich gefügt. Immer. Aber du? Drei Jahre und dann fügst du dich nicht?

Was ist das für eine Welt, in der du lebst? Du fügst dich dem Schwert, solange es im Verborgenen – gut verpackt in Flanell – nur eine Andeutung bleibt. Aber wird es gezückt, dann plötzlich verwehrst du dich? Jetzt siehst du, was geschieht, wenn alles aus den Fugen gerät. Ist es das, was du wolltest? Ist es das?

Jetzt liegst du da, blaugesichtig, die Augen genauso weit aufgerissen wie deine Bluse. Vorwurfsvoll glotzt mich dein Busen an. Recht hat er, denn er ist zu kurz gekommen. Konnte seinen Zweck nicht erfüllen. Keinen Hunger wird er mehr stillen. Aber bin ich daran schuld? Dich sollte er vielmehr anglotzen, dich! Weil du deinen Zweck nicht erfüllen wolltest.

Ruhig jetzt. *Silentio!* Sie sind da draußen. Aber Spur haben sie keine. Suchen nicht einmal. Ich müsste nur durch den Korridor und die metallene Tür gehen, die sonst keiner kennt, durch die leeren Gänge im Rathaus huschen und durch die Pforte hinten zum Katschhof hinaus. Am Montag dann – vielleicht auch erst am Dienstag – nachfragen, Vermisstenanzeige aufgeben, wenn das nicht jemand anders erledigt. So einfach wäre es gewesen.

Wie oft? Wie oft ist dir Rost am Taschentuch hängen geblieben, wenn du sie aus der Hosentasche gekramt hast? Es war doch nur eine Frage der Zeit! Wie oft hast du dir gedacht, dass du dringend Kopien der alten Schlüssel machen musst, bevor sie noch abbrechen? Wie dämlich kann jemand sein? *Stupido, stupido, stulte!*

Nein! Nein, ganz sicher nicht. Hilfe rufen ist keine Option. Muss ich aufzählen, wie steinig der Weg war, meine Reputation aufzubauen? Ich bin wer. Und ich brauche diese Fassade. Schließlich geht es um mehr. Und was meinst du, wie diese Nachricht durch die Foren im Darknet jagen wird? *From hero to zero*, um's mal auf Neudeutsch zu sagen. Nein, nein, ganz sicher nicht.

Also? Also endet es hier. Aber wenn, dann müssen wir das Ende inszenieren. Es muss echt aussehen. Eindruck hinterlassen.

Warte, was ist mit dem Hohlraum unter den losen Treppensteinen? Da passt sie nicht rein. Und wenn doch? Ich müsste es zumindest probieren. Wenn, dann jetzt, solange mein Handyakku noch Strom hat. Lang reicht der nicht mehr. Dann mach das Display aus. Komm schon, rüber mit ihr. Jetzt die Steine weg. Und die Schleifspur? Die verwischen wir. Jetzt hier anheben, dann löst sich die erste Steinplatte. Zu schwer? Nein, los, geht schon. Festhalten, festhalten. Nein, Herrgott, der Stein rutscht mir weg!

Scheiße! Ist die Platte zerbrochen? Lass das Handy aus, das kannst du doch fühlen. Inferno! Verdammt! Muss das sein? Ist aber ein sauberer Bruch, zwei Teile. Deutscher Granit eben. Das kriege ich hin. Aber sie werden doch nach ihr suchen. Da sucht niemand. Was erzähl ich dann überhaupt? Kommt darauf an, wen wir anrufen. Später, jetzt rein da. Hätte ich nicht gedacht, dass das geht. Ich liebe diese Steine. Nichts zu sehen, oder? Es ist stockdunkel, Mann! Jaja, schon gut, also einmal noch leuchten? Nein, erst anrufen. Es wird ja dauern, bis jemand kommt. Zeit genug, es bleibt noch Zeit genug.

Und wen jetzt? Wen rufen wir an? Ja, genau. Das ist gut. Da kann eigentlich gar nichts passieren.

Still jetzt. Kurzwahl … Verbindungsaufbau … atmen. Atmen. Kein Ton. Alles ist ruhig.

Warum ist es so ruhig? Warum nur – bleibt alles so still?

Silvia Götschi

Tödliches Menü

Ausgerechnet durch den Westpark führte ihr Weg, vorbei am Weiher, in dem sich der violette Abendhimmel spiegelte. Ein Kondensstreifen eines Linienjets zerschnitt die Dämmerung. Der Wald stand dicht, die Bäume schwiegen, und doch dachte sie, Stimmen aus ihnen zu vernehmen. Murmelnde Wörter, vermutlich doch nur in ihrem Kopf. Für die Schönheit der hereinbrechenden Nacht hatte sie kein Auge. Ihr Herz raste. Sie hätte die Einladung nie annehmen sollen. Heute war kein guter Tag, nicht einmal zum Sterben.

Doch nun zog es sie dorthin, zu ihrer Familie, der sie mit gemischten Gefühlen begegnete und mit der sie durch ihren Onkel verbunden war.

Maria Lara beeilte sich. Die Furcht, dass jemand hinter ihr her war, blieb. Sie vermutete, dass sie verfolgt wurde, jeder Schritt von ihr wurde überwacht – von Don Anselmo, dem Kopf des Syndikats. Er hatte seine Späher nach ihr ausgesandt. Es gab kein Entrinnen.

Der Brief mit der Einladung steckte in ihrer Tasche, die sie eng an sich drückte. Ihr einziger Halt im Moment. Heute, am Freitag, hatte Don Anselmo seinen Clan zum Abendessen eingeladen. Ins französische Restaurant »La Becasse« in Aachen, wo Maria Lara einst gearbeitet hatte.

Sie verließ den dunklen Park, überquerte einen Parkplatz und blieb an der Ecke zur Vaalser Straße stehen, außer Atem. Sie schmeckte Blut. Ihre Lungen schmerzten beim Luftholen.

Die Häuser zu ihrer Rechten warfen lange Schatten. Gebäude aus einer anderen Zeit, die der Beschaulichkeit dieses Stadtteils Rechnung trugen. Maria Lara hatte früher hier gewohnt, bevor der Don sie zurückbeorderte. Zurück in sein Büro, wo er sie als Sekretärin anstellte, für Schreibarbeiten, die er selbst nicht verrichten wollte. Dabei zählte sie sich noch zu den Küken der Gilde.

Es war ein Fehler gewesen, den nicht nur der Don, sondern vor allem Maria Lara bereute. Ihr Gerechtigkeitssinn hatte sie an den Abgrund gebracht, an dessen Rand sie heute stand. Sie erkannte den Rachen des Todes, in den ein einziger Schritt sie stürzen ließe.

La becasse – die Waldschnepfe. Don Anselmo kehrte gerne in das Restaurant ein. Hier konnte er seiner Leidenschaft frönen, der französischen Küche, die er trotz seiner Herkunft der italienischen vorzog. Das Haus erinnerte mit seinen hohen, schmalen Fenstern, dem Vorbau zur Straße und dem Schrägdach an einen Jugendstilbau.

Die Tür lud zum Eintreten ein. Hell beleuchtet, angenehm, das Ambiente. Maria Lara zögerte. Ein Kontrollblick nach allen Seiten. Niemand da. Die Touristen waren verschwunden, die Nachtschwärmer noch nicht unterwegs. Beherzt betrat sie das Restaurant.

Jens und Olaf waren da. Gemeinsam mit ihnen hatte sie serviert, damals, in einem anderen Leben, als sie noch nicht gewusst hatte, was in ihr schlummerte. Sie freuten sich offensichtlich, sie wiederzusehen. Es war lange her.

»Ist mein Onkel schon hier?« Maria Lara entledigte sich ihres Mantels. Darunter trug sie ein eng anliegendes Kleid. Ein Geschenk des Don. Rot und gefährlich.

»Du bist die Letzte.« Olaf führte sie in den Raum, wo die ganze Sippe bereits an einem langen Tisch saß. Weiß gedeckt, das war bestimmt Don Anselmos Wunsch gewesen. Er mochte Weiß und Rot. Denn schwarz war seine Seele.

»Maria Lara.« Er erhob sich, breitete seine schlaffen Arme aus und kam auf sie zu. »Endlich bist du da. Die Tochter meiner Schwester, die leider nicht mehr unter uns weilt.«

Nikotin und Alkohol hatten ihn gezeichnet. Für sein Alter von fünfzig Jahren sah er überdurchschnittlich verlebt aus.

Auch Mama hat er in den Tod getrieben, ging es Maria Lara durch den Kopf, jedenfalls im weitesten Sinne. Und heute würde sie ihr folgen, wenn sie nicht Vorsicht walten ließ.

»Setz dich zu uns!«

Sie sah in die Runde, in junge und alte Gesichter, entdeckte

Claudio, neben dem sie sich niederließ. Ob er ahnte, was mit ihr geschehen würde? Dass sie zum Henkersmahl eingeladen war?

Es gab keinen Weg zurück. Sie war aus purer Neugier hierhergekommen – oder weil der Don sie dazu gezwungen hatte? Sie wusste es selbst nicht. Nun saß sie am selben Tisch wie all die Leute, die nicht davor zurückschreckten, mit Mord und Totschlag Geld zu verdienen. Einige wenige unter ihnen konnten sogar davon leben, zu meucheln und zu morden. Sie galten als die wahren Täter, verübten Anschläge, dass es einem allein bei der Vorstellung schlecht wurde. Doch es schien, als wären sie heute die gezähmten Widerspenstigen.

Nach dem Amuse-Gueule, einem mundgerechten, lauwarmen Hasenfilet auf Spinatblatt, wurde die erste Vorspeise serviert. Das Trinklied aus »La Traviata« von Giuseppe Verdi begleitete die Kellner, die behandschuht Austern auf Eis an den Tisch brachten. Ein Stilbruch, fand Maria Lara, die ein französisches Chanson vorgezogen hätte, »Les Feuilles Mortes« zum Beispiel, die perfekte Todesuntermalung.

Don Anselmo liebte Austern. Er selbst verzehrte mindestens zwanzig pro Tag. Wie einst Casanova war er davon überzeugt, dass sie seine Manneskraft stärkten. Um ihn herum scharte sich die holde Weiblichkeit, vorwiegend diejenige, die Messer als ihre Tatwaffe bevorzugte. Solche, die Leichen zerstückelte, sie in Säure auflöste oder enthäutete und daraus Handtaschen herstellte. Die Mordsladys blickten zum Don auf, wenn er mit einer gewaltverherrlichenden Philosophie ihre Familie manipulierte.

Sechs *huîtres spéciales Gillardeau*, sechs Stück des Rolls-Royce unter den Austern.

»Wenn du die Muschel öffnest, zuckt sie noch«, hatte Olaf erklärt. »Daran erkennst du, dass sie wirklich frisch ist.«

Diese hier waren wunderbar fleischig. Der Geruch nach Salz und Meer ging von ihnen aus, und als Maria Lara ihre erste Auster schlürfte, schmeckte sie die gallertartige fischige Masse auf der Zunge, zwischen den Zähnen und am Gaumen so intensiv, dass sie dabei ganz vergaß, dass sie womöglich ein tödliches Gift enthielt.

»Anselmo!«, rief dessen Frau Ilse über den Tisch hinweg, während alle damit beschäftigt waren zu schlürfen. »Wieso wurden Chrysanthemen als Dekoration verwendet?« Sie schnappte nach Luft und griff sich auf Brusthöhe an ihre Bluse, wo ein blutiger Fingerabdruck zu sehen war. Sie hatte sich in der Kleiderwahl wieder einmal übertroffen.

Don Anselmo lächelte. »Nun reg dich nicht so auf. Das muss ein Versehen sein. Außerdem sind sie doch schön.«

»Hast *du* sie bestellt?« Ilse warf ihm einen zornigen Blick zu. »Das sind Totenblumen!«

Der Don wandte sich an Maria Lara. »Wie findest du sie?«, fragte er und meinte wohl nicht die Blumen.

»Göttlich, du weißt, wie sehr ich Austern liebe.«

»Du bist wie sie.«

»Wie wer?«

»Wie Aphrodite, die Liebesgöttin. Sie ist einer Auster entsprungen, sagt man. Ah, da ist noch eine letzte …«

Als er danach griff, ließ nicht nur Maria Lara ein Geräusch zusammenfahren. Es hörte sich wie ein nasser Mehlsack an, der zu Boden fällt. Ein Raunen ging durch den Raum.

»Claudio! Um Gottes willen!« Maria Lara sah zu ihrer Linken, wo ihr Tischnachbar nicht mehr saß. Stattdessen krümmte er sich wie ein Embryo auf dem Boden.

»Schafft ihn weg«, befahl Don Anselmo. In seiner Stimme klang purer Hohn.

Maria Laras Herzschlag setzte aus. Eine der Austern war vergiftet gewesen. Sie hätte sie bekommen sollen. Der Kellner hatte ihr die falsche Schale gebracht. Man hatte einen Giftanschlag auf sie verüben wollen. Claudio hatte ihn vereitelt und musste nun dafür mit seinem Leben bezahlen.

»Idiot!« Don Anselmo riss sich die Serviette von der Brust. »Er hat einen Eiweißschock, wahrscheinlich weil er sich an den Austern überfressen hat. Dafür kann ich die Verantwortung nun wirklich nicht übernehmen. Aber keine Sorge, er wird schon wieder.«

Als der herbeigerufene Krankenwagen vorfuhr, die Sanitäter den Unseligen auf eine Bahre hievten und mit ihm das Lokal verließen, hatte Don Anselmo sich schon wieder gesetzt und zum nächsten Gang gebeten.

Das ist doch alles nur ein Täuschungsmanöver, dachte Maria Lara. Natürlich würde er es ihr nicht leicht machen. Sie kannte seine Masche, wenn bei ihm jemand auf der Abschussliste stand. Sie hatte seine Bücher kontrolliert und festgestellt, dass es Ungereimtheiten gab, Fehler, die er zu vertuschen versuchte. Das Wort »Geldwäscherei« hatte sie zwar nicht in den Mund nehmen wollen, aber nichts zu sagen war auch keine Lösung.

Die Kellner servierten den zweiten Gang: Aal und Gänseleberterrine mit Yuzu-Zitronen-Gelee und Thunasoße. Maria Lara stocherte in dem Essen auf ihrem Teller und versuchte sich auszumalen, wie Don Anselmo sie ins Jenseits schicken würde. Ob die Gänseleber präpariert war? Ihr Teller unterschied sich in der Farbe von denen der anderen. Er war eindeutig heller. Sie sah zur Decke, an der Lichtquellen wie Monde eine warme Atmosphäre zauberten. Vielleicht nur eine Illusion. Gewiss.

»Schmeckt dir der Aal nicht?«, fragte Ilse und sah aus, als hätte sie sie schon eine ganze Weile gemustert.

»Doch, doch.« Maria Lara schluckte, obwohl sie nichts im Mund hatte. Früher hatte Ilse jede Woche einmal Aal gekocht. Im Lago di Lugano geangelt, an dem sie einst gelebt hatte. Der Aal war ein zäher Fisch, der sich nicht leicht fangen ließ. Man benötigte entsprechende Schnüre mit Widerhaken, an denen die Köder befestigt wurden. War der Aal geangelt, hatte Ilse ihn totgeschlagen. Doch richtig tot war der noch lange nicht gewesen. Noch auf dem Grill hatte er gezappelt. »Das sind die Nerven«, hatte Don Anselmo Maria Lara erklärt, als diese jenes Phänomen mit eigenen Augen gesehen hatte. Davon musste er ja etwas verstehen. Er zog das langsame Sterben dem schnellen Tod vor. Wenn ein Opfer sich im Feuer wand, erfreute ihn das dermaßen, dass sogar einige seiner Freunde an seinem Verstand zweifelten.

Maria Lara beobachtete ihre Familie, die sie, mit Ausnahme des Mannes, den sie Onkel nannte, und dessen Frau, kaum kannte. Sie hatte bisher noch nicht das Bedürfnis verspürt, einen tieferen Einblick in ihre Leben zu nehmen, die mit Bestimmtheit von Lug und Betrug geprägt waren. Sie passte da nicht rein. Bis heute nicht. Ob sich daran in Zukunft etwas ändern würde?

War das Gift vielleicht im Aal?

Sie nahm einen Bissen und war über das zarte Fleisch angenehm überrascht. Als sie die Thunasoße probierte, kamen ihr die Tränen. Weil sie noch lebte.

Sie beschloss, das Essen zu genießen: die exquisiten Gänge, die Weine. Sterben konnte sie später noch.

Ein bekanntes Geräusch riss sie aus ihren Gedanken. Ein Scheppern und Schleifen.

Anna, die neben Ilse gesessen hatte, war vom Stuhl gekippt, und wieder quittierte Don Anselmo den Vorfall mit einer Beleidigung.

Maria Lara indes fuhr der Schreck in alle Knochen. Offenbar war tatsächlich schon wieder ein Teller verwechselt worden.

Nun ergriff auch Ilse das Wort und schickte ihre Meinung, dass Anna eine Mimose sei, verbal in die Runde. Bestimmt habe sie sich über die armen Gänse aufgeregt und sei daraufhin ohnmächtig geworden. »Erstaunlich, oder? Anna ist die blutrünstigste Täterin unter uns, wird aber wegen Stopfgänsen hysterisch.«

Vor den Fenstern hatte sich die Nacht endgültig über Aachen gelegt. Lichtschimmer drangen durch zugezogene Vorhänge. Schatten von huschenden Gestalten. Dann wurde Gang Nummer drei aufgetragen.

Maria Lara hätte sich des Lebens erfreuen können, hätte nicht tief in ihr drin die Angst vor Don Anselmo geschwelt. Er hatte ihr verboten, wem auch immer von seinen Machenschaften zu erzählen. Sie hatte es trotzdem getan. Zuerst aus Stolz, in ihm einen so tollen Mentor zu haben, der von seinem Beruf etwas verstand. Später aus Abscheu. Er hatte für ihr Dafürhalten eine allzu morbide Phantasie.

»Soupe de poissons frais en abondance et ses garnitures«, verkündete Don Anselmo gut gelaunt. Er war erfreut, den Gusto seiner Gäste getroffen zu haben, nachdem sie ihm ihr Entzücken darüber kundgetan hatten.

Die Fischsuppe sah lecker aus, aber Maria Lara betrachtete

ihren Teller dennoch skeptisch. Ein Hummerschwänzchen ragte aus der Suppe über den Tellerrand, zwei geöffnete Muscheln schwammen wie gebrochene Schmetterlingsflügel im Sud, in dem zwischen einem Filetstreifen Steinbutt eine perlmuttfarbene Kugel leuchtete. Maria Lara sah genauer hin. Jemand hatte ihr eine Perle in die Suppe geschmuggelt – oder etwas, das wie eine Perle aussah. Gemüse oder ein Reiskorn war es jedenfalls nicht. Bei dem Anblick war Maria Lara überzeugt, dass Don Anselmo sie mittels eines Zyanid-Kügelchens aus der Welt schaffen wollte. Sie brauchte nur draufzubeißen, dann würde sich die Blausäure in ihrem Mund ausbreiten und sie in die ewigen Jagdgründe schicken. Hatte er Olaf damit beauftragt, die Perle in ihre Suppe zu tun? Sie wusste, wie pleite Olaf immer war. Für Geld hätte er bestimmt seine eigene Schwiegermutter zum Schweigen gebracht. Aber würde er auch ihr – Maria Lara – etwas antun?

Ein spitzer Schrei von der anderen Seite des Tisches unterbrach sie in ihren Gedanken. Dort, wo der Château Larrivet Haut-Brion im Weinglas funkelte, verzog ein junger Mann den Mund, bevor er zur Seite kippte, direkt auf den Schoß seiner Freundin, die ihre Opfer bei lebendigem Leib in Eiswasser tauchte.

»Exitus!« Don Anselmo hielt sich den Bauch vor Lachen. »Bin ich eigentlich nur von Stümpern umgeben? Beißt der Idiot doch tatsächlich in die Hartplastikperle, die ich jedem von euch als kleine Anerkennung, sozusagen als Souvenir meines letzten Erfolgs, vermachen wollte. Und stürzt dann auch noch vom Stuhl, weil er eindeutig zu viel getrunken hat. Jetzt sind seine Zähne, die er sich gerade erst hat sanieren lassen, bestimmt wieder kaputt.«

»Ich habe die Perle runtergeschluckt«, ließ Ilse leise vernehmen. »Ich glaube, sie bekommt meinem Magen nicht.«

Maria Lara runzelte die Stirn. Welches Spiel trieb der Don? Sie war zur Polizei gegangen. Es hatte nur diesen einen Weg für sie gegeben. Wenn sie Don Anselmos Berufung verstehen wollte, musste sie begreifen, wie die Beamten arbeiteten. Auch wenn dieses Verständnis wahrscheinlich einen Mord nach sich ziehen würde.

»Nehmen Sie sich in Acht, wenn Sie auf eigene Faust recherchieren«, hatte Kommissar Pütz ihr geraten. »Mit dem Syndikat ist nicht zu spaßen.«

Jetzt erhob sich Ilse von ihrem Platz. Sie müsse mal, ließ sie verlauten.

Maria Lara überlegte, ob sie die Perle als Andenken tatsächlich mitnehmen wollte, und verstaute sie schließlich vorsorglich in ihrer Tasche.

Man trank reichlich und lachte viel. Jeder der Anwesenden versuchte, mit seinen Mordmethoden die anderen zu übertrumpfen. Kevin, der Serientäter, legte eine blutige Handattrappe auf den Tisch, dazu ein Stilett mit einer Vorrichtung, die echtes Blut aus der Klinge fließen ließ. Maria Lara hatte so etwas schon in einem Kaufhaus gesehen. »Beides nehme ich immer zu Demonstrationszwecken mit, wenn ich meine Klientel besuche und darüber Vorträge halte, wie ich morde, ohne Spuren zu hinterlassen. Es wirkt. Die vorderste Reihe wird regelmäßig ohnmächtig.«

Maria Lara mochte Fleisch. Der vierte Gang, das Rinderfilet, schmeckte hervorragend, und die karamellisierten Schalotten und die Datteln mit dem Ingwerpüree ließen sie für einen Augenblick die Angst um ihr Leben vergessen. Einen kurzen Augenblick lang. Dann war das ungute Gefühl zurück, und sie konnte nur noch daran denken, in welchem Bissen wohl der Tod lauerte.

»Fleischkonsumenten sind ökologisch nicht verkraftbar.« Der Kerl, der vorzugsweise Politiker eliminierte und Maria Lara gegenübersaß, hatte das Messer auf sie gerichtet, als hätte er vor, es nach ihr zu werfen.

Klar doch, daran hatte sie nicht gedacht. Jemand anders würde die Drecksarbeit übernehmen. Schließlich saß sie mit genügend Verbrechern am selben Tisch, die Don Anselmo liebend gern den Gefallen tun würden.

»Richtig«, sagte Ilse, die wieder zurückgekehrt war. »Würden wir auf Fleisch verzichten, gäbe es keine Rinderzucht mehr und die Regenwälder würden nicht abgeholzt. Trotzdem ist ein Filet de Bœuf nicht zu verachten, vor allem, wenn es so zubereitet ist wie dieses hier. Ich sollte dem Koch ein Kränzchen winden.«

Gesagt, aber nicht getan. Ilses Kopf fiel wie ein Stein vornüber auf den Teller. Das medium rare gebratene Rinderfilet zerfledderte unter dem Aufprall. Blut spritzte auf das weiße Tischtuch.

»Was zum Henker ist denn heute nur los?« Don Anselmo schoss so erregt hoch, dass sein Stuhl nach hinten kippte. »Bereits das vierte Opfer an diesem Abend. Aber wenn ihr glaubt, mich heute meines Postens entheben zu können, habt ihr die Rechnung ohne den Wirt gemacht.« Er grinste.

Noch immer zählte der Don zu den Erfolgreichsten der Branche. Er war der König unter den Kriminellen. Seine Ideen verkauften sich gut. Auch das Ausland riss sich darum. Wenn er auf sein Konto sah, konnte er sich zufrieden wähnen. Maria Lara hatte Einblick in seine Buchhaltung. Wenn sie ihm auch nur ein Mal nacheifern könnte, wäre sie für die nächsten Jahre abgesichert.

Die schmutzigen Teller wurden abgeräumt, der Wein nachgeschenkt, das Besteck für den Käse gereicht. Ein Kellner kam mit dem Käsewagen an den Tisch, an dem gästemäßig schon einige Lücken klafften.

Da jeder selbst wählen konnte, sah Maria Lara vom Käse keine Gefahr ausgehen. Sie entschied sich für zwei französische Weichkäse und ein Chutney mit Feigen und Nüssen. Während sie sich alles auf der Zunge zergehen ließ, sah sie zu, wie ein weiteres Familienmitglied vom Stuhl glitt. Es stimmte sie fast fröhlich, dass es wieder nicht sie getroffen hatte. Der Dessertwein, den sie dazu trank, mundete ihr in seiner Vollkommenheit. Sie war schon ein bisschen beschwipst, und als der Kellner ihr nachschenkte, hätte sie die ganze Welt umarmen können.

Sie lebte und würde das Schauspiel bis zum Ende verfolgen. Don Anselmo gehörte zu der Art von Akteuren, der es spielerisch gelang, jeden in ihren Bann zu ziehen. Wenn sie das hier überstand, würde sie vielleicht in seine Fußstapfen treten.

»Er hat eine Nussallergie«, hörte sie Don Anselmo sagen. »Typisch: erdrosselt seine Opfer und erstickt dann an dem Chutney. Wir sollten daraus lernen: Alles, was wir tun, kommt als Bumerang zu uns zurück … manchmal auch aus einer unerwarteten Richtung. Aber ich weiß, dass er in seiner Jackentasche immer eine Spritze bei sich trägt. Rein ins Bein, dann wird er bald wieder zu sich kommen.«

Maria Lara fröstelte. Das hier war doch ein abgekartetes Spiel. So viele Zufälle konnte es nicht geben. Und der allerletzte Gang stand noch bevor: ein Crispy-Cheesecake-Sandwich mit Zwetschgen und Haselnüssen aus dem italienischen Alba.

»Hat noch jemand eine Nussallergie?«, fragte der Don grinsend, während Maria Laras Löffel in dem Käsekuchen versank.

»Für das sechste Opfer des heutigen Abends hat jetzt die Stunde geschlagen.« Don Anselmo erhob sich. »Aber vorerst eine erfreuliche Nachricht: Es macht mich glücklich, alle unter euch getäuscht zu haben. Denn darin liegt die Quintessenz des Erfolgs: Täuscht eure Klientel, lasst sie zappeln, steigert die Spannung.« Er griff nach dem Weinglas, hielt es in die Höhe. »Ich darf euch heute unser neues Mitglied vorstellen. Sie ist keine Unbekannte und meine Nichte, hat das Morden also im Blut. Dass sie auf perfide Art Leben auslöschen kann, hat sie bereits bewiesen. Sie lenkt den Verdacht immer wieder auf andere, hat schon Tausende von Anschlägen verübt und Dutzende von Menschen in den Tod getrieben, selbst in gewisser Weise ihre Mutter. Heute sind wir hier, um sie für ihren abtrünnigsten Mord zu feiern, für den sie sogar ausgezeichnet wurde. Und wie es so ist, wenn ein Neuling zu uns kommt … jagen wir ihm gehörig Angst ein. Vom Westpark bis hierhin wurde sie verfolgt.«

Maria Lara war den Tränen nahe. Endlich gehörte sie auch dazu, als jüngstes Mitglied des Syndikats – der Autorengruppe deutschsprachiger Kriminalliteratur.

»Tausende von Anschlägen … auf ihrer Tastatur«, sagte Don Anselmo und bat Maria Lara an seine Seite. »Lassen wir es uns also heute Abend gut gehen und genießen wir alles, was die Criminale zu bieten hat. In der wunderbaren Stadt Aachen.«

Uli Aechtner
arbeitete als Journalistin, bevor sie Bücher zu schreiben begann. Sie war Reporterin für den französischen Fernsehsender TF1, Nachrichtenmoderatorin beim SWF in Mainz und gestaltete Filmbeiträge für ARD und ZDF. Ihre Romane erschienen bei Rotbuch, Fischer-Taschenbuch und Emons. Die gebürtige Bonnerin lebt heute vor den Toren von Frankfurt am Main, ihr fiktiver Ermittler Christian Bär gehört zum K11 des Frankfurter Polizeipräsidiums.
www.uli-aechtner.de

Daniel Carinsson
gebürtiger Berliner, ist ein klassischer Quereinsteiger. Gelernter Tontechniker, später Musikproduzent, Werbetexter, zwischenzeitlich in den USA, dann PR-Profi, Veranstalter, Betreiber eines Musiklabels in Wien, schließlich Web-Redakteur, 3D-Fotograf und Schriftsteller. Seine Schaffensbasis ist ein Ort an der Donau nahe der slowakischen Grenze, wo er im Lichtatelier einer Jahrhundertwende-Villa mit bewegter Vergangenheit lebt. Von 2015 bis 2018 war Carinsson Mitglied im Sprecherteam des Syndikats, für das er weiterhin als Webmaster aktiv ist.
www.carinsson.com

Peter Gerdes
geboren 1955, lebt in Leer (Ostfriesland). Er studierte Germanistik und Anglistik, arbeitete unter anderem als Journalist und Lehrer. Schreibt seit 1995 Krimis und betätigt sich als Herausgeber. Seit 1999 ist er Leiter der Ostfriesischen Krimitage, des größten Literaturfestivals im Nordwesten. Betreibt zusammen mit seiner Frau Heike in der Altstadt von Leer das »Tatort Taraxacum« mit Krimibuchhandlung, Café und Weinstube sowie literarisch-kulinarischen und musikalischen Events. Seine neuesten Bücher: »Ostfriesische Verhältnisse«, »Langeooger

Serientester«, »Friesisches Inferno« und »Ostfriesen morden anders«.
www.petergerdes.com, www.tatort-taraxacum.de

Peter Godazgar
geboren 1967, aufgewachsen in Hückelhoven, lebt in Halle (Saale), ist aber regelmäßig in Aachen zu Gast, um Freunde aus Studienzeiten zu besuchen. Ja, er hat in Aachen studiert – und nein, nicht Maschinenbau, sondern Germanistik und Geschichte. Fast zwanzig Jahre war er Redakteur bei einer Tageszeitung, wechselte dann die Seiten und ist nun stellvertretender Pressesprecher der Stadt Halle (Saale). Nebenher schreibt er Romane und Kurzkrimis. Die sind immer eher lustig als blutig; schon zweimal brachte ihm das eine Nominierung für den Friedrich-Glauser-Preis ein.
www.peter-godazgar.de

Silvia Götschi
1958 in Stans geboren, zählt heute zu den erfolgreichsten Krimiautorinnen der Schweiz. »Einsiedeln« und »Bürgenstock« landeten in der ersten Woche nach Erscheinen auf dem ersten Platz der Schweizer Taschenbuch-Bestsellerliste. Hierfür erhielt sie den GfK No 1 Buch Award. Seit ihrer Jugend zählen Schreiben, Fotografieren und Psychologie zu ihren Leidenschaften. Nach der Handelsschule und dem Abschluss der Kaufmännischen Berufsschule arbeitete sie längere Zeit in der Hotellerie und Gastronomie. Seit 1998 ist sie freischaffende Schriftstellerin und Mitinhaberin einer Werbeagentur. Götschi hat drei Söhne und zwei Töchter und lebt heute mit ihrem Mann in der Nähe von Luzern.
www.silvia-goetschi.ch

Carsten Sebastian Henn
geboren 1973 in Köln, arbeitet als Schriftsteller, Restaurantkritiker und Weinjournalist – u. a. als Chefredakteur von »Vinum – Europas Weinmagazin«. In St. Aldegund an der Mosel besitzt er einen Steilstweinberg mit alten Rieslingreben, in seiner rheinischen Heimat ein Volk Bienen und eine kleine Hühner-

schar. Wenn er einmal nicht seiner Leidenschaft, dem Kochen, nachgeht, ist er auf der Suche nach neuen Gaumenfreuden.
www.carstensebastianhenn.de

Thomas Hoeps & Jac. Toes
schreiben seit 2006 als deutsch-niederländisches Autorenteam Kriminalromane, von denen zwei für den niederländischen Krimipreis Gouden Strop und den belgischen Krimipreis Diamanten Kogel nominiert wurden. Hoeps, geboren 1966, lebt als Autor und Kulturorganisator in Krefeld und Mönchengladbach. Er promovierte über Terrorismus in der Literatur und veröffentlicht seit 1994 Prosa und Lyrik. Toes studierte Sprachwissenschaft und schreibt seit 1991 Krimis. Für seinen psychologischen Actionthriller »Fotofinish« erhielt er den Gouden Strop. Er lebt als Gerichtsreporter in Arnheim. Ein neuer Thriller von Hoeps & Toes erscheint im Herbst 2019 im Unionsverlag, Zürich.
www.thomas-hoeps.de, www.jactoes.nl

Gisa Klönne
geboren 1964, zählt seit ihrem Debüt »Der Wald ist Schweigen« (2005) zu den beliebtesten Krimiautorinnen Deutschlands. Ihre Judith-Krieger-Reihe wurde mehrfach übersetzt und ausgezeichnet, u. a. mit dem Friedrich-Glauser-Preis. Ihr Familienroman »Das Lied der Stare nach dem Frost« stand wochenlang auf der Spiegel-Bestsellerliste. Klönne schreibt auch Kurzgeschichten und ist Herausgeberin zweier Krimi-Anthologien. Zuletzt erschien von ihr der sechste Judith-Krieger-Fall »Die Toten, die dich suchen«.
www.gisa-kloenne.de

Herbert Knorr
lebt im Ruhrgebiet. Der promovierte Literaturwissenschaftler ist Leiter des Westfälischen Literaturbüros in Unna und dort zuständig für Literaturförderung in NRW. Er ist außerdem Ideengeber und einer der Festivalleiter von »Mord am Hellweg«, dem größten Krimifestival Europas, sowie Intendant des Netzwerkprojektes literaturland westfalen. Zahlreiche Veröffentlichungen,

zuletzt erschien der Krimi »Pumpernickelblut«. U.a. wurde er mit dem Literaturtaler NRW und dem Ehrenglauser des Syndikats ausgezeichnet.
www.herbert-knorr.de

Ralf Kramp
geboren 1963 in Euskirchen, lebt in einem alten Bauernhaus in der Eifel. Für sein Debüt »Tief unterm Laub« erhielt er 1996 den Förderpreis des Eifel-Literaturfestivals. Seither erschienen von ihm mehrere Kriminalromane und zahlreiche Kurzgeschichten. In Hillesheim in der Eifel unterhält er zusammen mit seiner Frau Monika das Kriminalhaus mit dem Deutschen Krimi-Archiv (30.000 Bände), dem Café Sherlock, einem Krimi-Antiquariat und der Buchhandlung Lesezeichen. Mit seinen schwarzhumorigen Kurzkrimis hat er sich nicht nur ein treues Lesepublikum erobert, sondern tourt auch mit unterhaltsamen Leseabenden durch den deutschsprachigen Raum.
www.ralfkramp.de, www.kriminalhaus.de

Tatjana Kruse
Jahrgangsgewächs aus süddeutscher Hanglage, lebt und arbeitet in Schwäbisch Hall, der Stadt zur Bausparkasse. Ihre Spezialität sind Krimödien, das Kind der Liebe aus Krimi und Komödie, u.a. ihre Reihen um die Schnüffelschwestern (Insel) oder den stickenden Ex-Kommissar Siggi Seifferheld (Haymon). Pferde kennt sie nur in der Karussell-Variante, aber Aachen gehört zu ihren deutschen Lieblingsstädten.
www.tatjanakruse.de

Kurt Lehmkuhl
1952 in der Nähe von Aachen geboren, hat die größte Zeit seines Lebens im Dunstkreis des legendären Tivoli verbracht, war jahrzehntelang Redakteur im Zeitungsverlag Aachen, wirft nun von Erkelenz aus einen zweifelnden Blick auf seine Lieblingsstadt, ist unbelehrbarer Fan der Alemannia und schreibt u.a. Kriminalromane und Kurzkrimis (zuletzt »Mörderisches Aachen«). Sie handeln, fast schon überflüssig zu erwähnen, meistens von

fiktiven Verbrechen in der Region Aachen. Als Autor, Journalist und Dozent für Kreatives Schreiben ist er ständig unterwegs.
www.kurt-lehmkuhl.de

Richard Lifka
geboren 1955 in Wiesbaden. Studium der Germanistik, Politik, Geschichte und Soziologie in Frankfurt am Main. Von 1984 bis 1989 Dozent an der Universität in Iasi (Rumänien) für Literaturwissenschaft und Deutsche Kulturgeschichte. Seit 1990 freier Autor und Journalist. Er schreibt unter seinem Namen Kriminalromane, Erzählungen und Kurzkrimis. Wenn er zusammen mit seinem Co-Autor Joachim Biehl fabuliert, nennt er sich manchmal Elka Vrowenstein.
www.lifka.de

Mike Mateescu
Nachfahre transsilvanischer Vorfahren, ist ein Schweizer Schriftsteller und Journalist sowie Schöpfer der fortlaufenden Krimireihe über die Privatermittlerin Enitta Carigiet, die bei Emons erscheint. Er hat schon als Velomechaniker, als Jäger der verlorenen Tantiemen und für einen US-amerikanischen Waffenkonzern gearbeitet. Heute lebt und arbeitet er in der Stadt Zürich.
www.mikemateescu.ch

Sabina Naber
arbeitete nach ihrem Studium in Wien, u. a. als Regisseurin, Journalistin und Drehbuchautorin. 2002 startete sie ihre schriftstellerische Laufbahn, bislang liegen zwölf Romane und zig Kurzgeschichten vor; 2007 erhielt sie den Friedrich-Glauser-Preis für die beste Kurzgeschichte, 2013 war sie für den Leo-Perutz-Preis nominiert. Sie ist zudem Trainerin in den Bereichen Sprechen und Schreiben sowie seit Kurzem als Fotokünstlerin tätig.
www.sabinanaber.at

Günter Neuwirth
wuchs in Wien auf. Nach einer Ausbildung zum Ingenieur und dem Studium der Philosophie und Germanistik zog es ihn für

mehrere Jahre nach Graz. Heute wohnt er am Waldrand der steirischen Koralpe. Der Autor ist als Informationsarchitekt an der TU Graz berufstätig. Günter Neuwirth ist Autodidakt am Piano und trat während des Studiums in Wiener Jazzclubs auf. Eine Schaffensphase führte ihn als Kabarettist auf zahlreiche Kleinkunstbühnen. Seit 2008 publiziert er Romane, vornehmlich Krimis.
www.guenterneuwirth.at

Jutta Profijt
war Exportmanagerin und Unternehmerin, bevor sie zum Schreiben kam. Pascha, die rotzfreche Leiche aus den bisher fünf skurrilen Krimis der »Kühlfach«-Reihe, brachte den internationalen Durchbruch. »Kühlfach 4« war für den Friedrich-Glauser-Preis nominiert, »Unter Fremden« wurde mit dem Friedrich-Glauser-Preis 2018 als »Bester Kriminalroman des Jahres« ausgezeichnet. Neben Krimis schreibt sie heitere Romane. Die meisten ihrer Bücher wurden ins Englische übersetzt.
www.juttaprofijt.de

Barbara Saladin
wurde an einem Freitag, dem 13., im Jahr 1976 geboren und lebt als freie Journalistin, Autorin und Texterin im Oberbaselbiet (Nordwestschweiz). Sie schreibt Kriminalromane, Kurzgeschichten, Sach- und Kinderbücher, Artikel und Reportagen, sie textet, fotografiert, recherchiert, lektoriert und organisiert. Bei einem Abstecher in die Welt der bewegten Bilder realisierte sie einen Kinofilm, und sie schreibt auch für die Bühne.
www.barbarasaladin.ch.

Regina Schleheck
hat sich im Krimi wie in der Fantasy einen Namen gemacht. Unter anderem wurden ihr der Friedrich-Glauser-Preis der deutschsprachigen Krimiautoren in der Sparte »Kurzkrimi« sowie der Deutsche Phantastik Preis für ein SciFi-Hörspiel zugesprochen. Die in der Nähe von Köln lebende Autorin hat in Aachen studiert, ist im Hauptberuf Oberstudienrätin, daneben

fünffache Mutter, Referentin und Herausgeberin. 2018 erschienen von ihr u. a. der Kriminalroman »Tod in Herford« und die Krimi-Kurzgeschichtensammlung »Mörderisches Leverkusen und Umgebung«.
www.regina-schleheck.de

Ilka Stitz
studierte Kunstgeschichte, Germanistik und klassische Archäologie. Nach dem Magisterabschluss folgte eine Ausbildung zur Journalistin für Presse- und Öffentlichkeitsarbeit. Dabei absolvierte sie ein Praktikum bei der Ruhrkohle AG. Der Bergbau spielt auch in ihren Romanen, dem Römerkrimi »Wer Fortuna trotzt« und dem Mittelalter-Epos »Harzblut«, eine große Rolle. Außerdem arbeitet sie u. a. als Redakteurin für das Online-Magazin histojournal.de.
www.ilkastitz.de

Sabine Trinkaus
wuchs im hohen Norden hinter einem Deich auf. Zum Studium verschlug es sie ins Rheinland, wo sie nach internationalen Lehr- und Wanderjahren sesshaft und heimisch wurde. Heute lebt sie in Alfter bei Bonn. 2007 begann sie, ihre kriminellen Neigungen in schriftlicher Form auszuleben. Sie veröffentlichte Kurzgeschichten, für die sie einige Blumentöpfe gewann. Seit 2012 mordet sie auch in langer Form. 2019 erschien ihr sechster Roman und zweiter Thriller »Mutter Seelen Allein« bei Emons.
www.sabine-trinkaus.de

Dank an die Komplizen

Was wäre das Syndikat ohne seine Komplizen? Wie viel kriminelle Energie würde ungenutzt verpuffen! Tut sie aber nicht. Und dafür ziehen wir dankend den Hut.

Zunächst einmal vor der Stadt Aachen, die uns so herzlich aufgenommen hat. Das gilt insbesondere für den Kulturbetrieb Aachen und die Aachen Touristik, namentlich Olaf Müller, Irit Tirtey und Karolin Meierrose. Aber auch vor allen anderen, die sich in jedweder Form für die CRIMINALE starkgemacht haben.

Wir danken den Paten dieser Anthologie, die uns auf Themen und Ideen gebracht und uns spannende Präsentations-Orte zur Verfügung gestellt haben.

Wir danken den Kolleginnen und Kollegen vom Emons Verlag, die dieses Buch so professionell und liebevoll produziert und es dadurch erst möglich gemacht haben.

Und wir danken allen Leserinnen und Lesern, allen Gästen unserer Veranstaltungen. Teilnahme bereichert! Und zwar beide Seiten.

Das Syndikat